商　文　明

张光直 著

张良仁　岳红彬　丁晓雷 译

陈星灿 校

生活・讀書・新知三联书店

Simplified Chinese Copyright © 2019 by SDX Joint Publishing Company.
All Rights Reserved.
本作品简体中文版权由生活·读书·新知三联书店所有。
未经许可，不得翻印。

图书在版编目（CIP）数据

商文明／（美）张光直著；张良仁，岳红彬，丁晓雷译；陈星灿校．—北京：生活·读书·新知三联书店，2019.1（2024.9 重印）
（当代学术）
ISBN 978 – 7 – 108 – 06385 – 4

Ⅰ．①商⋯　Ⅱ．①张⋯ ②张⋯ ③岳⋯ ④丁⋯ ⑤陈⋯　Ⅲ．①中国历史－研究－商代　Ⅳ．① K223.07

中国版本图书馆 CIP 数据核字（2018）第 196253 号

特邀编辑	孙晓林
责任编辑	徐国强
装帧设计	宁成春
责任印制	董　欢
出版发行	生活·讀書·新知 三联书店
	（北京市东城区美术馆东街 22 号 100010）
网　　址	www.sdxjpc.com
经　　销	新华书店
排　　版	北京金舵手世纪图文设计有限公司
印　　刷	天津裕同印刷有限公司
版　　次	2019 年 1 月北京第 1 版
	2024 年 9 月北京第 7 次印刷
开　　本	635 毫米 × 965 毫米　1/16　印张 29.5
字　　数	337 千字
印　　数	22,001 – 25,000 册
定　　价	82.00 元

（印装查询：01064002715；邮购查询：01084010542）

当代学术
总 序

生活·读书·新知三联书店从1986年恢复独立建制以来，就与当代中国知识界同感共生，全力参与当代学术思想传统的重建和发展。三十年来，我们一方面整理出版了陈寅恪、钱锺书等重要学者的代表性学术论著，强调学术传统的积累与传承；另一方面也积极出版当代中青年学人的原创、新锐之作，力求推动中国学术思想的创造发展。在知识界的大力支持下，通过多年的努力，我们已出版众多引领学术前沿、对知识界影响广泛的论著，形成了三联书店特有的当代学术出版风貌。

为了较为系统地呈现中国当代学术的发展和成果，我们以上世纪八十年代以来刊行的学术成果为主，遴选其中若干著作重予刊行，其中以人文学科为主，兼及社会科学；以国内学人的作品为主，兼及海外学人的论著。

我们相信，随着当代中国社会的繁荣发展，中国学术传统正逐渐走向成熟，从而为百余年来中国学人共同的目标——文化自主与学术独立，奠定坚实的基础。三联书店愿为此竭尽绵薄。谨序。

生活·读书·新知三联书店
2017年3月

在哈佛大学皮博迪博物馆门前,1955年

与李济在一起,麻省剑桥,1957年

与30年代在殷墟发掘的前辈学者在商文明国际讨论会上,夏威夷火奴鲁鲁,1982年
左起:高去寻、胡厚宣、张政烺、夏鼐、张光直等

出席殷商文化讨论会,安阳,1988年

《商文明》英文版，1980年

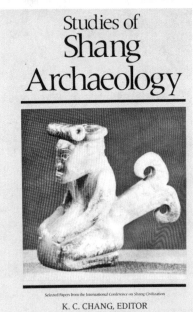

《商代考古研究》英文版，1986年

献给李济教授

(1896—1979)

目 录

前言 ... 1
致谢 ... 1
参考文献说明 ... 1

绪论：探索商代历史的五条途径 ... 1
　第一节　传统历史文献 ... 3
　第二节　青铜器 ... 19
　第三节　卜甲和卜骨 ... 33
　第四节　考古学 ... 43
　第五节　理论模式 ... 59

第一部分　安阳所见的商代社会

第一章　安阳和王都 ... 69
　第一节　王都和安阳核心 ... 69
　第二节　小屯 ... 73
　第三节　西北冈 ... 112
　第四节　安阳的其他遗址 ... 126

         第五节　安阳以外王都地区的考古工作　　131
         第六节　文字记载中的王都　　134
   第二章　自然和经济资源　　138
         第一节　公元前第二千纪中国北部的地形和气候　　138
         第二节　野生动物和家养动物　　145
         第三节　野生植物和人工栽培植物　　148
         第四节　石料和黏土　　155
         第五节　铜和锡　　157
         第六节　珍贵物品　　160
   第三章　商王朝及其统治机构　　165
         第一节　族和邑　　165
         第二节　安阳的王室血统　　174
         第三节　商王族的内部分立和承继制度　　186
         第四节　统治阶层的其他成员　　203
         第五节　军事力量　　209
         第六节　法律　　215
         第七节　祭祀　　218
         第八节　王权的象征　　220
   第四章　商王国的经济状况和政治秩序　　227
         第一节　商王国的统治网络　　227
         第二节　国家内部的资源流动　　242
         第三节　与其他方国的关系　　275

第二部分　安阳之外的商文明

第五章　郑州商城　　291
         第一节　二里冈阶段的商文明　　291

第二节　二里冈期郑州商城.................301
　　第三节　二里冈期在河南北部文化序列中的位置..........312
第六章　安阳和郑州以外的商代考古.................318
　　第一节　二里冈期的主要遗址.................318
　　第二节　安阳期商王朝的主要遗址.................340
　　总结.................348
第七章　关于商文明的几个主要问题.................353
　　第一节　有关绝对年代的资料.................353
　　第二节　语言和人种.................361
　　第三节　早商、夏和商人起源问题.................368

结语　商与古代世界

　　一、"纯洁性"问题.................392
　　二、商代在文明演进中的地位.................395
　　三、国家、文明和城市化的起源问题.................399

后记.................404
附录　夏商周考古发现的放射性碳素年代.................407
参考文献.................409
译后记.................445

前　言

本书是基于所有可以利用的材料而撰写的一部简明而又整合的中国商代（公元前18—前12世纪）文明史。及时出版这样的一部著作有许多理由，下面的理由是最要紧的。

首先，我们需要一部讨论商代历史和商代史料的书。由于商史编纂学已经形成的路子（参见下面的《绪论》），商文明的研究者传统上都是在文献、甲骨、金文和考古等专注于某一些特殊材料的独立的学科里培养出来。所有这些材料都是重要的，但是，每一学科不可避免地侧重于商文明的某几个或某一些特殊的方面。因此，需要有这样一种研究把所有这些材料整合起来，并希望提供给人们一个比基于任何一种单独的材料所得到的都要完整的商代历史的图像。

其次，过去十年中国有关商代遗址和遗物的考古发现，一方面极大地丰富了我们对这一独特文明及其起源的知识，引起我们对我们所抱持的关于商代社会性质和商代历史特点的某些观点的质疑，另一方面也迫使我们反思我们关于商文明研究的某些基本前提。有鉴于此，本书不单是对我们已知的和熟悉的材料的综述，它还将激励我们在商文明研究的关键环节上追求新的认识和新的理解。

第三，我们对商文明的认识目前实际上已经达到了这样一个高度，使我们能够尝试把商代社会放在比较的背景中，这对我们在世界文化的范畴内理解商文明是必要的，对于世界史学者（还有比较社会史家和进化论派的人类学家）归纳或者至少评估人类文化一般进化模式也是必要的。中国文明是人类文明的一个重要组成部分，其研究对人类普遍关心的理论问题的阐释自有其独特的价值。我相信，现在到了这样一个时刻，即利用所有可以利用的材料和研究成果，看看我们在处理诸如国家起源、所谓的亚细亚社会和一般进化模式等重要问题时所处的位置了。最后我还想补充一句，把中国放在比较的背景中，同样可以加深对中国自身的了解。

事实上，写作这样一本书的必要性，并不意味它本身已经具备足够的条件任由任何一位学者写作它。本书写作的许多考虑可能会受到学者的异议，在此我略做解释。首先，尽管我倡导整合的而不是单学科的研究方法，我自己却也同其他研究者一样，只是接受考古学专业训练的学者，本书无疑会反映这个事实。其次，第一手的资料和重要的研究成果汗牛充栋，我不得不在资料的使用方面和各种资料的描述方面做出选择。我试图把本书写成一部不仅仅使少数几个商史专家才能看的书，所以有时候我在该写什么和对某些问题的描述和解释上难免主观和武断。我希望我的同行原谅我没有在每个注脚下再加文献说明。

最后，在许多方面我使用了文献资料，其目的是使论证更充分和更坚强，我对文献的选择是深思熟虑的。使用同时代的资料比如甲骨文和金文讨论书中的问题，无疑是最理想的；但是同时代的资料不足以赋予商代历史图景以生命和精神。因此，我使用了周甚至周以后的文献记载来帮助完成商代历史的描绘，但这里有两个前提：其一，它们不是形成关键论点的关键论据；其二，我们有理由相信或证明使用这些相关文献的社会和文化有实质上的连续性。

1978年3月8日于马萨诸塞州剑桥

致　谢

我首先要感谢李济、石璋如、高去寻和已故的董作宾教授,他们都是我大学时代的老师,通过讲授安阳考古引导我走入考古学的大门。安阳对我一直具有特别的意义。正是由于和安阳的这种感情上的联系,我才能克服种种困难完成讨论整个商文明的著作。已故的潘悫先生和李光宇、胡占奎先生也都是战前安阳发掘的参加者,他们私下里教给我许多宝贵的经验。

关于战后安阳发掘的信息和第一手资料,我要感谢夏鼐博士和安志敏、王世民、陈志达、杨锡璋、杨宝成、戴彤心、许景元先生和郑振香、刘一曼女士的慷慨帮助,我和他们曾在1975或1977年会面并交谈。我将牢记1977年7月我在安阳与杨宝成、陈志达和郑振香所作两天两夜漫长而又富于成效的谈话。

本书的完成有赖于国家人文基金会(National Endowment for Humanities)的研究基金资助。但是本书的发现和结论不代表该机构的观点。

本书关于商文明年代学的讨论,得益于潘武肃和伊丽莎白·福伦德(Elizabeth Freund)的两篇没有发表的手稿。有关天文资料得到哈佛大学天文系邵正元(Shao Cheng-yuan)的帮助。伯克利加州大学的吉德炜（David N. Keightley）以多种方式影响到我对商代历史学许多方面的认识。

我感谢哈佛燕京图书馆的赖永祥（Lai Yung-hsiang）在目录学方面的慷慨帮助，也同样感谢惠特尼·包维尔（Whitney Powell）、多娜·朴乐彻（Donna Pletcher）和南西·福那德（Nancy Fernald）在美术设计、希尔·博格（Hellel Burger）和克里斯托夫·布内特（Christopher Burnett）在摄影方面提供的帮助。马丽·克劳瑞·占宾斯（Mary Clare Gubbins）打印文稿，也在此表示感谢。

耶鲁大学出版社的汉学家萨丽·科博·色拉费穆（Sally Cobb Serafim），为本书的出版付出了极大心力。

参考文献说明

依作者姓名的拼音字母排列的完整的参考文献目录列在本书后面。在脚注中只提及作者的姓名和文献名称。

所有以个人署名的出版物即列在个人的名下。如果出版物没有署名或者署某个研究机构之名，则依该文献标题的第一个字为准排序。后者的缩写如下：

CR　　*China Reconstructs*（《中国建设》）

JH　　《人民画报》

KK　　《考古》《考古通讯》

KKHCK　　考古学专刊

KKHP　　《考古学报》《中国考古学报（田野考古报告）》

SS　　《中国科学》

WW　《文物》《文物参考资料》

期刊依据西方通常的做法列出卷数，某些中国期刊的引用依年代而非卷数，此是例外。

绪论：探索商代历史的五条途径

商是中国的"三代"——夏、商、周中的第二个朝代，这"三代"标志着中国史前时代的结束和文明时代的开始。但是商朝是谁？或者也许更准确地讲，商这个名字意味着什么？商是商族用来称呼他们祖先的都城的地名，[1]商以后的周人则把住在绕以城墙的都城里行使权力的王朝统治者称为商。[2]

商，在周代文献中首先是取得了王朝地位的王室的名字。这个名词开始是被商王室统治的国家的称号，然后被推而广之用来称呼商国人民和其他与商同时的国家人民所创造的文明。商也用来称呼中国历史上被商王朝统治的那一时代。

以上的许多词汇和概念使用起来是很难界定的，而且目前还很难搞明白。起初，我们只需要说清楚我们所描述的是哪一个民族和它的历史就足够了。本书中我们将研究商这一时代——传统上被定为公元前1766—前1122年（这一年代是有问题的，我们将在下文讨论）——的生活在中国土地上的人民。我们将首先关注商王朝统治区内的人民；然而我们也接触

---

[1] 见陈梦家：《殷墟卜辞综述》，255—258页以及下文第四章。
[2] 见《诗经·鲁颂·閟宫》："后稷之孙，实维大王。居岐之阳，实始翦商……于牧之野……致商之旅，克咸厥功。"

商王朝统治区外的某些与商有相似或几乎相同文明的人民。

商是一个有文字的文明，但是随着王朝的灭亡，王室的档案即使有些在王都毁灭时幸存下来，也逐渐散失了。到了差不多600年后孔夫子的时代，据说这位大师感叹道：

> 夏礼，吾能言之，杞不足徵也；殷礼，吾能言之，宋不足徵也。文献不足故也。足，则吾能徵之矣。(《论语·八佾》)

公元前1世纪，当司马迁开始编纂《史记》时，他能够利用的关于商代历史的文献已经很少了；商（或殷）代一章只是一个光秃秃的轮廓，包括王室世系和一些史事。在中国历史的大部分时间里，这点贫乏的关于商代的史料是我们争论的全部内容。中国学者在研究这点幸存的史料的过程中，形成了久远而详细的史学理论传统。

在12世纪前后的北宋时代，中国的学者们开始较密切地注意对青铜礼器的研究，这类青铜礼器早在汉代就已经为人所知并被认定是三代之物。注意力主要集中在这些礼器的铭文上。在上一世纪前后，这些青铜器通过各种途径进入了日本和西方的博物馆馆藏，成为艺术史学家们许多意义重大的研究的焦点。

到了清代末年，商史的另一个来源——刻有文字的牛肩胛骨和龟甲，它们曾被商代人用作占卜吉凶——无意中流落到古董市场上并最终落入古代史学家们手中。研究这些龟甲和兽骨的学科——甲骨学——成为了解商代社会和宗教的首要手段，而孔夫子和司马迁对这一重要的资料来源毫无所知。

终于，从1928年中央研究院在安阳商代最后一个首都的遗址上开始科学的考古发掘起，现代考古学提供了并正在提供新的不断增多的商代历史的原材料。

因此，商代历史的这些主要资料来源并不是同时为人所知的；它们陆续进入史学研究的领域，每一种都是在前一种出现后很久才被人认识并利用的，在这个长长的间隔中，总会有一种复杂的史学研究传统建立起来，包括它特有的文献积累、研究惯例和卫道者。所以至今商代历史研究者们仍然经常被训练成只在狭小领域内有成就的专家。本书尝试使用所有可以获得的资料来写一部初步的综合商代史。然而，我们仍然有必要对这几种史学研究传统——通往同一商代历史的几条不同路径——作个简要描述，作为本书的引子。

第一节 传统历史文献

关于商代的唯一重要历史文献是司马迁所著的《史记·殷本纪》。司马迁是西汉武帝（公元前140—前87年）时代的官方历史档案管理者；他的《史记》——中国的第一部官修史书——开始写于公元前104年，他当时42岁。作为宫廷档案保管员，司马迁可以接触宫廷中保存的历史记录，但是即使当时他能够接触到的商代史料也已经十分有限。我们知道他写《史记·殷本纪》的主要材料是《书经》（包括《书序》）、《诗经》、《国语》、《左传》、《世本》、《大戴礼》（《帝系》篇），以及其他一些书籍。[1]有些书籍至今仍然存在，但也经常是断简残编，另外一些则早已失传了。

---

[1] 屈万里：《〈史记·殷本纪〉及其他记录中所载殷商时代的史事》，87页；金德建：《司马迁所见书考》。

我们将在下面几页里列举并详述《史记·殷本纪》中主要的历史事件和资料种类,辅以其他一些文献。

商族的起源

商王室来自子姓氏族,其神话中的始祖是契。《史记·殷本纪》是以记述契的诞生开始的:

> 殷契,母曰简狄,有娀氏之女,为帝喾次妃。三人行浴,见玄鸟堕其卵,简狄取吞之,因孕,生契。契长而佐禹治水有功。帝舜……封于商,赐姓子氏。

这一关于子姓氏族祖先的神话,也见于《诗经》。[1] 吞鸟卵降生的神话主题,在早期历史时代广泛存在于中国东部的海滨地区。[2]

王室世系和都城

商王室的世系在司马迁的著作中被分为两部分:自契至王朝建立者成汤的先公时代和自成汤至纣的王朝时代。普遍认为商朝建立以前共有14位先公,他们属于连续的14代。[3] 这些先公的名字,根据《史记·殷本纪》和其他资料,有如下不同说法:

契——昭明——相土——昌若——曹圉(《史记索

---

[1]《诗经·商颂·玄鸟》:"天命玄鸟,降而生商。"
[2] 傅斯年:《夷夏东西说》。
[3]《国语·周语下》:"玄王勤商,十有四世而兴。"《荀子·成相》:"契玄王,生昭明,……十有四世,乃有天乙是成汤。"

隐》引《世本》作粮圉，《汉书·古今人表》作根圉，《礼记祭法正义》引《世本》作根国）——冥（据王国维所说，即《楚辞·天问》之季）——振（据王国维所说即王亥）——微（《国语·鲁语》作上甲）——报丁——报乙——报丙——主壬——主癸——天乙（即成汤）

有些名字见于甲骨文（下文将详述），但甲骨文中还有其他可能是商先公的名字。司马迁列举的14位先公名字的出处现已不可考。然而文献和甲骨文有一共同点是清楚的：自微（上甲）起，所有王名都有"天干"当中的一个字：甲，乙，丙，丁，戊，己，庚，辛，壬，癸。商代的历法用"天干"来记录周而复始的"旬"的日期：每旬十天，由"甲"开始。传统的解释是，商代人们给新生婴儿以他降生日期的"天干"名来命名。[1]也有其他不同的解释，包括作者的看法。[2]我们将在合适的地方回到这个话题。

传说商先公曾多次迁都。商王国的确切状况和商先公时期的国家形式是本书下文将详细讨论的话题，但是现在可以认定商先公可能是一个相当宏大的政治实体的最高统治者，这些都城则是这一政治实体的核心部分。

如上所述，商王朝的始祖契传说居于商。郑玄（公元127—200年）和皇甫谧（公元3世纪末）都认为商在今天陕西中部偏东的商县（据《史记集解》）。[3]王国维则令人信服

---

[1]《白虎通·姓名篇》："殷家质，故直以生日名子也。"董作宾：《论商人以十日为名》；屈万里：《谥法滥觞于殷代论》。
[2] 张光直：《商王庙号新考》。
[3] 屈万里：《〈史记·殷本纪〉及其他记录中所载殷商时代的史事》，105—106页。

地宣称，商在河南东部，今商丘市附近。[1]这一观点已被现代的历史学家广泛接受。[2]

据《书序》，自契至汤，商的政治中心迁移过八次。王国维曾经尝试根据散见于各种文献的五花八门的线索列出这八个都城的名字。似乎它们都集中于河南东部、河南北部和山东西部，[3]但王国维也承认他的结论是很不可靠的。

自成汤至纣的确切王数也未有一致说法，而且他们的世代关系也不清楚。下面是《史记·殷本纪》记载的商王世系：

1. 成汤

（太丁：成汤之太子，未及继位而死）

2. 外丙，太丁之弟

3. 仲壬，外丙之弟

4. 太甲，太丁之子

5. 沃丁，太甲之子

6. 太庚，沃丁之弟

7. 小甲，太庚之子

8. 雍己，小甲之弟

9. 太戊，雍己之弟

10. 仲丁，太戊之子

11. 外壬，仲丁之弟

12. 河亶甲，外壬之弟

13. 祖乙，河亶甲之子

14. 祖辛，祖乙之子

---

[1] 王国维：《说商》。

[2] 屈万里上页注[3]书，106页。

[3] 王国维：《说自契至成汤八迁》；赵铁寒：《古史考述》。

15. 沃甲，祖辛之弟
16. 祖丁，祖辛之子
17. 南庚，沃甲之子
18. 阳甲，祖丁之子
19. 盘庚，阳甲之弟
20. 小辛，盘庚之弟
21. 小乙，小辛之弟
22. 武丁，小乙之子
23. 祖庚，武丁之子
24. 祖甲，祖庚之弟
25. 廪辛，祖甲之子
26. 庚丁（康丁），廪辛之弟
27. 武乙，庚丁之子
28. 太丁，武乙之子
29. 帝乙，太丁之子
30. 帝辛，帝乙之子

这里记载的大多数王名都在甲骨文中被辨认出来，然而仍然有一些差异，需要做出更正，我们将在第三章中详细探讨。

这30位商王一共使用过七个国都。长久以来，很多历史学家认为成汤的国都亳在今天安徽省的亳县附近。[1] 著名的迁都是第十九代商王盘庚把国都迁移到殷。在此之前，据《书经·盘庚》所载商朝已经"不常厥邑，于今五邦"。杨树达假定五邦自迁离第一个国都算起，他列出其顺序如下：[2]

亳，成汤（第一位商王）旧都；

---

[1] 王国维：《说亳》；董作宾：《卜辞中的亳与商》；赵铁寒：《古史考述》。
[2] 杨树达：《积微居读书记》，1页。

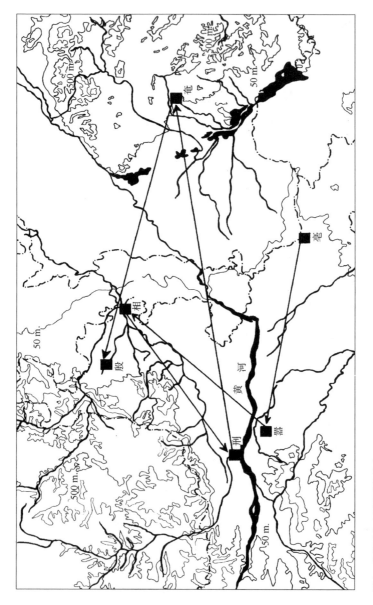

图 1 商代历次建都的可能地点

嚣（或敖），仲丁（第十位商王）所迁；

相，河亶甲（第十二位商王）所迁；

耿或邢，祖乙（第十三位商王）所迁；

庇，耿为洪水毁坏后祖乙所迁；

奄，南庚（第十七位商王）所迁；

殷，盘庚（第十九位商王）所迁。

据信，这七座国都均位于今河南东部、河南北部、山东西部和安徽北部一带。[1]也就是说与推测的商先公们的都城分布于同一地区（图1）。在今天安阳附近的殷成为国都后直至商朝灭亡，再未迁都。《古本竹书纪年》记载："自盘庚徙殷，至纣之灭，二百七十三年，[2]更不徙都。"

主要的人物和史事

关于这44位商先公和商王的文献记载无论在数量上还是细节上都有很大差别。许多只有名字，其他的也仅仅是人物和他们所做的事件的介绍。这里我将根据《史记·殷本纪》和其他资料，简要列举一下对他们的主要评价。[3]

商先公 除了契以外，其他商先公都不为人所详知。在一些记载中（例如各书所引《世本》），相土被认为是马的最早使用者，并且是一个显赫的统治者，他的统治范围达到了海边（《诗经·商颂·长发》："相土烈烈，海外有截"）。另一个先公振（王国维认为即甲骨文中的王亥[4]）被认为是第一个使

---

[1] 唐兰：《从河南郑州出土的商代前期青铜器谈起》；屈万里：《〈史记·殷本纪〉及其他记录中所载殷商时代的史事》；赵铁寒：《古史考述》。
[2] 一说七百七十三年。
[3] 这里列举的只是最重要的并有可靠来源的评价。详见周鸿翔：《商殷帝王本纪》。
[4] 王国维：《殷卜辞中所见先公先王考》。

用牛的人，在他的统治期间，商与另一个居于今河北易水流域的部落有易氏发生了强烈的敌意。[1] 振淫于有易氏，为其君绵臣所杀。四年后，振之子微为其父复仇，袭杀了绵臣。

汤（成汤或天乙）《孟子·梁惠王下》记载孟子曾经说过汤最初的领地只有70里，从征服相邻的葛伯起，十一征而无敌于天下。除了葛之外，他还成功地征服了韦、顾和昆吾。《史记·殷本纪》和《孟子》都把他的成功归因于他比他的敌人更有仁德。例如，他征服葛伯就是因为葛伯拒绝祭祀祖先，甚至成汤送给他的牛羊等祭品他也自己吃掉，而且杀死了给为葛伯耕田的商人送饭的童子（详见第四章）。灭了有戎氏之后，他攻灭了夏桀，因为夏桀是一个人人痛恨的暴君。他征伐的国家的人民都急切地盼望他的征服："东面而征，西夷怨，南面而征，北狄怨，曰：'奚为后我？'"他甚至对鸟兽也十分仁慈：他曾经把野地里张开的捕猎网去掉了三面，以便只有"不用命者"被抓住！当这个故事广泛传开后，有三十六国自愿臣服于成汤！另一个关于成汤仁德的故事是在桑林中为解除长期旱灾举行的祈雨仪式上，他把自己作为祭品供奉于祈雨的火堆上（此时天降大雨浇灭了火堆）。这些故事无疑反映了东周时代占主导地位的"仁政"的原则，而且在较早的时代，这一原则也构成了维持或改变社会秩序的因素之一。我们将在下文继续讨论这一问题。

在成汤统治期间，他由他最重要的大臣伊尹辅佐。《史记·殷本纪》记载了成汤任用伊尹的两种说法：一种是，伊尹是有莘氏的媵臣，以高超的烹饪技艺得到了成汤的赏识。另一种是，伊尹是一个以智慧闻名的处士，经过成汤多次邀请才

---

[1] 顾颉刚：《〈周易〉卦爻辞中的故事》。

同意到宫廷任职。有些文献说伊尹曾一度离开成汤而为夏臣，但因不满其所见所闻而回到成汤身边。许多根据东周人的记述编撰的史料是相互矛盾和不可靠的，但有一个共同的主题是，伊尹和成汤的关系是时离时合的。成汤死后，这种情况明朗化了。太子太丁未及继位而死，因此成汤的王位由太丁之弟外丙和仲壬相继继承。他们分别只在位三年和四年。仲壬死后，伊尹奉太甲（太丁之子，成汤之孙）继位。但是据说在头三年中，太甲"暴虐，不遵汤法"，伊尹把他流放到桐宫，自己摄政当国。《史记·殷本纪》说，三年后太甲悔过自责，伊尹迎之复位。但《古本竹书纪年》的记载则不同：太甲逃出桐宫，杀死伊尹，令其二子伊陟、伊奋承其官职，分领其地。下文我们将用新的解释来使这两种说法相互吻合。

太甲至阳甲 太甲（第四位商王）至阳甲（第十八位商王）这段时期历史上没有什么重要的史事记载。《史记·殷本纪》只记载了商朝的兴衰。商朝"衰"时，"诸侯莫朝"；商朝"复兴"时，"诸侯归之"。据《史记·殷本纪》，一个突出的衰落时代是自仲丁（第十位商王）至阳甲。然而，关于这一阶段不同史料有重大差异。据《书经·无逸》，中宗是一个贤明的君主，享国七十五年。《史记·殷本纪》认为中宗是太戊（仲丁之父），但王国维令人信服地指出这位贤明的君主实际上是祖乙。

盘庚和武丁的改革 在史书中，盘庚和武丁是成汤之后最著名的商王。使盘庚留名竹帛的是他把王都从黄河以南的奄迁到了黄河以北的殷。《书经》中的《盘庚》三篇使这一事件永垂青史。在这三篇诰命中，盘庚告诫他的臣民，他的决定是迫不得已的：

> 我王来,既爱宅于兹,重我民,无尽刘。不能胥匡以生,卜稽曰其如台?先王有服,恪谨天命。兹犹不常宁。不常厥邑,于今五邦!今不承于古,罔知天之断命,矧曰其克从先王之烈?若颠木之有由蘖,天其永我命于兹新邑,绍复先王之大业,底绥四方。

他的劝诫显然成功了,迁都终于完成,而且殷作为商的首都直至王朝的终结。《盘庚》三篇被认为是关于商代最重要的文献之一,因为据信它包含了许多真正的商代成分,以及半是请求半是威胁的措辞反映了商代统治方式的某些精髓。

盘庚死后,王位先后由他的两个弟弟继承,然后是他的一个侄儿——武丁。《书经·无逸》是这样记载的:

> 其在高宗,时旧劳于外,爰暨小人。作其即位,乃或亮阴,三年不言。其惟不言,言乃雍。不敢荒宁,嘉靖殷邦。至于小大,无时或怨。肆高宗之享国五十有九年。

根据《史记·殷本纪》和其他一些东周文献,武丁在位时,傅说有效地辅佐了他。一次在梦中,武丁遇到了一个名字叫"说"的圣人。经过一番寻找,武丁在傅险发现了一个做版筑苦役的人与梦中所见的一样。武丁与他谈话,发现他果然是圣人,便给他取名傅说,任之为宰相。他举贤任能的智慧和能力极其有力地辅佐了武丁。他进行了一系列的征伐;根据《易经》,一次重要的征伐活动是征讨西北的鬼方,"三年克之"。在《诗经·商颂·玄鸟》中,武丁被描绘成统治广阔国土的君主:

> 邦畿千里，维民所止。肇域彼四海。四海来假，来假祁祁，景员维河。殷受命咸宜，百禄是何。

《孟子·公孙丑上》也说："武丁朝诸侯，有天下，犹运之掌也。"

商朝的终结　文献中没有多少武丁之后各王的记载，直至纣王的出现。然而有些记载还是值得注意的。据《史记·殷本纪》，祖甲（第二十四位商王）"淫乱，殷复衰"。《国语·周语》也说："帝甲乱之，七世而陨。"但是《书经·无逸》却把他描写成另一位出色的商王：

> 其在祖甲，不义惟王，旧为小人。作其即位，爰知小人之依，能保惠于庶民，不敢侮鳏寡。肆祖甲之享国三十有三年。

文献中的这个矛盾是重要的，董作宾的甲骨文研究显示祖甲实际上是一位重要的改革者。我们将在第三章中讨论这一点。

祖甲之后，史书记载王朝进入了持续衰落的时代，并在周的征伐时达到极限。《书经·无逸》是这样描写的：

> 自时厥后，立王生则逸，生则逸，不知稼穑之艰难，不闻小人之劳，惟耽乐之从。自时厥后，亦罔或克寿。或十年，或七八年，或五六年，或三四年。

最无道的商王当然是纣。《史记·殷本纪》中关于纣的一段值得全文引述于下：

帝纣资辨捷疾，闻见甚敏；材力过人，手格猛兽。知足以距谏，言足以饰非。矜人臣以能，高天下以声，以为皆出己之下。好酒淫乐，嬖于妇人。爱妲己，妲己之言是从。于是使师涓作新淫声，北里之舞，靡靡之乐。厚赋税以实鹿台之钱，而盈巨桥之粟。益收狗马奇物，充仞宫室。益广沙丘苑台，多取野兽飞鸟置其中。慢于鬼神。大最乐戏于沙丘，以酒为池，悬肉为林，使男女裸相逐其间，为长夜之饮。

百姓怨望而诸侯有畔者，于是纣乃重刑辟，有炮格之法。以西伯昌、九侯、鄂侯为三公。九侯有好女，入之纣。九侯女不喜淫，纣怒，杀之，而醢九侯。鄂侯争之强，辨之疾，并脯鄂侯。西伯昌闻之，窃叹。崇侯虎知之，以告纣，纣囚西伯羑里。西伯之臣闳夭之徒，求美女奇物善马以献纣，纣乃赦西伯。西伯出而献洛西之地，以请除炮格之刑。纣乃许之，赐弓矢斧钺，使得征伐，为西伯。而用费中为政。费中善谀，好利，殷人弗亲。纣又用恶来。恶来善毁谗，诸侯以此益疏。

西伯归，乃阴修德行善，诸侯多叛纣而往归西伯。西伯滋大，纣由是稍失权重。王子比干谏，弗听。商容贤者，百姓爱之，纣废之。……

西伯既卒，周武王之东伐，至盟津，诸侯叛殷会周者八百。诸侯皆曰："纣可伐矣。"武王曰："尔未知天命。"乃复归。

纣愈淫乱不止。微子数谏不听，乃与太师、少师谋，遂去。比干曰："为人臣者，不得不以死争。"乃强谏纣。纣怒曰："吾闻圣人心有七窍。"剖比干，观其心。箕子惧，乃佯狂为奴，纣又囚之。殷之太师、少师乃持其祭乐器奔周。周武王于是遂率诸侯伐纣。纣亦发兵距之牧野。甲子日，纣兵败。纣走入，登鹿台，衣其宝玉衣，赴火而死。周武王遂斩纣头，悬之大白旗。杀妲己，释箕子之囚，封比干之墓，表商容之闾。封纣子武庚禄父，以续殷祀，令修盘庚之政。殷民大说。于是周武王为天子。……

周武王崩，武庚与管叔、蔡叔作乱，成王命周公诛之，而立微子于宋，以续殷后焉。

商的积年

在传统文献中，西周共和元年（公元前841年）是极其重要的一年。《史记》由此开始按年代排列历史事件，但在此之前，司马迁只能按即位的相对顺序来排列各朝代的各个王，无法给出每一个王在位的确切年数。为了祭祀祖先的需要，商朝和周朝的许多诸侯国宫廷里保存着详细的世系记录。然而到了司马迁的时代，这些世系记录无疑大多散佚了。而且那些他可以得到的材料也可能是不精确和不互相吻合的。

将来可能有机会利用各种非文献的方法和资料来讨论某些更重要的关于商朝的年代学问题，但是这里我们将完全在文献范围内谈论一些年代学课题。它们包括：（A）武王征商的年代；（B）商代的总积年，与武王征商的年代相加，还可以得出商朝建立的年代；（C）商朝三十位王在位的具体年数。

传统文献中基本上有四条直接记载了武王征商的具体年代：

1. 《国语·周语》："昔武王伐殷，岁（木星）在鹑火（巨蟹宫—狮子宫一带）。"

2. 《书经·武成》（据《汉书·律历志》引《世经》）："惟一月壬辰旁死霸。若翌日癸巳，武王乃朝步自周，于征伐纣。粤若来三月既死霸，粤五日甲子，咸刘商王纣。惟四月既望旁生霸，粤六日庚戌，武王燎于周庙，翌日辛亥，祀于天位。粤五日乙卯，乃以庶国祀馘于周庙。"

3. 《古本竹书纪年》（据《新唐书·历志》）："（武王）十一年庚寅，周始伐商。"

4. 《古本竹书纪年》（据《史记·殷本纪》集解）："自武王灭殷以至幽王，凡二百五十七年。"

基于以上记载，辅以其他更加间接的论据，关于武王征商的年代出现了许多假说。最有影响的是刘歆根据以上1、2两条做出的计算。第一条提到了岁星（木星）的位置，它每十二年在众星中移动一周天。第二条提到了这一年的第一、三、四个朔望月中某些日期的干支名。按照刘歆的计算，唯一符合这两条的只有太极上元后142 109年。我们知道根据刘歆的上元积年法，汉元年（公元前206年）为太极上元后143 025年。因此，太极上元元年应为公元前143 231年。从这两个数字我们得出武王征商的年代为公元前1122年。这个年代就是所谓的正统年代。

然而，刘歆用来重建商周之际历法以配合《书经·武成》中月相和干支日期所用的历日制度长期以来一直被认为是不正确的。公元721年，一行和尚利用改进了的历日制度重新计算了《书经·武成》中的数据，得出武王征商的年代为公元前1111年。见于《唐书·历志》的这个新的年代同样符合岁星的位置，刚好是一个周期。它也符合第三条文献。也就是说公元前1111年刚好是庚寅年。然而，干支纪年直至东汉才被应用，因此这条文献肯定远远晚于《竹书纪年》原本成书的年代。这样，这个公元前1111年的年代推断并不意味着比公元前1122年的原记录有了很大进步。但是，董作宾的赞赏给了它较大的权威性。

最后一条文献记载是孤立的,既不证实前两条文献,前两条文献也不证实它。由于我们知道幽王末年是公元前771年,只需要加上257年便可得出公元前1027年的结论(公元前771年也包括在内)。雷海宗、[1]陈梦家、[2]高本汉[3]和其他一些当代学者[4]都采用了这一说法。

这三个说法——公元前1122、1111、1027年是最有影响的,但没有一个能够单独凭借文献证据自圆其说。还有其他一些多少有疑问的假说。[5]我们将在下文参考新的依据来讨论这一课题。需要指出的是,以上文献只代表东周时代人的看法,而那已经是在武王伐纣之后几百年了。看来,早在东周时期,不同说法就已经出现;某些代表流传下来的较准确的文献,其余的则依据的是残缺不全的和错误的记载。在我们能够确认武王伐纣的具体年代前,我们需要当时的记录。

第二个年代学课题是关于商代享年的问题。周代文献提到这一问题的有三处:

1. 《左传·宣公二年》:"桀有昏德,鼎迁于商,载祀六百。"

---

[1] 雷海宗:《殷周年代考》。
[2] 陈梦家:《西周年代考》。
[3] Bernhard Karlgren, "Some Weapons and Tools of the Yin Dynasty."
[4] 何炳棣:《周初年代平议》。
[5] 董作宾:《武王伐纣年月日今考》;丁骕:《岁在鹑火与武王伐纣》;周法高:《西周年代考》、"Certain Dates of the Shang Period";王保德:《武王伐纣渡于孟津的年代考》;劳榦:《周初年代问题与月相问题的新看法》。南京紫金山天文台的天文学家张钰哲在他的《哈雷彗星的轨道演变的趋势和它的古代历史》中引用《淮南子·兵略训》中关于武王伐纣时"彗星出"的记载,主张这一历史事件发生于公元前1057—前1056年,当时中国北部可见到哈雷彗星。但这一观点目前还有很多疑问。

2. 《孟子·尽心下》："由汤至于文王，五百有余岁。"

3. 《古本竹书纪年》："汤灭夏以至于受，二十九王，用岁四百九十六年。"

前两个只是大约数字，然而非常吻合。孟子只把商朝计算到文王，而文王据说享国很久（据《书经·无逸》为五十年）。把它加进孟子说的"五百有余岁"，就与《左传》的"载祀六百"十分接近。若以公元前1122年作为商亡之年，我们可以计算出商朝建国可能在公元前18世纪，但确切年代不详。[1]《古本竹书纪年》的496年的记载可能是错误的，因为太短了。

因为商朝建国的年代不能确定，各代商王的享国年数没有全部记载，在许多研究中的数字[2]只不过是个分配游戏。周代文献中只有以下一些具体享国年数：

1. 成汤　？
2. 外丙　2年（《孟子》）
3. 仲壬　4年（《孟子》）
4. 太甲　12年（《史记·鲁世家》索隐引《竹书》）
5. 沃丁
6. 太庚　25年（《太平御览》卷八三引《史记》）
7. 小甲　17年（《太平御览》卷八三引《史记》）
8. 雍己
9. 太戊
10. 仲丁
11. 外壬

---

[1] 刘歆把夏亡之年（成汤在位之第十六年）定为公元前1751年。
[2] 例如《今本竹书纪年》中给出的数字，见周鸿翔：《商殷帝王本纪》。

12. 河亶甲

13. 祖乙　75 年（《书经·无逸》）

14. 祖辛

15. 沃甲

16. 祖丁

17. 南庚

18. 阳甲

19. 盘庚（自盘庚至纣亡，不同文献引《竹书》作 773、275 或 273 年）

20. 小辛

21. 小乙

22. 武丁　59 年（《书经·无逸》）

23. 祖庚

24. 祖甲　33 年（《书经·无逸》）

25. 廪辛（《书经·无逸》10 年，7、8 年，4、3 年。然而《后汉书·西羌传》引《竹书》提到武乙在位之第 35 年以及太丁在位之第 11 年）

26. 庚丁（康丁）

27. 武乙

28. 太丁

29. 帝乙

30. 帝辛

第二节　青铜器

青铜礼容器长期以来一直被认为是常见的商代器物。《史记·殷本纪》记载，武丁时在一次祭祀成汤的仪式举行时，有一只雉飞落在鼎耳上。《国语·晋语》甚至记载了一段可能是商代衰落时代的铜器铭文。至少在两汉时期，古代青铜器就成为皇室和私人收藏品的重要组成部分，现存最早的青铜器目录是1092年成书的《考古图》（吕大临著）。

吕大临的《考古图》开创了中国古代青铜器研究这一重要领域。他从皇室和37家私人收藏的青铜器中，选择了148件商周器物、63件秦汉器物，另外还有13件玉器，描绘了它们的图形并详细记录了每一件器物的尺寸、容积、重量、出处等。他还给每一件器物按照中国古代文献中的礼器名称取了名字。商器物与周器物的区别很大程度上是根据铭文的不同——因为商王的名字多带"天干"名称，因此那些带"天干"名称（父甲、母乙、祖丙、兄丁之类）的铭文的器物通常被认为属于商朝。这种做法以后还在其他同类器物目录中被多次重复：著名的有：《博古图》（1123年修订）、《西清古鉴》（1755）、《宁寿鉴古》（1755—1795）、《西清续鉴》（1793）、《陶斋吉金录》（1908）和其他许多著作。收入目录的器物并没有都流传下来（宋代著录的600余件器物现存仅仅两件）。[1] 在现代考古学带来古代遗迹和更多的有真实出处的古代青铜器的新发现之前，这些著录构成了商周文化考古学研究的重要的第一手资料。在最近的一部商周铜器铭文目录中，[2] 著录了4835件有铭文的青铜器，它们来自用中文、日文和西文发表的192部目录。无论是有没有铭文的，这些目录著录的青铜器多数都不知出处。其中最早的目录是上文提到的《考古图》，最晚的则是20世纪70年代发表的。这些目录是当代各种利用青铜器研

---

[1] 容庚：《商周彝器通考》，257页。
[2] 周法高：《三代吉金文存著录表》。

究商周文明的学科的基本资料来源。

怎样研究青铜器才能阐明商代的历史、文化和社会呢？科学发掘出来的那些可以作为全部考古学成果的一部分，可以和其他考古发掘品同样研究。下文我们将应用科学的考古方法和成果。这里我们只注意青铜器本身，即那些属于艺术收藏品的、没有确切出土地点的青铜器。商周青铜器的研究家们重点研究四个方面：铭文、类型划分、装饰艺术、制作技术。我们将简要介绍各方面的主要研究成果。

开始介绍之前，一个名词必须提起，因为它关系到区分商周青铜器的课题。传统上，青铜器被目为"三代"之物，但是具体属于哪一代却并不总是能够确认。"三代"可以有两个含义：它意味着三个相继的年代学阶段，同时它也代表三个相互交叠的政治实体。有些明显属于商代的青铜器是在周的领地上发现的。按照传统，它们将被认定为商代器物，因为强调的是三代相继。然而，商周的政治嬗变在艺术上是不能清楚地表现的，早周器物和晚商器物并不总是能够区别开来。下面，我们介绍适用于整个"三代"的青铜器的研究方法和成果，只在必要时详细叙述与商有关的部分。

铭文

只在现存的商周青铜器中的极少数上才有的铭文，通常是以阴文形式在铸造器物时一并铸出的。最短的只有一个字；最长的是西周重器"毛公鼎"的铭文，达到497字。[1]所有铭

---

[1] 毛公鼎是一件真实性有争议的器物。见 Noel Barnard, "Chou China: A Review of the Third Volume of Cheng Te-k'un's *Archaeology in China*"；张光远：《西周重器毛公鼎》。

文可以被归类为两种：徽记和记事文字。

一个徽记包括以下一个或一个以上的成分：（A）作为族徽或家徽的一个字（通常为图形文字）；（B）一个亲属称谓，例如祖、妣、父、母、兄、妇、子；（C）十个"天干"之一。对徽记的解释通常是：它们指明了该器物所供奉的祖先或该器物的使用者。例如，一个由"族徽－父－甲"组成的徽记可以解释如下：由这个族徽所代表的氏族的父甲（某一祖先）。我曾经假设过一个有所改进的说法：不是指某一个个人，"父甲"指"父"这一代的"甲"这个家族单位，这件礼器就是为这个家族单位制作的。[1]但是无论如何，徽记不包括任何记事文字，仅仅用来标志器物的社会用途。

学者们以各种不同目的研究过这些徽记。族徽和其他记号曾经被作为使用者的社会学信息研究过。[2]它们曾被用作年代学研究，多数族徽被认作商代的而不是周代的，[3]祖先徽记的使用被认为是晚商的习俗。[4]由于这些族徽多是图形文字，它们有时被认为是中国文字的初创阶段的代表，并被用于中国文字史的研究。[5]

记事铭文也常常带有徽记，但是它们多数是记载铸造器物的原因等情况。多数记事说明器物铸造是由于王室的赏赐，而且常常提到赏赐的数量（贝的朋数），也有关于其他事件如军

---

[1] 张光直：《商周青铜器器形装饰花纹与铭文综合研究初步报告》。
[2] 郭沫若：《殷彝中图形文字之一解》；林巳奈夫：《殷周時代の図象記號》。
[3] 容庚：《商周彝器通考》，67页；Karlgren, "Yin and Chou in Chinese Bronzes."
[4] Virginia Kane, "The Chronological Significance of the Inscribed Ancestor Dedication in the Bronze Vessels." 又见《安阳殷墟五号墓的发掘》，《考古学报》1977年2期。
[5] 董作宾：《中国文字之起源》。

事征伐或王室出巡。这些记事并不出于历史目的,但是却时常传递一些重要信息,我们关于西周历史的许多认识来自这些铭文。被认为属于商代的一些青铜器上也有记事铭文,相对较短,最多不过50个字。[1]然而,由于它们是当时的记录,这些铭文就成了中国历史一个阶段的极其珍贵的"文献",并且同一时代几乎没有可靠的其他种类文献。赤冢忠在一部关于商代青铜器的著作中,[2]收集了60篇记事铭文,分为以下类别:纪年、征伐、赏赐、祭社、祭祖、节日、妇女以及其他。但周法高等编辑了一部更加全面的索引,在那里我们可以查到与每个人名、词汇、词组等等有关的记事的详细条目。[3]

类型划分

商周青铜器可以按照当时的或者考古学的分类法来分类。器物的类型名称在文献中常常出现,有些青铜器带有自铭;实际上,在宋代的目录里,著录的器物已经被加上了文献上的各类名称。这一实践如果成功的话,将对重现商周文化贡献极大,但它不能够被完全接受。铜器的自铭也不包括所有的器类,它们只是不同程度的泛指名称。文献中的器名不能够总是可信地与实际器物对应。因此在实践中,所有研究青铜器的学者都采用这种或那种考古学分类法,可能时用文献上的名称,当文献中无名称或名称不可靠时,新造一些名称。

最广泛采用的商周青铜器分类法是基于器物的已知或假想的用途的。下面这个陈梦家采用的分类法是一个很好的例子:[4]

---

[1] 容庚:《商周彝器通考》,82页。
[2] 赤冢忠:《殷金文考释》。
[3] 周法高等:《金文诂林》。
[4] 《海外中国铜器图录》。

1. 食器
    A. 炊器
        （1）鼎、鬲、甗
        （2）铲、盨
        （3）炉、鬲、灶
    B. 盛食器
        簋、盨、簠、豆
    C. 进食器
        匕
2. 饮酒器
    A. 温酒器
        斝、盉、爵、角、镳尊
    B. 盛酒器
        （1）尊类：尊、瓿、觥
        （2）瓶类：罍、罐、壴、盆
        （3）壶类：盂、壶
    C. 挹取器
        勺
3. 器座
4. 水器
5. 乐器
6. 兵器
7. 车马器
8. 度量衡器
9. 农具和手工工具
10. 服饰和装饰用具
11. 其他

第一级分类（1—11）和第二级分类是基于它们假定的用途的，每一种具体器形则按照传统命名法命名。这些原则当今被广泛用来给博物馆馆藏中的和新发掘出土的青铜器进行分类，但确切的分类法和命名法却大相径庭，[1]主要是因为基本基于猜测的用途所建立的分类标准不能够精确（图2）。

部分鉴于上述分类标准的不确定性，李济先生利用从安阳殷墟中发掘出来的礼器设想了一个新的分类法，第一级分类完全根据器物的形制。[2]

1. 圜底目
2. 平底目
3. 圈足目
4. 三足目
5. 四足目
6. 兽形目
7. 盖形目

每一类里面的具体器形依照传统命名法命名，但后面加上了"－形器"二字。例如，在"4. 三足目"里的"鼎形器"。李济的意思是说，无论这件器物是否叫做"鼎"，它肯定是某种形状像人们通常认为是"鼎"的东西。这种命名法也许与直接把它叫做"鼎"的方法区别很小，但它表现了一定程度的谨慎。许多当代中国的考古学家采用了这种" 形器"的命名法，尽管李济的按照底和足形式进行第一级分类的方法并不总是按照他所设想的形式来使用。

---

[1] 林巳奈夫：《殷周青銅彝器の名称と用途》；梅原末治：《古銅器形態の考古学的研究》；容庚：《商周彝器通考》。
[2] 李济：《记小屯出土之青铜器》（上篇）、《殷墟出土青铜礼器之总检讨》，789—795、806—807页。

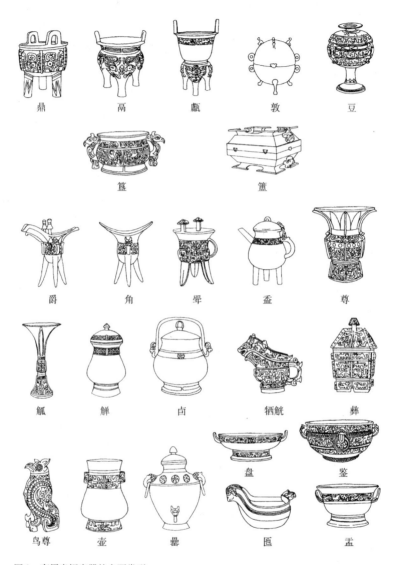

图 2　商周青铜容器的主要类型
（据张光直，*The Archaeology of Ancient China*，图 174）

商代青铜器的分类法理论上还有很大的改进余地；实际上，在中国考古学整个领域内，器物分类法都是如此。正如J. O. 伯鲁三十多年前所说的：

> 一组被研究的器物必须按照学生想要获得的信息，以多种不同方式分类，而且这些类别不能交叉。[1]

按照我们想要获得的信息，我们的青铜器也可以以不同方式来分类。它们可以被分成型和式，[2]显示它们时间和空间上的差异，以便追踪不同型器物的历史，这在同一文化传统中和不同文化传统之间都适用。实例就是李济对于各型青铜容器和兵器的研究。[3]以这种形式研究出来的各种青铜器物的历史，可以用来推断各种不同文化之间的关系。[4]各种器物类型学上的变化导致了各该种器物每一期的关键特点的出现，而那些与众不同的器物可能用来判断它们所在的整个器物群的年代。[5]一个器物群中的铜器可以简单地以描述为目的进行分类。为此任何效率高的和节约的分类法都可以应用，但是为了促进比较研究，考古学家们坚持不懈地开发广泛适用的分类系统。[6]青铜和其他质地的器物可以分成能够表现文化组织的型式，实例

---

[1] "Archaeology of Alkali Ridge, Southeastern Utah", p. 46.
[2] 按照 Irving Rouse 的定义，见 *Prehistory in Haiti*.
[3] 李济：《记小屯出土之青铜器》，上、中。
[4] 李济：《殷墟出土铜器五种及其相关问题》。
[5] 李济：《豫北出土青铜句兵分类图解》。
[6] 张光直等：《商周青铜器与铭文的综合研究》；Vadime Elisseeff, "Possibilities du scalogramme dans l'etude des bronzes Chinois archaiques" 及 *Bronzes Archaïques Chinois au Musée Cernuschi*.

就是对于商周饮食器的分类。[1]最终,青铜器可以(很可能是按照等级)以其本身的命名法来分组。这种分组法将或多或少地与商人自己的分类法相符合。上述商代青铜器的分类法至今甚至没有被尝试过。

装饰艺术

商代青铜器的装饰艺术是以动物题材为特征的,[2]尤其是神话化的动物主题。传统的中国古物收藏不重视装饰艺术的研究,每当提到它时,总被认为是具有说教意义的象征物。[3]这种看法延续到了现代的研究者中:商周铜器艺术的动物主题被与古典文献中的神话和传说联系起来,它们在礼仪中的重要性也被确定了。[4]

青铜器的装饰花纹当然可以与青铜器形制一样有类型学的意义。研究商代的学者们,主要是艺术史学家已经进行过不少这方面的研究,最有影响的是高本汉和罗越的研究。

在30年代发表的一系列文章中,[5]高本汉把商周青铜容器划分成三期:古典式(殷和公元前950年前的西周时期);中周式(大约公元前950—前650年)和淮式(公元前650—

---

[1] K. C. Chang, "Food and Food Vessels in Ancient China."
[2] Karlgren, "Some Characteristics of Yin Art"; Li Chi (李济), "Hunting Records, Faunistic Remains, and Decorative Patterns from the Archaeological Site of Anyang"; Cheng Te-k'un (郑德坤), "Animal Styles in Prehistoric and Shang China."
[3] 容庚:《商周彝器通考》,99页。
[4] Phyllis Ackerman, *Ritual Bronzes of Ancient China*; Florance Waterbury, *Early Chinese Symbols and Literature: Vestiges and Speculations*.
[5] "The Exhibition of Early Chinese Bronzes"; "Yin and Chou in Chinese Bronzes"; "New Studies on Chinese Bronzes."

前200年)。他把古典式青铜器的纹饰分成A、B、C三类:

A类: 饕餮面纹,有身饕餮纹,牛形饕餮纹,蝉纹,直立夔纹,单独纹饰。

B类: 分体饕餮纹,三重动物纹带,无尾鸟纹,目云纹,斜角目雷纹,云纹,四叶纹,复合菱形纹,穗状纹,T形勾连纹,垂直扉棱。

C类: 变形饕餮纹,龙形饕餮纹,有牙夔纹,有喙夔纹,有颚夔纹,回首夔纹,有羽夔纹,有翼夔纹,S形夔纹,变形夔纹,鸟纹,蛇纹,涡纹,蕉叶纹,有眼蕉叶纹,螺旋纹带。

高本汉经过对500余件标本的纹饰分析之后确认,这些类型的纹饰在商和早周的器物上的组合是有规律的。规律是: 一般来讲,A类和B类纹饰不会在同一件或同一类器物上出现,尽管它们都有可能分别与C类纹饰组合。对于这种情况,高本汉解释道,商代青铜艺术有两种相互竞争的风格,甲型和乙型(图3)。他认为甲型是主要的风格,乙型是由甲型演化而来,可能"新出现的铸造者的竞争对手的成绩是创造了乙型

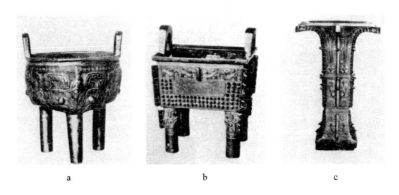

图3 高本汉所划分的甲型(a)和乙型(b、c)青铜器
(据容庚:《武英殿彝器图录》)

风格，它是在甲型的基础上创造的，但是却强烈地背离了甲型风格"。[1]

高本汉的研究是对商代青铜艺术的第一次系统分析，它在原来被认为可能属于不同年代的青铜器内部建立了一条界线。根据他的方法进行的较晚近的研究曾经试图表明不仅是单个的青铜器，而且全体遗存都有他所提到的甲型、乙型的明显区别，这种情况与其说具有年代学意义，不如说具有社会学意义。[2]一个新的利用数字代码来代表4000余件有铭文的商周青铜器[3]的各种特征（包括高本汉所说的 A、B、C 类纹饰）所进行的统计学研究得出了这样一个结论："这些数据没有提供证据证明高本汉的假说是错误的"，虽然"它们也同样不能排除其他包括不同主题纹饰但又与高本汉的 A、B、C 类纹饰有同样形式组合的可能性"。[4]

罗越的青铜器分组方法在高本汉的古典式当中是完全适用的；它实际上是基于被确认为属于商代的和从安阳殷墟发掘出来的青铜容器而建立的。但是他的分析并不囿于孤立的纹饰类型和主题，而是对于"器物的整体……器物的形制；装饰（包括主题、主题的形式和主题的布置）和技术上的特征"。[5]罗越给他的五式分类法列出以下一个摘要：[6]

Ⅰ式：细浮雕线条；简单形式；轻、薄效果。

---

[1] Karlgren, "New Studies on Chinese Bronzes", p. 91.
[2] K. C. Chang, "Some Dualistic Phenomena in Shang Society."
[3] 张光直：《商周青铜器与铭文的综合研究》。
[4] Bruce Spencer, "Archaic Chinese Bronzes: A Statistical Study of Motif concurrenui", p. 12.
[5] Loehr, "The Bronze Styles of the Anyang Period (1300–1028B. C.)", p. 42.
[6] *Ritual Vessels of Bronze Age China*, p. 13.

Ⅱ式：浮雕形条带；粗重形式；雕刻效果。

Ⅲ式：紧密、流畅、由Ⅱ式发展来的更加圆滑的图案。

Ⅳ式：主题纹饰第一次从云纹中分化出来，云纹变成了地纹，主题和地纹平齐。

Ⅴ式：主题纹饰第一次呈浮雕状凸起；主题纹饰高出地纹，地纹可以完全忽略。

罗越从他的五式分类法得出两个结论（图4）。第一，这些纹饰型式形成了一个发展演变的序列。第二，这些纹饰仅仅是单纯的图案，没有任何确定的——宗教、宇宙观、神话的——意义。无论如何，第一个结论来自50年代以来的考古发掘工作，正如下面将要详细叙述的那样。[1]

制作技术

制作技术在传统学术界不是一个十分引起兴趣的题目。一些早期的著作中认为古代铜器是用失蜡技术铸造的,[2]而这种技术现在已知是很晚才介绍到中国的。在这个领域的真正严肃的研究还有待于现代科学技术的应用，这种研究注重三个探索领域：物理和化学的分析以及商代技术的重建；[3]金属的来源以及它反映的商代经济；[4]制作技术和装饰艺术的相互关系。[5]尽管对一些馆藏青铜器进行过这类探索，但是全部进行这些探

---

[1] A. C. Soper, "Early, Middle, and Late Shang: A Note."
[2] 容庚：《商周彝器通考》，157页。
[3] Noel Barnard and Sato Tamotsu, *Metallurgical Remains of Ancient China*; Noel Barnard, *Bronze Casting and Bronze Alloys in Ancient China*; R. J. Gettens, *The Freer Chinese Bronzes: Ⅱ, Technical Studies*.
[4] 石璋如：《殷代的铸铜工艺》；天野元之助：《殷代産業に関する若干の問題》。
[5] Wilma Fairbank, "Piece-Mold Craftsmanship and Shang Bronze Design"; 李济：《殷墟出土青铜礼器之总检讨》。

图 4 罗越划分的 I—V 式青铜器：a. I 式；b. II 式；c. III 式；d. IV 式；e. V 式
（a 和 b：亚瑟·M. 赛克勒藏品，编号 V59、V108；c：旧金山亚洲艺术博物馆，A. 布伦戴奇藏品；d：密苏里州堪萨斯城威廉·罗克韦尔·尼尔森艺术馆藏品；e：辛辛那提艺术博物馆藏品——查尔斯·F. 威廉斯的子女以他们夫妇的名义赠送）

索必须依靠考古发掘品。关于这些题目的重要课题下文将要继续谈及。

第三节 卜甲和卜骨

很久以来,我们就知道周人利用龟甲占卜。《诗经·大雅·绵》描述了周族的祖先如何借助龟甲决定在陕西岐山附近建设他们的首都:

> 周原膴膴,堇荼如饴。爰始爰谋,爰契我龟,曰"止"曰"时",筑室于兹。

1977年底,这种用于占问的龟甲残片在岐山附近的周代遗址中被发现。[1]然而在那之前,学者们竟然不知道周代有刻字甲骨!他们也不知道占卜实际上也是商人的风俗,但是他们早在1977年之前——凭借他们关于甲骨文的知识——就知道占卜这一事实。早在19世纪末,商人的刻字卜骨就已经为人所知,而且它们的发现极大地改变了我们对商代历史的了解。

商代卜骨的发现离现代考古学的产生不很久远;不像青铜器的研究占去了中国有文字记载的历史的一大部分,它的发现离科学的发掘不到30年。但是这里把卜骨作为商代考古学的一个独立部分叙述,因为它的文字的研究需要更多的文献知识而不是考古学知识。

让我首先简要介绍一下刻字甲骨的基本特征。[2]安阳的商

---

[1] 据《美洲华侨日报》1977年11月1日新华社电讯。
[2] David N. Keightley, *Sources of Shang History*;严一萍:《甲骨学》。

代人继承了灼烧骨片并按照裂纹预测吉凶的做法，而且把它发展到了新的高度。为了这一工作，他们首先选择骨料，打磨光滑，然后在每一片上钻出洞，凿出槽。使用的骨料有两种。第一种是家牛、水牛或少数其他动物的骨骼，[1]主要是肩胛骨。第二种是龟的腹甲和（少数）背甲。这些龟属于以下种类：中华胶龟（*Ocadia sinensis*）、乌龟（*Chinemys reevesi*）、黄纹龟（*Mauremys mutica*）、闭壳龟属（*Cuora* sp.）和陆龟属池龟（*Testudo emys*）。[2]除了乌龟以外，所有其他的种类都不产于华北，在商代，它们的甲壳可能是从外地运入的。

在准备阶段，这些肩胛骨要被攻治，去掉残存的肉渣。龟甲要沿甲桥锯开（甲桥保留在腹甲上，经常雕刻有此甲的来源和序数），然后打磨光滑。作为准备工作的一部分，甲和骨都有可能浸泡在某种液体中使它们软化，以便钻凿、烤出裂纹和镌刻文字，但是具体细节还不清楚。[3]

在甲和骨的一面做出成排的钻和凿是为了使这一部分甲骨变薄，易于在加热的情况下产生裂纹而且使裂纹在另一面出现。早在新石器时代的一些卜骨上就已经出现了类似的坑洞，但是只有商代人才使它们规则地排列并精细地加工出来。钻为圆形，平底或圜底；凿为枣核形，V字形底。二者相互交叠。加热时，就会有两条裂纹在另一面出现，一条垂直，沿着枣核形的中轴，另一条横向，垂直交于中轴并通过钻的圆心。通常钻比凿靠近甲的中脊，以便横向裂纹可以指向中脊。在肩胛骨上也是如此，这样所有的横向裂纹都可以指向同一方向。

---

[1] Pierre Teilhard de Chardin and C. C. Young, "On the Mammalian Remains from the Archaeological Site of Anyang", pp. 45, 56, 58.
[2] Keightley, *Sources of Shang History*, appendix 1.
[3] 周鸿翔的个人通信。

占卜时，在钻和凿的底部加热，另一面出现裂纹，解释裂纹的形状作为向祖先提出的问题得到的回答。在本书中，我们要等到一个恰当的时机来讨论商代占卜的整个过程，但是要把卜骨文字作为一种资料，一些相关要点必须在这里提出。

占卜吉凶在商代社会的各个阶层可能是很普遍的；但因为实际上所有刻字卜骨都是商王的问卜，我们就把我们的描述限制在商王宫廷里。显然，很多人介入了占卜的过程和结果：商王本人，有时他亲自问卜，而且在任何情况下所有占卜都是以他的名义进行的；贞人，作为商王的代言人问卜；卜人，执行占卜过程；占人，专掌解释裂纹的含义；史，专掌记录整个占卜过程并将其刻在甲和骨上。[1]当然，这只是基本角色，有的角色可能不止一人，有的可能兼管几个角色。在宫廷中，占卜是一项重要活动，无疑在王室成员和整个王国的决策中起重要作用。甲骨文记录包括以下内容：祭祀、征伐、田游、往来行止、旬、夕—日、天象、年岁、疾病、生死、生育、梦、营建和其他。[2]有些占问是常规进行的（例如关于一些礼仪、旬、夕、日的吉凶等）；有的则是根据需要临时问卜。无论哪种问卜，贞人都要要求卜人进行占卜，卜人要执行占卜过程，占人则接收卜人所求示的祖先发来的回答。然后史就当场记录下来这些疑问、预兆的内容，少数还记载是否应验。从这些记录中，我们了解了占卜的过程。

每一次占问的过程可能包括在甲骨的不同部位多次进行灼烧和察看裂纹的过程。张秉权发现，[3]只要是用腹甲占卜，这

---

[1] 饶宗颐：《殷代贞卜人物通考》。另外，David Keightley 对"贞"有新的解释，见其 1972 年的手稿："Shih Chen: A New Hypothesis about the Nature of Shang Divination."
[2] 张秉权：《甲骨文的发现与骨卜习惯的考证》，857 页。
[3] 《卜龟腹甲的序数》，231—236 页。

个灼烧和察看的过程就依照以下五种顺序之一种：由上端到下端；由中脊到外侧并由上端到下端；由外侧到中脊并由上端到下端；由下端到上端；以及不规则移动。这些重复问卜既有正面问卜，也有反面问卜：是否将要这样或应当这样？是否不会这样或不要这样？当超过一行钻和凿被灼烧时，正面问卜和反面问卜分别刻在中脊的两侧。裂纹出现后，卜人有时会把裂纹刻深，以便能够清楚和永久保存，在裂纹旁边刻上数字指示正确的顺序，并且挨着裂纹刻下一个兆符。占人解释裂纹的确切方法已经不得而知。张秉权[1]认为，纵横裂纹相交的较大角度（与上端夹角大于70度）比较多地被认为是吉兆，但是其他因素也需要考虑，因为同样角度的裂纹旁边刻有不同的兆符。因此他猜测在某些情况下，卜人在裂纹形式所表现的吉凶上有可能与祖先神祇达成某种口头约定。[2]

占卜结束后，档案记录者——史有时会继续进行在用于占卜的甲骨上做记录的工作。记录多数是用刀刻出的；[3]有时是先写后刻或先刻后用红、黑、褐色颜料填入。每个典型的记录由以下部分构成：

1. 叙辞：通常由两部分组成：举行占卜的干支日期（□□卜）和贞人之名（□贞）；

2. 命辞：向祖先提出的问题；

3. 占辞：这一部分通常包括在背面的符号，但有时（商王亲自作占人时）它是刻在正面紧接命辞；

4. 验辞：在事后记载卜兆的灵验程度的刻辞。

---

[1]《殷墟卜龟之卜兆及其有关问题》。
[2]《甲骨文的发现与骨卜习惯的考证》。
[3] 周鸿翔:《殷代刻字刀的推测》。

这四部分并不总在每一个记录中全部出现；3、4 两条常常省略。如果占问重复进行，刻辞将在同一片甲骨上重复，但第二次及以后各次的刻辞将以简化形式出现。此外，问卜经常以正面和反面的形式进行，刻辞也就分别位于卜甲的两侧。[1]这样，就形成了一"套"完整的卜辞。[2]因为刻字甲骨发现时常常是破碎的，完整的成套卜辞就不是常规而是例外了。所以缀合这些碎片的各种努力已经做出并在进一步深入，[3]包括利用计算机技术。[4]

　　这些记录，无论是残片还是原有的和恢复的完整成套卜辞，提供了 19 世纪末以前从未获得过的源源不断的重要商代史料。很明显，商代宫廷有一个档案库，收藏这些刻字甲（图 5）和骨（图 6）。商亡后，这些档案成为殷墟的一部分湮没地下，从人们记忆中消失。1978 年以后在殷墟的考古发掘证明在隋（公元 581—618 年）唐（公元 618—907 年）时代，人们在挖掘墓穴时就已经扰动过这些甲骨碎片并重新埋没了它们。这些人们不会过多注意它们，更不会广泛宣扬。但是后来，它们被当作中药成分之一的"龙骨"（古代动物的骨骼，通常是化石）收集并用于医疗。有些龙骨引起了西方古生物学家的注意，追踪它们来源的结果是"北京人"的发现，这一传说已经广为流传。[5]

　　"龙骨"也导致了甲骨卜辞的发现。一个普遍流传的故事

---

[1] 周鸿翔：《卜辞对贞述例》。
[2] 张秉权：《论成套卜辞》。
[3] 郭若愚等：《殷虚文字缀合》；张秉权：《殷墟文字丙编》。
[4] H. H. Chou, "Computer Matching of Oracle Bone Fragments"；童恩正、张升楷、陈景春：《关于使用电子计算机缀合商代卜甲碎片的初步报告》。
[5] Harry Shapiro, *Peking Man.*

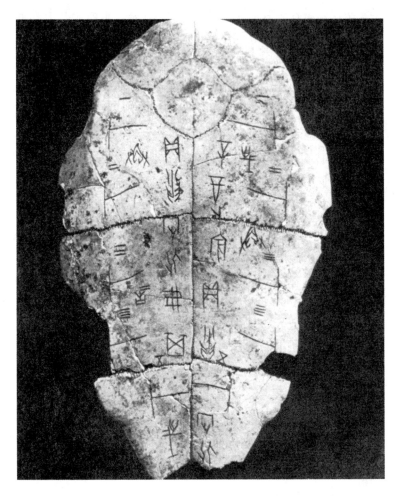

图 5 台北"中央研究院"收藏的一片刻字卜甲
（据 Smith and Wan-go Weng, *China, A History in Art*, p. 26）

图6 台北"中央研究院"收藏的一件刻字肩胛骨(《生活》杂志供稿)

是，在1899年，北京的一个有点名气的学者王懿荣，患了疟疾，治疗此病的药方中有一味龙骨。一位房客刘鹗（《老残游记》的作者）也是搞学问的，碰巧看到了其中有些残片上有文字。刘鹗把此事告诉他的房东，两人都很惊讶于这些从未为人所知的古代文字并开始追寻其来历。[1]经过可观的周折，他们和其他人的努力成功了，而且导致了安阳殷墟的发现，那里出土了大量的刻字龙骨。学者和文物贩子都立即开始了紧张的收集活动，给遗址带来了进一步的破坏。终于，1928年，科学的考古发掘开始了，第一次发现了呈原始埋藏状态的甲骨。李济在他的《安阳》一书中，详细介绍了搜集甲骨活动的过程，以及以搜集甲骨为中心的考古发掘的经过。

据董作宾统计，[2]共有约10万片甲骨出土，据信全部来自安阳。它们尺寸有大有小，大到完整甲骨，小到指甲大小的甲骨碎片。这10万片甲骨中，只有两批来自科学发掘：

1928—1937年，中央研究院历史语言研究所发掘24 918片；

1929—1930年，河南省博物馆发掘3 656片。

董作宾统计之后，在安阳又有大批甲骨出土。最重要的一批是1973年出土的5 000片。[3]这样，自1928年以来，已有33 500片甲骨经科学发掘出土。另有10万片左右非科学发掘出土的甲骨，大部分出土于1928年以前。它们分别收藏于中国国内和海外的公私机构中。根据陈梦家1956年的统计，[4]它们的收藏情况如下：

大陆公共收藏：约51 000片；

---

[1] 董作宾：《甲骨年表》。
[2] 《甲骨学六十年》，11—13页。
[3] 《1973年安阳小屯南地发掘简报》，《考古》。
[4] 《殷墟卜辞综述》，47页。

大陆私人收藏：约4 000片；

台湾省收藏：约26 000片；

欧美收藏：约7 000片；

日本收藏：约10 000片。

商史学者并不总是必须使用原始的甲骨来研究；实际上，多数研究课题可以利用甲骨文的拓片、照片和摹本著录满意地进行。最重要的著录见下表（仅限于收录500片以上者，第三部因为著录若干完整甲骨，故特别收入）：

	编撰年代	收藏片数
铁云藏龟　刘鹗	1903	1058
殷墟书契前编　罗振玉	1913	2229
殷墟书契菁华　罗振玉	1914	68
殷墟书契后编　罗振玉	1916	1104
戬寿堂所藏殷墟文字　姬佛陀	1917	655
殷墟卜辞　明义士（James Menzies）	1917	2369
龟甲兽骨文字　林泰辅	1921	1023
簠室殷契徵文　王襄	1925	1125
殷契卜辞　容庚、瞿润缗	1933	874
卜辞通纂　郭沫若	1933	929
殷墟书契续编　罗振玉	1933	2016
殷契佚存　商承祚	1933	1000
库方二氏藏甲骨卜辞　方法敛（Frank F. Chalfant）	1935	1687
殷契粹编　郭沫若	1937	1595
甲骨文录　孙海波	1937	930
Seven Collections of Inscribed Oracle Bone　Frank F. Chalfant（方法	1938	527

敛）and R. S. Britton			
殷契遗珠	金祖同	1939	459
诚斋殷墟文字	孙海波	1940	500
甲骨六录	胡厚宣	1945	659
战后平津新获甲骨集	胡厚宣	1946	538
殷墟文字甲编	董作宾	1948	3942
殷墟文字乙编	董作宾	1948—1949	6272
战后京津新获甲骨集	胡厚宣	1949	854
战后宁沪新获甲骨集	胡厚宣	1951	1143
战后南北新获甲骨录	胡厚宣	1951	3276
殷契拾掇	郭若愚	1951—1953	550
京都大学人文科学研究所所藏甲骨文字	贝冢茂树	1959	3446
The Menzies Collection of Shang Dynasty Oracle Bones, Vol. I Hsü Chin-hsiung（许进雄）		1972	3176

胡厚宣主持的一项宏伟工程正在北京进行，它要把发表过的和未发表过的全部甲骨收集起来，使人们揭开封面（以《甲骨文合集》为名）便可得到任何一片。这一领域研究的最好帮助是李孝定对甲骨文单字的研究[1]和岛邦男对甲骨文单字、普通姓名和术语所作的索引。[2]

因为卜骨是用于宗教活动的，它们传递的主要是商代宗教的情况，然而商史学者们巧妙地利用它们去探索商代文化和社会的几乎一切领域。罗振玉进行的关于甲骨文的最早研

---

[1] 李孝定：《甲骨文字集释》。
[2] 岛邦男：《殷墟卜辞综类》。

究之一[1]讨论了以下几个课题：都城、王名和人名、地名、字体、占卜、文字和礼仪、占卜方法。郭沫若的视野更加广泛和深入，他首次使用甲骨文研究商代社会和文化的以下方面：干支、数字、世系、天象、食货、征伐、略游、杂纂。[2]自从这些开创性著作发表后，涉及商文明各个侧面的大量研究不断出现，它们的成果对本书和商史的各种研究都是必不可少的。[3]

第四节　考古学

商代史学理论在甲骨卜辞发现后有了两个方面的剧烈变化：首先，这些卜辞以其文字首次提供了直接接触商代历史的一条途径。其次，它最终导致了安阳殷墟的发现和科学发掘。当有字卜骨出现在市场上时，商人们说它们来自河南的汤阴和安阳。1910年，罗振玉在安阳西北小屯村发现了甲骨文的来源，并否定了汤阴来源说。甲骨研究者们便自己来到小屯寻找遗址：1914年明义士、1915年罗振玉、1918年林泰辅。然而这些学者仅仅注重甲骨文字；此外，他们缺乏现代考古学的训练，而这对于下一个必然的步骤——发掘安阳的殷代文化遗址是必需的。

正在这时，现代考古学传入了中国。对于西方汉学家来说，考古工作至迟开始于斯文赫定、勒科克和斯坦因19世纪末20世纪初在中国新疆和甘肃的考察，其重要成果是敦煌烽燧遗址的发现以及其他一些成果。日本学者19世纪末在中国

---

[1]《殷墟书契考释》。
[2]《中国古代社会研究》《卜辞通纂》。
[3] J. A. Lefeuvre, "Les inscriptions des Shang sur carapaces de tortue et sur os."

东北进行过早期的考古调查。但对于中国学者来说，他们的注意力主要集中在中原，山西、河北、山东、河南、陕西这些产生了三皇五帝传说和"三代"的地区。到地下去寻找古人遗迹的想法直到20世纪20年代前后周口店北京人和仰韶遗址——第一个新石器时代遗址的发现才产生。20世纪20年代也产生了疑古派，对中国古代历史理论产生怀疑。以年轻学者顾颉刚为首的这一学派不仅怀疑三皇五帝的存在，而且怀疑"三代"的前两代的存在。[1]

20世纪20年代也是中国古代史学理论的关键年代。以前一直被认为是中国文化正统来源的历史文献现在被提出了疑问，但新发现的甲骨文给了它强有力的帮助。新的科学领域——考古学成了一举解决这些问题的万应灵丹。因此，1928年，当蒋介石的国民党政府在南京成立后，中央研究院和它下属的历史语言研究所在广东成立，顾颉刚在五四运动中的战友傅斯年派董作宾去安阳调查是否有和甲骨卜辞一样值得发掘的遗物。

当时33岁的语言学家、河南人董作宾——安阳也在河南，这是他被派去的原因之一——于8月12日至14日去安阳做了调查。这是他的调查报告：[2]

> 抵安阳之日，为八月十二。下车，即往访河南省立十一中学校长张天骥君。谈及余此次来彰之任务，张君为言其在民国十四年前往调查之情形。谓甲骨出土地，在城西北五里之小屯村。村北里许，即洹水流经处，滨洹农田，

---

[1] 顾颉刚：《古史辨》。
[2] 《民国十七年十月试掘安阳小屯报告书》，3—6页。

皆出甲骨。彼曾偕学生旅行其处，见无字之骨片，田中多有。以木枝向地下掘之，深尺余，即得有字者。又谓在村中购求甚易，若云买字骨，则妇孺咸集，曾以洋一元，买得小片盈掬。惜其物经会匪之乱而丧失，余不得一见耳。张君并言近年出土者仍陆续有之，某君尚获有一完全之龟甲云。

十三日雨，不能赴小屯，乃向城内古董肆访求甲骨。……西门内张姓古董铺，有残甲骨大如指甲者数粒，问以出土地及最近出土之情形，多称不知。他古董商人亦然。盖以余为他乡人而不肯实言也。至钟楼巷遵古斋，肆主王姓，尚诚实，为余言民国初年出土者甚多，最近如九年，十四年，及本年皆有大宗出土。其物有尚未售出者，并允代为搜求。出其所藏数十片，亦甚小，大者长寸许而已。……

次日天色少霁，余乃至十一中学，倩友人徐昭洁君为导，向小屯行。……至小屯购得甲骨数宗，共百余片，价三元。皆为妇孺携来者，如张君所说。间有长二三寸之骨条，索价甚昂，每条约四五元，则一概未买。然由此可证甲骨之出土者多，村人几于家家有之。村人且言，日常有古董客来，收买甲骨，能出重价。惟不要小块者，故挖掘时遇小块则弃而不顾，妇孺辈从旁捡拾，储以待售，余所购皆若辈之物也。其小者仅有一画半文，然余购之意，固不在多获佳品，而在知其出土之情形，并以为此行之纪念而已。

雇一幼童，导吾等至村北，求甲骨之出土地。童指示一沙丘，谓甲骨出于其下。余甚异之，盖罗雪堂于民国四

> 年曾亲履其地，谓"出甲骨之地约四十余亩，又甲骨之无字者田中累累皆是，其地种麦及棉，乡人每以刈棉后即事发掘，其穴深者二丈许。掘后即填之，复种植焉"。又张尚德（天骥）君亦云其地为农田，岂彼等所至非此地耶？抑其附近之地耶？余细审此沙丘之西面，近于棉田之处，有新掘而复填之坑十，于一坑之旁检得无字之骨版一块，确为卜用之骨版，则此童之言似亦非妄。沙丘高出农田数尺，其东为斜下之坡，直达洹河之滨。丘上不能种植，惟有黄沙白草而已。

....

> 调查之经过如此。则吾人可由此次调查而知者，为甲骨挖掘之确犹未尽。殷墟甲骨，在清光绪二十五年出世，至宣统二年罗雪堂派人大举搜求之后，数年之间，出土者数万。自罗氏观之，盖已"宝藏一空"矣。然民国以来，如肆估所说，则挖掘而大获者已不止一次。张君十四年调查，亦云农田之内，到处多有。而吾人于村中亲见之品，又皆新近出土者。凡此，皆可为殷墟甲骨挖掘未尽之证。至于甲骨之出土地，亦有可言者，则今之沙丘与滨洹之农田也。……是则由国家学术机关以科学方法发掘之，实为刻不容缓之图。

董作宾的建议很快被采纳了，同年10月进行了第一次考古发掘。由考古学者在安阳正式进行的15次发掘从此开始［第二次起，发掘由李济主持（图7）］。历史语言研究所的发掘在1937年日本全面侵华战争爆发后不久便匆匆中止（图8）。1928—1937年的发掘成果20—30年代在北京、30年代末—40年代在西南、40年代末在南京、50年代至今在台湾发表于"中

图7 1928—1937年殷墟发掘的主要参加者
（a. 李济；b. 梁思永；c. 董作宾；d. 石璋如；e. 高去寻）

图8 30年代殷墟发掘一瞥
（据高去寻:《乙区基址上下的墓葬》图版三）

央研究院"的出版物上：发表地点随着国民党政府的迁移而变化。[1]1949年中华人民共和国成立，安阳殷墟继续成为考古发掘的重点。以下是根据已发表的资料编制的殷墟考古工作年表：

1928年：历史语言研究所的首次发掘于10月13—30日进行。发掘重点在小屯、小屯北地、小屯东北地。[2]

1929年：历史语言研究所的第二次发掘于3月7日—5月10日在小屯、小屯北地、小屯南地进行。[3]第三次发掘于10月7日—21日、11月15日—12月12日在小屯北地、坝台至小屯西北地进行。[4]

1931年：历史语言研究所的第四次发掘于3月21日—5月11日在小屯北地、[5]4月16—30日在四盘磨、[6]4月16日—5月12日在后冈进行。[7]第五次发掘于11月7日—12月19日在小屯北地、11月10日—12月4日在后冈进行。[8]

1932年：历史语言研究所的第六次发掘于4月1日—5月

---

[1] 1928—1937年的发掘成果，见《安阳发掘报告》1—4期，1929—1933年；《中国考古报告集之二——小屯》，1948—1976年；《中国考古报告集之三——侯家庄》，1962—1976年；《中国考古报告集新编》，1964—1972年；胡厚宣：《殷墟发掘》；石璋如：《考古年表》；张光直：《殷墟发掘五十年》。
[2]《民国十七年十月试掘安阳小屯报告书》，3—6页。
[3] 李济·《小屯地面下情形分析初步》；《殷商陶器初论》。
[4] 李济：《民国十八年秋季发掘殷墟之经过及其重要发现》；《小屯与仰韶》；《俯身葬》。
[5] 李济：《安阳最近发掘报告及六次工作之总估计》；郭宝钧：《B区发掘记之一》。
[6] 李济：《安阳最近发掘报告及六次工作之总估计》；吴金鼎：《摘记小屯迤西之三处小发掘》。
[7] 梁思永：《后冈发掘小记》《小屯、龙山与仰韶》。
[8] 李济：《安阳最近发掘报告及六次工作之总估计》；郭宝钧：《B区发掘记之二》；梁思永：《小屯、龙山与仰韶》。

31日在小屯北地、4月8日—16日在高井台子、4月15日在四面碑、4月14日—5月10日在王裕口和霍家小庄进行。[1]历史语言研究所的第七次发掘在小屯北地进行。[2]

1933年：历史语言研究所的第八次发掘于10月20日—12月25日在小屯北地、[3]11月15日—12月21日在四盘磨、11月15日—1934年1月3日、1月15—24日在后冈进行。[4]

1934年：历史语言研究所的第九次发掘于3月9日—4月1日在小屯北地，3月15日—4月1日、4月10日—20日在后冈，4月30日—5月22日在南坝台，4月2日—5月31日在侯家庄南地进行。[5]历史语言研究所的第十次发掘于10月3日—12月30日在侯家庄西北冈、10月29日—12月5日在同乐寨进行。[6]

1935年：历史语言研究所的第十一次发掘于3月10日—6月15日在西北冈进行。[7]历史语言研究所的第十二次发掘于9月5日—12月16日在大司空村南地、10月20日—11月7日在范家庄北地进行。[8]

1936年：历史语言研究所的第十三次发掘于3月18日—

---

[1] 李济：《安阳最近发掘报告及六次工作之总估计》；吴金鼎：《摘记小屯迤西之三处小发掘》。
[2] 石璋如：《第七次殷墟发掘：E区工作报告》。
[3] 石璋如：《殷墟最近之重要发现附论小屯地层》；《小屯的文化层》。
[4] 石璋如：《河南安阳后冈的殷墓》。
[5] 石璋如：《殷墟最近之重要发现附论小屯地层》；《小屯的文化层》。
[6] 石璋如：《小屯的文化层》。
[7] 梁思永、高去寻：《侯家庄1001号大墓、1002号大墓、1003号大墓、1004号大墓》。
[8] 石璋如：《殷墟最近之重要发现附论小屯地层》；梁思永、高去寻：《侯家庄1217号大墓、1500号大墓、1550号大墓》；高去寻，"The Royal Cemetery of the Yin Dynasty at Anyang"；Paul Pelliot, "The Royal Tombs of Anyang," 1937、1938年。

6月24日在小屯北地进行。[1]历史语言研究所的第十四次发掘于9月20日—12月31日在小屯北地、10月24日—12月10日在大司空村南地进行。[2]

1937年：历史语言研究所的第十五次发掘于3月16日—6月19日在小屯北地进行。[3]

1937—1945年：日本侵华期间，庆应义塾大学和东京帝国大学的日本"学者"于1938年、1940—1941年在安阳发掘。[4]1939年，韩斯福（S. H. Hansford）有过简短参观，并报告了当时当地的情况。[5]

1950年：中华人民共和国成立后的首次发掘由中国科学院考古研究所于4月12日—6月10日在西北冈（改名为武官村北地）以及小屯以西洹河南岸的几个地点进行。[6]

1953—1954年：考古研究所于3—4月、6—7月、1955年1月在大司空村东南地进行发掘。[7]

1955年：河南省文化局文物工作队第一队于8月18日—10月23日在小屯南地进行发掘。[8]

1957年：河南省文化局文物工作队于8—9月在薛家庄南地发掘。[9]11月上旬该队在薛家庄北地发掘。[10]

---

[1] 石璋如：《殷墟最近之重要发现附论小屯地层》。
[2] 同上之后记。
[3] 同上。
[4] 胡厚宣：《殷墟发掘》，117—118页。
[5] "A Visit to Anyang."
[6] 郭宝钧：《1950年春殷墟发掘报告》。
[7] 马得志、周永珍、张云鹏：《1953年安阳大司空村发掘报告》，《考古学报》。
[8] 《1955年秋安阳小屯殷墟的发掘》，《考古学报》。
[9] 赵霞光：《安阳市西郊的殷代文化遗址》；周到、刘东亚：《1957年秋安阳高楼庄殷代遗址发掘》。
[10] 《河南安阳薛家庄殷代遗址墓葬和唐墓发掘简报》，《考古》。

绪论：探索商代历史的五条途径

1958年：河南省文化局文物工作队于2—3月在大司空村南地发掘。[1]本年开始，中国科学院考古研究所在安阳连续进行发掘工作。1958—1959年发掘的地点包括：小屯西地、苗圃北地、张家坟、白家坟、梅园庄、孝民屯、北辛庄、范家庄、后冈、大司空村和武官村北地。[2]

1959年：考古研究所的工作继续进行。在小屯村西建立了考古工作站和陈列馆。[3]

1962年：考古研究所秋季在大司空村东南地发掘。[4]考古研究所在殷墟范围以外洹河流域调查古代遗址。

1963年：洹河流域的调查继续进行。[5]

1969年：春季，考古研究所在武官村北地发掘。[6]

1971年：考古研究所与安阳市文教局在后冈发掘。[7]12月8日，考古研究所在小屯西地发掘一个卜骨坑。这一工作断续进行到1973年5月结束。[8]

1972年：考古研究所于1月28日—3月30日在后冈发掘。[9]3—4月在孝民屯南地发掘。[10]

1973年：考古研究所于3月—8月10日、10月4日—12

---

[1]《1958年春河南安阳市大司空村殷代墓葬发掘简报》，《考古》。
[2]《1958—1959年殷墟发掘简报》，《考古》；郭沫若：《安阳圆坑墓中鼎名考释》；赵佩馨：《安阳后冈圆形葬坑性质的讨论》，《考古》。
[3]《1958—1959年殷墟发掘简报》，《考古》。
[4]《1962年安阳大司空村发掘简报》，《考古》。
[5]《安阳洹河流域几个遗址的试掘》，《考古》。
[6]《安阳殷墟奴隶祭祀坑的发掘》，《考古》。
[7]《1971年安阳后冈发掘简报》，《考古》。
[8]郭沫若：《安阳新出土之牛胛骨及其刻辞》，《考古》。
[9]《1972年春安阳后冈发掘简报》，《考古》。
[10]《安阳新发现的殷代车马坑》，《考古》。

月 4 日在小屯南地发掘。[1]

1975 年：冬季，考古研究所在小屯北地发掘。[2]

1976 年：考古研究所于 4 月 16 日—6 月 30 日在武官村北地发掘。[3] 7 月在小屯北地发掘。[4]

从董作宾在安阳试掘到现在已经 50 年，安阳的工作仍然在进行。这个遗址的考古资料，和甲骨卜辞提供的文献记录一样，几乎是独一无二的。[5] 它们继续充实着我们研究商文明的基本资料，也是本书的基本素材。

在安阳以外，也发现了大量的考古遗址，文化面貌与安阳殷墟的相似或有联系。但只有郑州有广泛开展并有详细地层学资料的考古工作。为了简要叙述已经做过的工作，下面我列出一个郑州等地考古工作的清单。

郑州的商代考古

郑州地区的第一处商代遗存 1950 年由一名教师发现于城市东南的二里冈。[6] 1951 年起，由河南省文物管理委员会[7] 和中国科学院考古研究所[8] 展开调查。1952、1953 年，北京

---

[1]《1973 年安阳小屯南地发掘简报》，《考古》。
[2]《1975 年安阳殷墟的新发现》，《考古》。
[3]《安阳殷墟奴隶祭祀坑的发掘》，《考古》，杨锡璋、杨宝成：《从商代祭祀坑看商代奴隶社会的人牲》，《考古》；《安阳殷代祭祀坑人骨的性别年龄鉴定》，《考古》。
[4]《安阳殷墟五号墓的发掘》，《考古学报》；《殷墟考古发掘的又一重要收获——小屯发现一座保存完好的殷代王室墓葬》，《考古》。
[5] 关于安阳以外的甲骨发现，参看陈梦家：《殷墟卜辞综述》，7 页；李学勤：《谈安阳小屯以外出土的有字甲骨》。
[6]《郑州二里冈》，《考古学集刊》，1 页。
[7] 赵全嘏：《河南几个新石器时代遗址》。
[8] 夏鼐：《河南成皋广武区考古纪略》。

绪论：探索商代历史的五条途径

大学和考古研究所合办的短期考古培训班在这里发掘。[1]这些调查和试掘显示，二里冈和郑州地区的其他一些地点是十分重要的商代遗址，更重要的是，它们的文化面貌早于安阳殷墟。[2]于是，从1953年起，由郑州市文物工作队（后来是郑州市文化局、市博物馆和河南省博物馆）对这里开展了深入的调查和发掘工作。其中已知的发掘工作和已发表的成果如下：

1953年：配合郑州市的基本建设，连续的调查和发掘开始。起初的重点是1952年发掘过的二里冈遗址。[3]

1954年：主要发掘以下四处遗址：人民公园、[4]白家庄、[5]紫荆山北[6]和南关外。[7]

1955年：上一年白家庄的工作继续进行。另外在铭功路西侧、[8]二里冈、[9]南关外[10]也进行了发掘。

1956年：发掘工作在更多地点进行：铭功路西侧、[11]紫荆山北、[12]洛达庙、[13]南关外、[14]旭旮王。[15]探寻商代城墙的

---

[1] 安志敏：《一九五二年秋季郑州二里冈发掘记》。
[2] 《郑州市殷商遗址地层关系介绍》，《文物》。
[3] 《一年来郑州市的文物调查发掘工作》，《文物》；另见上页注〔6〕。
[4] 安志敏：《郑州市人民公园附近的殷代遗存》；《郑州市人民公园第二十五号商代墓葬清理简报》，《文物》。
[5] 《郑州市白家庄商代墓葬发掘简报》，《文物》；《郑州白家庄遗址发掘简报》，《文物》。
[6] 《郑州商代遗址的发掘》，《考古学报》。
[7] 同上。
[8] 《郑州发现的商代制陶遗迹》，《文物》。
[9] 《郑州第五文物区第一小区发掘简报》，《文物》。
[10] 《郑州南关外商代遗址的发掘》，《考古学报》。
[11] 马全：《郑州市铭功路西侧的商代遗存》，《文物》。
[12] 廖永民：《郑州市发现的一处商代居住与铸造铜器遗址简介》。
[13] 《郑州洛达庙商代遗址试掘简报》，《文物》。
[14] 《郑州南关外商代遗址发掘简报》，《考古》。
[15] 《郑州旭旮王村遗址发掘报告》，《考古学报》。

工作也开始实施，至1973年完成。[1]

1957年：1956年后，由于已经发表的资料得到重视，郑州商代遗址的考古工作仍然进行，但未进一步深入。仅有1957—1959年在上街，[2]1965年在铭功路西侧，[3]1973、1974年发掘宫殿台基，[4]1974年在张寨南街[5]的工作见诸报道。

和在安阳一样，郑州的考古工作仍在继续进行，但工作已远不如以前广泛，部分原因是商城的中心为今天的城市所占压。从已知的考古资料看，[6]这里的商代考古是极其重要的，它提供了完全早于殷墟的商代聚落的情况资料，它也是后世都城的祖型。

其他地区的商代考古

近三十年来，与安阳和/或郑州的商代遗存面貌相似的考古遗址在中国各地被陆续发现，北至辽宁，南到江南。这些遗址还没有哪一个像安阳和郑州的那样得到全面的发掘，但是将来的考古工作可能证明有些会和安阳、郑州的一样重要，甚至在某些方

---

[1] 《郑州商代城址试掘简报》，《文物》。
[2] 《郑州上街商代遗址的发掘》，《考古》；《河南郑州上街商代遗址发掘报告》，《考古》。
[3] 《郑州市铭功路西侧的两座商代墓》，《考古》。
[4] 《郑州商城遗址内发现商代夯土台基和奴隶头骨》，《文物》。
[5] 《郑州新出土的商代前期大铜鼎》，《文物》。
[6] 参看：《郑州市殷商遗址地层关系介绍》，《文物》；《郑州市古遗址墓葬的重要发现》，《考古》；邹衡：《试论郑州新发现的殷商文化遗址》；《郑州商代遗址的发掘》，《考古学报》；安金槐：《郑州地区的古代遗存介绍》《试论郑州商代城址——敖都》；安志敏：《关于郑州商城的几个问题》；刘启益：《"敖都"质疑》；唐兰：《从河南郑州出土的商代前期青铜器说起》；《郑州商代遗址》，《文物》。

面还会更加重要。下面是各主要遗址分布区的已知资料的简介:

河南西北部和山西南部 这里是二里头类型文化的分布区,该类型在考古学文献中被认为属于早商。[1]根据最近的关于二里头类型文化和商文明起源的研究(下文将讨论这一问题),[2]我们将把这一文化类型从商代的领域中划分出去。去掉了二里头类型文化的遗址之后,这一地区就几乎只有东部边缘有类似郑州和安阳那种类型的商文化遗址了。这些遗址包括陕县七里铺、[3]渑池鹿寺、[4]孟县涧溪、[5]温县小南张、[6]洛阳附近的一系列遗址、[7]巩县稍柴、[8]临汝煤山。[9]

山西中部和陕西 据说商式青铜器曾于1949年以前在山西省中西部黄河河谷的石楼出土过。这些铜器群多数属于偶然发现,它们沿黄河河谷分布,北至保德。在石楼的一些地点(二郎坡、[10]桃花庄、[11]后兰家沟、[12]义牒[13]及其他[14])、

---

[1] K. C. Chang, *The Archaeology of Ancient China*, pp. 258-259.
[2] 张光直:《殷商文明起源研究上的一个关键问题》《从夏商周三代考古论三代关系与中国古代国家的形成》。
[3] 《河南陕县七里铺商代遗址的发掘》,《考古学报》。
[4] 《河南渑池鹿寺商代遗址试掘简报》,《考古》。
[5] 《河南孟县涧溪遗址发掘》,《考古》。
[6] 《温县出土的商代铜器》,《文物》。
[7] 郭宝钧、林寿晋:《1952年秋季洛阳东郊发掘报告》,《中国考古学报》;《洛阳涧滨古文化遗址及汉墓》,《考古学报》;《一九五四年秋季洛阳西郊发掘简报》,《考古通讯》;《1958年洛阳东干沟遗址发掘简报》,《考古》。
[8] 佟柱臣:《从二里头类型文化试谈中国的国家起源问题》,29页。
[9] 《河南临汝煤山遗址调查与试掘》,《考古》。
[10] 《山西石楼县二郎坡出土商周青铜器》,《文物》。
[11] 谢青山、杨绍舜:《山西吕梁县石楼镇又发现铜器》。
[12] 《石楼后兰家沟发现商代青铜器简报》,《文物》。
[13] 《山西石楼义牒发现商代铜器》,《考古》;《山西石楼义牒会坪发现商代兵器》,《文物》。
[14] 《山西石楼新征集到的几件商代青铜器》,《文物》。

保德[1]以及与保德隔河相望的陕西绥德[2]都有发现。类似商代面貌的零星遗存在山西中部如太原和忻县，[3]以及陕西中部的岐山[4]也有发现。

河南北部和河北南部 这是黄河下游以安阳为中心的平原地带，向北伸展到太行山东麓。已知的遗址有新乡潞王坟、[5]辉县的一些遗址，[6]汤阴朝歌、[7]磁县界段营、[8]邯郸涧沟、[9]邢台的一些遗址，[10]藁城台西、[11]灵寿北宅村、[12]曲阳冯家岸[13]以及北京刘家河。[14]更北的辽宁发现的一个铜器群也被认为属于商器。[15]

山东 根据1972年以前的调查资料，除最北部的德州地

---

[1] 《保德县新发现的殷代青铜器》，《文物》。
[2] 《陕西绥德墕头村发现一批窖藏商代铜器》，《文物》。
[3] 《山西省十年来的文物考古新收获》《忻县连寺沟出土的青铜器》，《文物》。
[4] 《陕西省岐山县发现商代铜器》，《文物》。
[5] 《河南新乡潞王坟商代遗址发掘报告》，《考古学报》。
[6] 郭宝钧、夏鼐等：《辉县发掘报告》；《河南卫河滞洪工程中的考古调查简报》、《河南辉县褚丘出土的商代铜器》，《考古》。
[7] 安金槐：《汤阴朝歌镇发现龙山和商代等文化遗址》。
[8] 《磁县界段营发掘简报》，《考古》。
[9] 《1957年邯郸发掘简报》《河北邯郸涧沟村古遗址发掘简报》，《考古》。
[10] 《河北邢台东先贤村商代遗址调查》，《考古》；《邢台曹演庄遗址发掘报告》，《考古学报》；《邢台市发现商代遗址》《邢台商代遗址中的陶窑》《邢台南大郭村商代遗址探掘简报》《邢台贾村商代遗址试掘简报》《邢台尹郭村商代遗址及战国墓葬试掘简报》，《文物》。
[11] 《河北藁城县商代遗址和墓葬的调查》《河北藁城台西村的商代遗址》，《考古》；《河北藁城县台西村商代遗址1973年的重要发现》，《文物》。
[12] 《河北灵寿县北宅村商代遗址调查》，《考古》。
[13] 安志敏：《河北曲阳调查记》。
[14] 《北京市平谷县发现商代墓葬》，《文物》。
[15] 《辽宁喀左县北洞村发现殷代青铜器》《辽宁喀左县北洞村出土的殷周青铜器》；晏琬：《北京辽宁出土铜器与周初的燕》，《考古》。

区外，全省都有商代遗存发现。[1]其中最著名的是许多年前就已发现、新的工作又披露了重要资料的两处遗址：济南东部的大辛庄[2]和益都东北的苏埠屯。[3]

河南、江苏北部和安徽的淮河平原 河南东部、山东西南部、江苏北部和安徽是商代考古的一个潜在的重要地区，因为大部分历史学家（如前所述）把成汤的国都"亳"设想在商丘境内。但是尽管淮河平原是商代考古学者们较早注意的一个目标，[4]商代遗址仍未发现很多。已见诸报道的商代遗址有河南中部的鄢陵和扶沟、[5]江苏北部的几个遗址（尤其是高皇庙[6]和丘湾[7]），安徽北部的阜南、[8]寿县、[9]嘉山[10]甚至安徽中部长江流域的肥西。[11]

---

[1] 齐文涛：《概述近年来山东出土的商周青铜器》；《山东平阴县朱家桥殷代遗址》，《考古》。

[2] F. S. Drake, "Shang Dynasty Find at Ta-hsin-chuang, Shantung"; "Ta-hsin-chuang Again"; 《济南大辛庄商代遗址勘察纪要》；齐文涛：《概述近年来山东出土的商周青铜器》，《文物》；《济南大辛庄遗址试掘简报》；蔡凤书：《济南大辛庄商代遗址的调查》，《考古》。

[3] 祁延霈：《山东益都苏埠屯出土铜器调查记》；《山东益都苏埠屯第一号奴隶殉葬墓》，《文物》。

[4] 李景聃：《豫东商丘永城调查及造律台黑孤堆曹桥三处小发掘》。

[5] 《河南鄢陵扶沟商水几处古文化遗址的调查》，《考古》。

[6] 《徐州高皇庙遗址清理报告》，《考古学报》；《1959年冬徐州地区考古调查》，《考古》。

[7] 《江苏铜山丘湾古遗址的发掘》，《考古》；俞伟超：《铜山丘湾商代社祀遗迹的推定》；王宇信、陈绍棣：《关于江苏铜山丘湾商代祭祀遗址》。

[8] 《安徽阜南发现殷商时代的青铜器》；石志廉：《谈谈龙虎尊的几个问题》，《文物》。

[9] 王湘：《安徽寿县史前遗址调查报告》；李济：《殷虚有刃石器图说》。

[10] 《安徽嘉山县泊岗引河出土的四件商代铜器》，《文物》。

[11] The Committee of the Exhibition of the Archaeological Finds of the People's Republic of China, *The Exhibition of the Archaeologial Finds in the People's Republic of China*, p. 18.

汉水流域和长江中游 这一地区代表着商文明的南渐，它最近才在考古学上明朗起来。开始，河南西南部汉水上游的南阳十里庙[1]和淅川下王岗[2]发现。沿汉水向下，一系列重要遗址在黄陂[3]发现。长江以南，商代遗存在湖北崇阳、[4]湖南石门、[5]醴陵、[6]宁乡和常宁[7]以及江西的清江、[8]都昌[9]都有发现。

以上列举的商代遗存都是最近发现的，资料尚显贫乏。但一个文明在地理上扩展得如此类遗存所反映之辽阔，已经给商史研究者一些巨大的暗示，这些暗示的一部分将在本书下文探讨。

第五节　理论模式

在商代史学中，有两种成为详细理论的基本倾向占主导地位：史料学和马克思主义。可以这样说，把史料学等同于史学，是中央研究院历史语言研究所从1928年在广东成立至今

---

[1]　《河南南阳市十里庙发现商代遗址》，《考古》。
[2]　《河南淅川下王岗遗址的试掘》，《文物》。
[3]　《一九六三年湖北黄陂盘龙城商代遗址的发掘》《盘龙城一九七四年度田野考古纪要》《盘龙城商代二里冈期的青铜器》，《文物》；郭冰廉：《湖北黄陂杨家湾的古遗址调查》；《湖北黄陂矿山水库工地发现了青铜器》；郭德维、陈贤一：《湖北黄陂盘龙城商代遗址和墓葬》，《考古》。
[4]　《湖北崇阳出土一件铜鼓》，《文物》。
[5]　周世荣：《湖南石门县皂市发现商殷遗址》，《考古》。
[6]　《湖南醴陵发现商代铜象尊》，《文物》。
[7]　高至喜：《湖南宁乡黄材发现商代铜器和遗址》，《考古》；《商代人面方鼎》《介绍几件从废铜中拣选出来的重要文物》，《文物》。
[8]　《江西清江吴城商代遗址发掘简报》，《文物》。
[9]　唐昌朴：《江西都昌出土商代铜器》，《考古》。

的基本观点。由于历史语言研究所在安阳发掘中的重要地位，无论是所内产生的还是所外实践但深受历史语言研究所影响的商史理论，都在很大程度上注重新史料的取得和对它们的逐一研究。

史料学的一个宣言是发表于《历史语言研究所集刊》第一本的傅斯年所著的"工作旨趣"，他在1928年该所成立至1950年他去世一直担任所长：

> 近代的历史学只是史料学，利用自然科学供给我们的一切工具，整理一切可逢着的史料……在中国的语言学和历史学当年之有光荣的历史，正因为能开拓的用材料，后来之衰歇，正因为题目固定了，材料不大扩充了，工具不添新的了。不过在中国境内语言学和历史学的材料是最多的，欧洲人求之尚难得，我们却坐看它毁坏亡失。我们着实不满这个状态，着实不服气就是物质的原料以外，即便学问的原料，也被欧洲人搬了去乃至偷了去。我们很想借几个不陈的工具，处治些新获见的材料，所以才有这历史语言研究所之设置。我们最要注意的是求新材料，第一步想沿京汉路，安阳至易州，安阳殷墟以前盗出之物并非彻底发掘，易州邯郸又是燕赵故都，这一带又是卫邺故域。……第二步是洛阳一带，将来一步一步的西去，到中央亚细亚各地，……总而言之，我们不是读书的人。我们只是上穷碧落下黄泉，动手动脚找东西！[1]

于是，安阳发掘便在历史语言研究所的主办下，以获取史

---

[1] 傅斯年：《历史语言研究所工作之旨趣》。

料为明确目的开始进行了。每当新的资料取得了，新的问题提出并被解决了，商代的历史就被丰富并且扩展了。参与安阳发掘工作的学者们只是与资料本身打交道："董（作宾）去研究文字记录，而我（李济）则注意所有其他文物。"[1]吴定良，一个体质人类学家，就致力于人骨的研究。[2]计划中的安阳发掘报告的大纲如下：[3]

1. 发掘经过
2. 建筑遗址
3. 骨卜、龟卜与甲骨文字
4. 冶铜术与青铜器及他种金属品
5. 陶器
6. 石器、骨器、蚌器
7. 兽骨
8. 附近遗址
9. 墓葬
10. 宗教、艺术及社会组织

从正面讲，我们关于商代历史的认识的确被安阳发掘所得的史料大大丰富和扩展了。问题是，事实真的能自己说话吗？资料的分类代表着对古代文明的分类法。这种方法真的能最好地揭示我们正在研究的这一文明的内在秩序吗？换句话说，史料学是一种理论。这是古代史研究的最好理论吗？

不，马克思主义者说。他们是唯一在明确理论指导下研究商史的学者群体。对于郭沫若这个最有影响并且最早倡导用马

---

[1] Li Chi, *Anyang*, p.59.
[2] 同上，122页。
[3] 李济：《安阳发掘报告（编后语）》；又见其《安阳发掘与中国古史问题》。

克思主义诠释中国历史的学者来说,像李济、董作宾这些史料学者们是"捧着金饭碗讨饭"[1]的乞丐。早在1930年,正当历史语言研究所的学者们开始探寻新史料时,郭沫若就在他的开创性著作《中国古代社会研究》中首次尝试"用科学的历史观点研究和解释历史"。[2]这种历史观的代表作就是恩格斯的《家庭、私有制和国家的起源》(1884年)。郭沫若在他的书中,首先简短地表述了马克思、恩格斯关于人类社会发展阶段——原始社会、奴隶社会、封建社会、资本主义社会——的理论,然后就去分析当时可以获得的史料,包括甲骨文和金文,得出结论说商代代表原始社会的晚期,此时氏族制度仍然存在,但阶级社会已经开始。具有讽刺意味的是,随着田野发掘所获资料的增多,郭沫若被迫改变他关于商代社会发展阶段的结论。正如他1954年所表白的:

> 掌握正确的科学的历史观点非常必要,这是先决问题。但有了正确的历史观点,假使没有丰富的正确的材料,材料的时代性不明确,那也得不出正确的结论。[3]

根据更新的史料,郭沫若改变了他的看法,认为商代社会正处在社会变革的奴隶制时代,[4]对商代社会的这一定性今天成为马克思主义历史学家的一致看法。[5]

下文我们将以发展的眼光较多地讨论商代的社会形态。这

---

[1]《奴隶制时代》(1950年版)。
[2]《中国古代社会研究》(1964年版)。
[3] 同上(前言,1954年版)。
[4]《奴隶制时代》(1952、1954、1972年版)。
[5] 史星:《奴隶社会》;张景贤:《中国奴隶社会》。

里我们只注意马克思主义的发展理论——如中国的马克思主义历史学家所解释的——作为分析商代史料的一种明确的理论模式：文化和社会的因素被安排在每个发展阶段的排序明确的结构里，这些结构本质上从一个阶段转变到另一个阶段，文化和社会的因素也随之重新安排。一旦我们正确依照它的发展阶段确定了一个社会——商代——的性质，我们的任务就是做两件事：把我们的史料编排成在结构上讲得通的顺序——无论是按时代还是按等级——来帮助我们了解它们所构成的系统，并且填补史料中的空白。这种方法论不仅是马克思主义历史学家的有力工具，也是当代研究其他地区文明起源的考古学者中的新发展派的有力工具。例如埃尔曼·塞维斯的发展阶段说——氏族、部落、酋邦、国家[1]——正好为编排我们的史料这一目的服务，并且有了另外的有利条件：把原始社会划分成了三个不同层次，而不是一个。

不论是史料还是概括性的发展理论，对于了解商文明——以及其他一切文明——都是必要的；我们也需要一个中介理论模式来帮助我们把史料和理论结合在一起。正如上文所述，史料学并不缺乏理论；只是它的理论是无序的、不明确的并且不能检验。另一方面，在我们说我们可以用一种普遍适用的理论解释我们的史料之前，我们最好确认这些迄今建立在世界其他地区材料基础上的理论确实是普遍适用的。为此，我们必须根据其本身的迹象把史料组织在一起，排除理论的干扰。

什么是"本身的迹象"？我这里指的不是史料内在的本质；史料学家已经看到了它们的价值。我指的是凭经验建立起来的史料间的关系；这种相互关系是任何结构的组成都必然会

---

[1] Elman R. Service, *Primitive Social Organization: An Evolutionary Perspective.*

有的。各种因素相互以各种形式——水平的、倾斜的、成层的或更复杂的形式——结合成为一个结构。它们形成一个复杂、有机的整体。这一文明消逝后，这些因素就分崩离析了，有些消失了。我们的工作就是重新整合它们。为此我们需要好的、可靠的资料，多多益善。我们也需要修正总体的指导理论以及可靠的人类社会根本结构。但是我们也需要具体的、特有的、可靠的方法在特定的层次上重建我们手中这些史料间的复杂关系。有些方法是不言自明的：考古学的年代序列，从空间上排列这些因素之间的复杂关系；还有文献描述。但其他的就不那么明显：也就是说，那些中介理论模式。

中介理论模式是管理零散的文化因素的规则——这个零散的含义是它可以在历史记载中独立存在。这种模式成为规则是因为文化因素是共同变化的，零散的因素必须按照明确的、具体的规则组织在一起。历史学家（和考古学家）利用这些规则来重建过去的社会并恢复它们失去的因素。

到哪儿去寻找这样的规则呢？我相信只有一种方法能够获得有益于从支离破碎的材料中恢复整个社会系统——至少是它的基本结构——的规则，那就是利用理论模式，也就是当代的以及可以获得详细文献的历史时期的文化和社会的运作系统和亚系统的蓝图。让我马上澄清一件事情。这不是曲解我们的事实甚至剪裁它们使之适应理论。我们的理论是已知社会系统的蓝图，如果我们的事实不能符合它们，那就意味着要么是这种已知社会系统是全新的，要么是我们的事实还不充分。永远不能"削足适履"。如果我们有一个引擎上的一些零件，我们就要在把它们装配起来之前拥有所有引擎的蓝图，以使这些零件的装配符合其中的一张。有可能这些零件原来所属的那个引擎的蓝图没有了，工作原理也完全不为人所知了。在这种情况下，我们或者可以装配一个新引擎，或者干脆什么都装不成。这个比喻不会十分恰当，因为历史学家必须面对的人类社会并不是引擎；但它们的运作——尽管可能更加复杂——总是基于相对比较简单的原则的。

文化和社会行为的民族学规律可以跨文化地总结出来。"近些年，许多跨文化的研究见诸报道……这些研究通过文化对比寻求人类行为不同方式之间的关系。"[1]参与比较的文化不宜过多，但这种比较的目的是寻找这些差异的并存因素，并给这些并存因素一个满意的解释。[2]

---

[1] C. S. Ford, "On the Analysis of Behavior for Cross-Cultural Comparisons."
[2] S. F. Nadel, "Witchcraft in Four African Societies: An Essay in Comparison"; Fred Eggan, "Social Anthropology and the Method of Controlled Comparison."

第一部分　安阳所见的商代社会

第一章　安阳和王都

第一节　王都和安阳核心

绝大部分文献一致认为商朝的第十九位国王盘庚把他的国都迁到了殷，而且他和他的后代们定都在那里直至王朝终结。[1]从甲骨卜辞看，小屯的甲骨坑里贮存着可以确指为自武丁（盘庚之侄，第二十二位商王）至帝辛（第三十位，即最后一位商王）各代商王的占卜记录。[2]这样，古典文献和新发现的文字记录都证明了殷的王都地位。然而，殷这个名称仅见于周代文献；和在甲骨文中一样，在商代文献和部分周代文献中，"商"这个名称经常作为商人对他们的国都的称呼。岛邦男的《殷墟卜辞综类》列举了"商"这个名称的多次出现（"禹"或"高"），包括十二处出现于"大邑商（大邑高）"这个词中。[3]可是这个"商"的具体地望，看法却各有不同，只有少数学者认为位于出土卜甲和卜骨的安阳一

---

[1]《古本竹书纪年》："自盘庚徙殷至纣之灭，二百七十三年，更不徙都。"
[2] 岛邦男：《殷墟卜辞研究》，35—49页。
[3] 岛邦男：《殷墟卜辞综类》，279页。

带。[1]这个问题我们将在下文讨论商代政治秩序时提及。

无论如何,商代最后一位国王——纣,是在殷把他的王朝引向灭亡的。那之后不久,他的叔叔(一说庶兄),据说因不满纣王的所作所为而自愿流放的箕子,成了征服者周朝的贵客。《史记·宋微子世家》记载他曾经做过一次朝见周王的旅行:

> 其后箕子朝周,过故殷墟,感宫室毁坏,生禾黍,箕子伤之。

看来,商朝灭亡之后(或至迟在武庚叛乱平定之后)不久,商朝的最后一个王都变成了"殷墟"(或"商墟")。《史记》在叙述其他事件时两次提到这两个名称。在《项羽本纪》中,司马迁记载项羽(公元前232—前202年)率领他的军队到"洹水南殷墟上";在《卫康叔世家》中,提到周公封其弟康叔于"河、淇间故商墟"。可见至迟在西汉早期,商代最后一个都城的遗址就被认定在洹河以南、黄河故道和淇水之间,也就是今天的河南北部了。

自从1928年在安阳发现了商代遗存后,学者们有理由相信殷墟位于被考古遗址所圈定的今日安阳市西北部的"洹水南"。但是宫崎市定引用"河、淇间故商墟"的史料,认为殷墟(或"商墟")实际上在南面卫国建都的地方;他认为安阳的遗址不过是商代的王陵区。[2]

---

[1] 岛邦男:《殷墟卜辞研究》,360—361页;陈梦家:《殷墟卜辞综述》,255—258页。
[2] 宫崎市定:《中國上代の都市國家とその墓地——商邑は何處にあつたか》補遺。

虽然殷在河南北部是没有问题的，它也不必被拘泥于较小的地域。实际上，殷这个地名包括一个范围相当广阔的王畿地区。《古本竹书纪年》记载："纣时稍大其邑，南距朝歌，北据邯郸及沙丘，皆为离宫别馆。"朝歌一般被认为是今天的淇县；沙丘被认为在今邢台或巨鹿附近；邯郸就是今邯郸市。[1]从邢台到淇县，南北相距165公里。《汉书·地理志》载："周既灭殷，分其地为三国；《诗·风》邶、鄘、卫是也。"邶、卫在淇县附近；鄘在新乡，更在淇县以南40公里。[2]在这一地区内发现了零散的商文化遗存。也许在司马迁的时代，它们全都被认为是殷墟的一部分（图9），[3]但毫无疑问，安阳的商代遗址由于甲骨文和丰富的考古发现而拥有特殊的重要地位。可能有人会构想一个商王都——殷的聚落形态，如图10所示。大概早在司马迁的时代，殷墟的确切范围已经模糊不清了，尽管当时还知道殷墟或"商墟"在"洹水南"或"河、淇间"。当时还在地面上残存的痕迹不久以后也完全消失了，这个广阔的殷墟也被湮没于地下。殷墟遗存的揭露开始于安阳地区，现在的重点仍在这里。如前所述，安阳地区出土青铜器的记载是在宋代；最早的发现在1079年。[4]但科学的发掘却是继1899年发现甲骨文以后，于1928年开始的。最近50年，许多考古地点在安阳地区被发掘并见诸报道。安阳以外但可能在王畿以内的一些遗址也已被发现，但本章中我们的资料仍差不多全是关于安阳遗址的。我想把安阳一带遗址密集的这一区域称为"安阳核心"，而把河南北部较大的有商代遗址的地区

---

[1] 见《史记集解》和《史记正义》。
[2] 参见程发轫：《春秋左氏传地名图考》，105、213页。
[3] 陈梦家：《殷墟卜辞综述》，20—34页。
[4] 同上，39—40页。

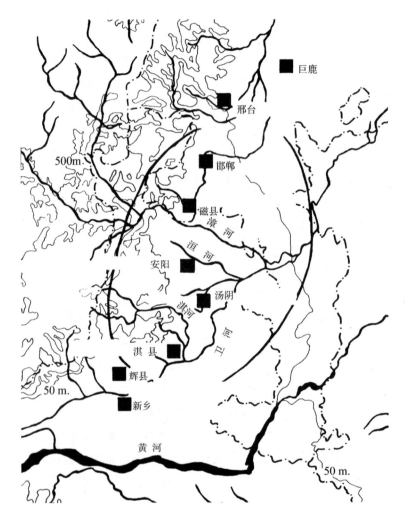

图 9 建都于殷时期商王都的大体范围

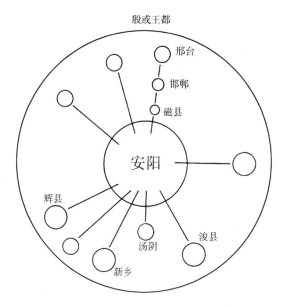

图10 建都于殷时期商王都各种组成部分的可能组织结构

称为"王都",安阳核心只是它的一部分。

安阳核心的考古遗址沿洹河两岸分布,长约6公里,宽约4公里,在今安阳市西北(图11)。突出的遗址是南岸的小屯——宫殿——宗庙建筑群和甲骨卜辞的主要出土地点。北岸的著名遗址是西北冈的王陵区。下面关于安阳核心的商代遗址的描述就分成二部分:小屯、西北冈和其他遗址。

第二节 小 屯

小屯村位于安阳城墙西北3公里处。洹河在村北600米外由西向东流过;又折而向南,从村东160米外流过。商代遗址主要发现于村北部、东北部直至洹河岸边(北地)、村南半部

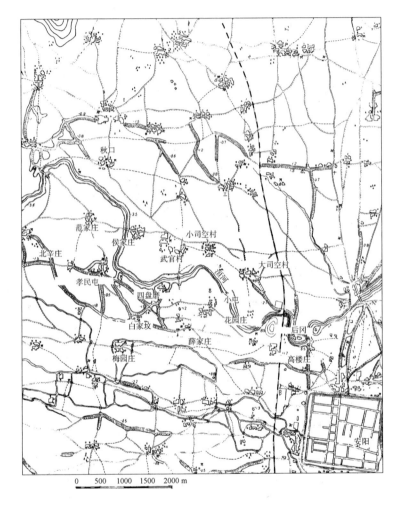

图 11　安阳附近各考古地点位置图
　　（据梅原末治：《河南安阳遗宝》）

及其以南（南地）和村西部（西地）。

小屯北地是安阳核心中发掘工作最充分的区域，曾于1928、1929、1931、1932、1933、1934、1936、1937、1975、1976年发掘过。这一区域曾经发掘出宫殿基址、灰沟、祭祀坑、地穴式房屋、窖穴、作坊以及几座随葬品丰富的墓葬。这些建筑基址和墓葬中出土了大量的文物，而且实际上所有的卜甲和卜骨都出土于小屯，尤其是小屯北地。很遗憾，这里的考古发掘仍有待于充分报道。关于该遗址建筑基址的资料主要来自一个人——石璋如教授——的著作，虽然十分丰富但不完全，我们读到它已经是在发掘之后40年了。下文我们将结合这些基址来讨论其中出土的遗物和甲骨。关于小屯北地的叙述——包括地层、各个文化层的建筑布局、主要的遗物类别——不得不以不完全的资料为基础，因此可能包括很多猜测和不确定的成分。

小屯北地被中央研究院分为9个发掘区：A、B、C、D、E、F、G、H、I（图12）。所有遗存面貌的描述都要以这个坐标系为依据。在地层学上，小屯北地可以分为4个主要阶段：史前时期、定都以前期（盘庚迁殷之前）、定都时期（盘庚至帝辛）和商以后期。最后一个阶段可以不予讨论。

小屯北地的史前遗存，只需要一个简短的介绍。1929年，在小屯发现了河南北部仰韶文化的一片彩陶片，[1]但是没有发现时代为公元前5000—前3000年的仰韶文化层，[2]尽管类似地层在安阳其他地方常有发现，尤其是在后冈和大司空村。[3]

---

[1] 李济：《小屯与仰韶》，337—347页。
[2] 夏鼐：《碳-14测定年代和中国史前考古学》，222页。
[3] 《1958—1959年殷墟发掘简报》，63页，《考古》。

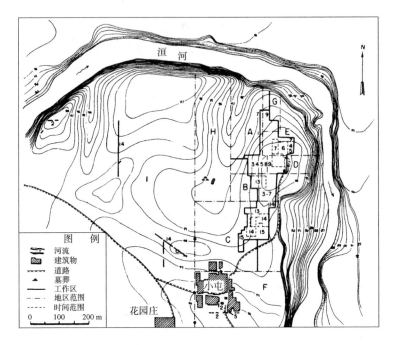

图 12　小屯北地发掘区的划分
（据李济, Anyang, 图 6, 该图首先由中央研究院历史语言研究所发表, 经华盛顿大学出版社同意发表于此）

另一方面，却有丰富的龙山文化层，时代在公元前 2800—前 2300 年。[1]根据石璋如的论述，[2]龙山文化遗存的中心在小屯的 D 区，也占据 B、C、E 区的一部分。李济研究了 40 对有叠压关系的窖穴中的遗存，结果发现只有下层的 3 个窖穴属于龙山文化层，[3]这意味着虽然小屯有龙山文化遗存，但它们仅仅代表着比起商文化遗存来微不足道的小小聚落。

---

[1]　见上页注[2]。
[2]　《殷墟最近之重要发现附论小屯地层》。
[3]　"Studies of the Hsiao-t'un Pottery: Yin and Pre-Yin", p. 113.

北地的定都以前期遗存

和安阳地区其他地点一样，小屯北地的商代遗存的地层关系也没有清楚地报道出来。我这里想用 1976 年发掘的五号墓的器物群作为定都时期的起点。早于该墓的遗存就被定为定都以前期。这样做的原因我将在定都时期一节的开头详述。

小屯遗址中，盘庚以前的主要建筑类型就是"大量的穴、窖和穴式房屋"；[1]与这些房屋和窖穴相联系的是一个大型排水系统，或许还有一些墓葬，有些可能随葬有青铜礼器。

抗战以前的发掘所得资料已经整理发表，但灰坑仍未详细叙述。我们没有整个遗址中详细的灰坑总平面图，也没有每个灰坑中出土遗物的详尽说明。如果像石璋如总结的那样，[2]水沟是小屯半地穴式房屋的排水设施，那么这里定都以前期的遗存面积就相当大了。被水沟系统覆盖的区域南北长 170 米、东西宽 90 米，[3]而且我们知道，水沟经过者多为窖穴稠密之区。[4]这样，水沟就勾画出了一个相当大的定都以前期聚落的外轮廓（图 13）。在这个聚落内部，地下建筑分组集中。石璋如发表了 C 区西南角的地下建筑布局图（图 14）。在一个南北 20 米、东西 18 米的范围里，有 47 座地下建筑，分成 5 组，每组有一个大型半地穴式房屋和环绕着它的数个储藏窖。如果这个聚落的密度是均匀的，那么这个被水沟覆盖的区域就可容纳大约 200 座半地穴式房屋。

---

[1] Li Chi, *Anyang*, p. 104.
[2] 石璋如：《殷墟建筑遗存》，268 页；《殷代的夯土版筑与一般建筑》，139—141 页。
[3] 石璋如：《殷墟建筑遗存》，203 页。
[4] 同上，268 页。

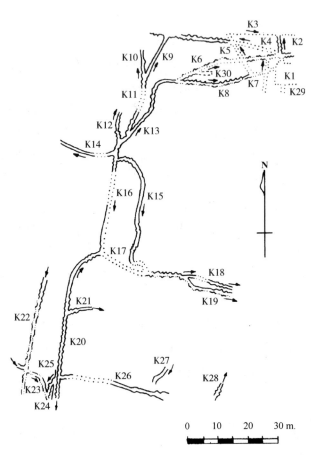

图13 小屯的水沟系统
（据石璋如:《殷墟建筑遗存》，140页）

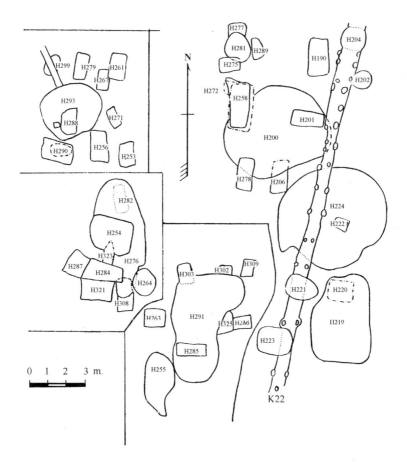

图 14　小屯定都以前期的穴式房屋群
　　（据石璋如:《小屯殷代的建筑遗迹》, 168 页）

这些地下建筑"多半是大而浅的建筑，边壁相当的整齐……有可以上下的斜坡或台阶。如果以口径的数字和深度的数字来比较，大多数是口径大于深度的，也有两者相等，而深度大于口径的则为数很少。依其外部的形制及台阶的位置又可分为六式：(1) 圆形边阶式。……(2) 圆形中阶式。……(3) 椭形单边阶式。……(4) 椭形双边阶式。……(5) 椭形中阶式。……(6) 方形边阶式。……这些穴的上面可能有顶或盖的。因为较小的圆穴，其下每有一块大石，在大石上可以竖柱或结顶的。在大的圆穴，不但在底部有可以竖柱的大石，而上层口部的外缘也有可供竖柱的础石……有些穴中的堆积层内，杂有麦秸泥块，这些麦秸泥块，可能为顶部塌陷而坠落（图15）"。[1]

由于地下建筑的考古资料尚未系统发表，我们没有这些建筑中遗物的有用资料。李济在他的《殷墟陶器图录》[2]中，绘图描述了一些陶器作为他的分类系统类型标本，其中9件完整器物出于上述的47个地下建筑。它们包括1件鬲（出自YH190）、1件簋（出自YH302）、1件盂（出自YH285）、1件平底罐（出自YH272）与苗圃北地一期陶器[3]和小屯南地早期陶器[4]的形制有共同特点。小屯陶器类型的年代学问题有必要详细讨论一下，这里说这些陶器的形制已清楚地表明这些地下建筑的时代的确很早，而且被普遍接受的殷墟陶器四期说的第一期可能至少部分相当于定都以前期已经足够了。

小屯遗址有大量的商代墓葬，如下面将要说明的，它们常与定都时期的地面建筑有地层关系。也有一些墓葬在空间上独

---

[1] 石璋如：《小屯殷代的建筑遗迹》，131—136页。
[2] 李济：《小屯陶器》。
[3] 中国社会科学院考古研究所安阳工作站陈列。
[4] 《1973年安阳小屯南地发掘简报》，《考古》。

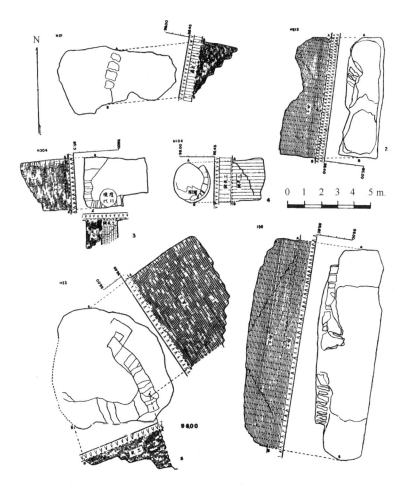

图 15　小屯定都以前期的穴式房屋之主要类型的平、剖面图
　　（据石璋如：《小屯殷代的建筑遗迹》，134 页）

立存在，对它们的断代要更多地依靠器物类型学而不是地层关系。如果五号墓被认为是定都时期的开始，那么所有出土早于五号墓的器物的墓葬都应该是定都以前期的。

这里，罗越的五式分类法或许有帮助，至少，已发表的五号墓的青铜容器，[1]明显属于罗越的Ⅳ式和Ⅴ式。这一发现对于青铜器断代是至关重要的，因为它表明罗越所分的最晚一式早在武丁时代就已经出现，与盘庚初迁殷的时代相近而不是像一般想象的那样接近商朝末年。它也暗示，如果不是与较晚的器型伴出，小屯的那些可划入罗越分类法中的Ⅰ—Ⅲ式的青铜器可能早到定都以前期。依照弗吉尼亚·凯恩对这些墓中出土青铜器的分析，[2]以下墓葬可能早至这一时期：M188、M222、M232、M333和M388。其中，M232和M333被邹衡划为最早一组，M388和M188则划入第二组。[3]

根据石璋如对M222的详细描述，我们知道它包含有晚期的因素，不能划入定都以前期的范围。[4]其余4座中，M188和M232位于小屯乙组宫殿基址区域内，M333和M388位于丙组区域内。石璋如认为它们是建筑基址的附属墓葬，[5]也许是

---

[1] 《安阳殷墟五号墓的发掘》，《考古学报》。
[2] "A Re-examination of Anyang Archaeology", p. 108.
[3] 《试论殷墟文化分期》。
[4] M222是一座长方形土坑墓，东西向，东西2.2米，南北1.05米，深0.31米。填土为黄色和灰色。墓中发现三具人骨架。一具在西部，头向北，屈体俯身。另外两具在东部，头向西，直肢，北面一具仰身，南面一具俯身。随葬品有4件青铜容器（2件觚和2件爵）、3件陶器、1件鹿角（见石璋如：《乙区基址上下的墓葬》，159—166页）。陶器包括1件圈底罐和2件平底肩部有钮的罍，与小屯南地陶器分期的中期器物有相似特点（见《1973年安阳小屯南地发掘简报》，《考古》)，而且该墓打破了一座夯土基址。因此尽管M222的青铜器具有定都以前期的风格，但该墓不能划入该期。
[5] 石璋如：《殷墟建筑遗存》。

作为奠基仪式的牺牲，但这仅仅是根据它们的位置而不是根据地层关系做出的推测，因为M188、M232、M333和M388都是独立的，没有叠压打破关系。以下是各个墓葬的已知情况：

M188：长方竖穴土坑墓。东西向，东西1.8米、南北1.08米、深0.55米。填土为黄色，未经夯打。墓中有人骨架二具，一具在墓坑东部，头向北，面向东，跪姿，双手交叉于腹前。另一具在墓坑西部，头向北，面向西，可能也为跪姿，双手交叉于背后。随葬品包括8件礼器，多数置于西侧人骨背上，计有1件鼎、1件甗、1件瓿、2件斝、1件筵（篮）、1件觚和1件爵（图16、17）。石璋如相信这两个人（根据他们的双手被捆绑于胸前和背后来判断，可能为一男一女）为赞礼者，他们的任务是保管礼器。[1]

M232：在1976年发现五号墓之前，这是小屯发现的最大的商墓。该墓亦为土坑墓，但有木椁（外部尺廓为3.1米×2.15米×1.35米）和木棺（外涂红漆，南北2.1米、东西0.9米、高0.8米）。棺中的墓主人骨架已不存，估计为早期盗扰所致。椁室中有8具殉人骨架，另有1具狗骨架在墓坑底部、3具在墓口附近。随葬品多出于椁室（图18），包括10件青铜礼器（2件觚、2件爵、2件斝、2件瓿、1件鼎、1件盘）、9件兵器（6件青铜戈、2件石戈、1件石斧）、9套装饰品（质料有玉、绿松石、蚌、石、青铜、骨）和1件石杵。[2]

M333：这是一座土坑墓。距地面0.95—2.06米，墓中有4具人骨架，其中3具可能为殉人，墓底正中埋有殉狗一只。随葬品有10件青铜礼器（觚、爵、斝、鼎、瓿各2件），1件

---

[1] 石璋如：《北组墓葬》，343—350页。
[2] 石璋如：《南组墓葬》。

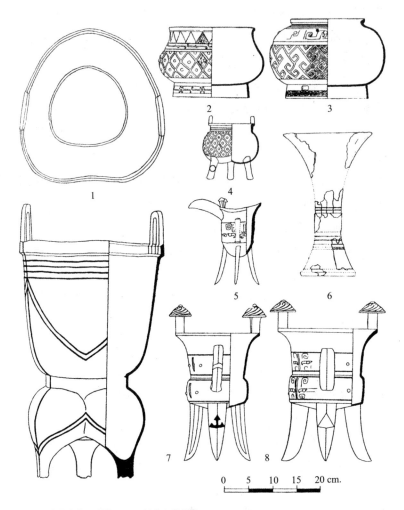

图 16 小屯定都以前期 M188 所出土的器物
（据石璋如：《北组墓葬》，图 105）

图 17 小屯定都之前期 M188 发掘时情形
（据石章如1:《北组墓葬》,图版 242）

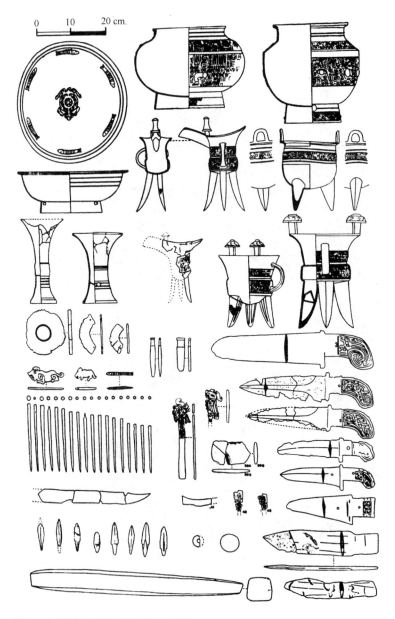

图 18　小屯定都以前期 M232 所出土的器物
（据石璋如：《南组墓葬》，67 页）

青铜刀，12件玉石器，29件骨、蚌器和2件陶器。[1]

M388：土坑墓。距地面0.95—2.06米，墓中有4具人骨架，其中3具可能是殉人，墓底中心殉狗一只。随葬品有10件青铜礼器（觚、爵、斝、瓿各2件，鼎、平盂各1件）、5件青铜戈、33件玉石器、2件陶豆。[2]

总结以上这些已知的或推测的定都以前期资料，我们在小屯北地看到了一个至少南北170米、东西90米的聚落。在这一区域内有成组的地下建筑大约200座。一个由水沟组成的泄水系统设置于这些地下建筑之间。在这些基址中发现的遗物有陶器（按照陶器分期属于殷墟一期）、石器、无字卜骨，可能还有青铜器，虽然根据现有资料还不能做出准确的统计。属于该期的墓葬有4座，2座位于居住区西南，2座位于泄水系统划出的聚落中部。这些墓葬的随葬品反映出与郑州商城晚期（见第五章）相似的艺术和技术特征，而社会形式又与定都时期并非完全不同。现在，想说明墓葬与居住遗址是否同时和这些居住遗址是否有一部分属于地位较高的人（墓葬中的墓主人）都不太可能。但十分清楚的是，尽管聚落遗址面积不大，小屯在商朝定都之前就已经有了稠密的人口，而且这里的居民中还有政治地位较高的。

北地的定都时期遗存

小屯的遗址（安阳其他地点遗址亦然）在定都时期发生了本质的变化，由中等规模的聚落变成了王都。在考古学上，这种变化表现为三个现象：大面积的建筑基址（"宫殿基

---

[1] 石璋如：《小屯殷代丙组基址及其有关现象》，795—798页。
[2] 同上。

址"),刻字甲骨,规模大、随葬品丰富而且规格够得上"王室"气派的墓葬。根据文献记载,盘庚在他即位后第14年(据《今本竹书纪年》)迁都于殷,并于14年后去世。他的两个弟弟先后继位,总共在位约30年。[1]这个共约45年左右的起始时期,在考古学上还不能明确辨别出来。下一个王武丁,据所有文献记载,在位59年。他的活动很多,留下了显赫的名声。1976年发掘的五号墓,被普遍认为是他的主要配偶之一"妇好"(也称为"后辛")的坟墓。墓中发现的随葬品极为丰富,保存完好。因此我设想用五号墓作为武丁时期的代表。武丁之前大约35年的时间则应看作是武丁时代的前奏,直到有考古发现证明它不仅仅如此为止。

妇好墓 1975年冬,在小屯村西北一处略高于周围地面的农田里发现了商代遗存。这个地方在C区南缘以西大约200米。1976年夏,这一遗址由中国科学院考古研究所安阳工作队发掘。总共发现了10余座商代房基、80余个窖穴和10余座商代墓葬。这10余座商代墓葬中,最大和最重要的是五号墓。[2]

该墓的构造与上述定都以前期的M232形制基本相同,但更加精致,随葬品也更多。它也是一座长方形竖穴土坑墓,方向基本为正南北,墓口仅在现代地面以下0.5米,上面原有一座面积为5.5米×5米的地面建筑基址,可能为该墓的祭祀建筑。墓口东西4米、南北5.6米,深7.5米,墓壁略有收分。在6.2米深处,有宽0.3米、高1.3米的一周二层台。在二层台以上的东、西壁上各有一个壁龛(长不足2米),内有殉

---

[1] 董作宾:《殷历谱》第一部第四卷,9—11页。
[2] 《安阳殷墟五号墓的发掘》,《考古学报》;《殷墟考古发掘的又一重要新收获》,《考古》。

人。二层台内为木椁室，棺在椁室内。墓底中心偏南有一腰坑，埋1殉人和1殉狗。墓主人在棺内，共有16个殉人（4个在椁室上部的填土中，2个在东壁龛，1个在西壁龛，1个在腰坑中，8个在椁室内，发掘时已泡在地下水中）和6条殉狗（1条在腰坑中，5条在椁室上部）。16个殉人中，4人为男性，其中1人为青年；2人为女性，2人为幼儿，其余性别年龄不详。至少1人是被杀死的；另一人被腰斩为二段。

大量随葬品被放置在墓坑的各处：棺内、椁内和距墓口1米以下的填土中。总共出土1600余件随葬品，另有7000余枚海贝。随葬品中有440余件青铜器，590余件玉器，560余件骨器，70余件石器，数件牙雕、陶器，10余件蚌器和3枚海螺（图19）。它们有的被放置在墓坑中，有的随着夯实的填土层层放入（每层夯土厚约10—11厘米）。

五号墓是商代考古历史上最重要的发现。由于它从未被盗扰过，所以随葬品十分丰富，与这一盗墓贼活动了至少800余年的地区的绝大部分商墓完全不同。1928—1937年安阳的发掘总共获得青铜器176件，远不如五号墓一墓所出的多！因此该墓给了我们一支商代青铜工艺和技术在定都时期开始时的成就的比较真实的标尺。

更重要的是，墓主人的名字是我们知道的，在以前的甲骨卜辞研究中，她已经成为著名的历史人物。许多青铜容器和兵器以及一些玉器上都有铭文，大部分铭文包含了个名字或徽记。"妇好"见于60余件器物；"后辛"见于至少5件器物，包括2件大方鼎；"后甹"见于约20件器物。三种带"亚"字的铭文和一个徽记见于相对较少的器物上。妇好除了是武丁的已知64个妻子之一外，还是一个名字和活动常见于武丁时代甲骨卜辞的显赫人物。从卜辞得知，她曾经是军事征伐的指

图 19 妇好墓出土部分器物
　　　（据《人民画报》1977 年 6 期、1978 年 1 期）

挥者；她在王都外有封地；她有时主持特殊的礼仪；武丁常占问她的疾病、生育和健康；她死于武丁在位期间。[1]"后辛"这一名字也很重要：在以后的几个商王的祭祀记录中，武丁的名字常与他的三个配偶的名字——辛、癸、戊——同时出现（详见下文）。由于这些名字被认为是谥号，"后辛"一定是武丁的那个生前称为"妇好"的配偶。在这个墓中，铭文为"妇好"和"后辛"的器物出于同一个铜器群，证明这两个名字实指同一个人，这个人在武丁时代的铭文中被称为"妇好"（图20）。这也是商代历史研究中第一次确认一个考古发现和一个历史人物的关系。[2]

宫殿基址 小屯定都时期最著名的考古发现是地上建筑的夯土基址。严格地讲，基址可以无须夯土而直接建于坚实而平坦的地面上。但小屯的大多数基址建筑于至少是较薄的夯土地基上，有的夯土基址竟厚达3米，包括多至30层夯土（图21）。多数基址为方形或长方形，有些为不规则形。基址上为木结构建筑，有的木柱立于石础或圆形青铜础上，墙壁为草拌泥垒筑，茅草苫顶。考古发现现存的遗迹除夯土基址外，还包括柱洞、石础或青铜础，以及明显由墙上塌落的草拌泥碎块。[3]有些柱洞和础石有火烧痕迹，暗示这些建筑毁于火。[4]依据柱洞和础石的分布状况，石璋如复原了小屯定都时期遗址的3座建筑（图22）。[5]

---

[1] 王宇信、张永山、杨升南：《试论殷墟五号墓的"妇好"》。
[2] 晚期卜辞中另有一人名"妇好"，有的学者认为此墓属于较晚的"妇好"，见《安阳殷墟五号墓座谈纪要》，《考古》；但"妇好"与"后辛"同出，对持早期说者较为有利；铜器群的艺术风格也多为早期。
[3] 石璋如：《小屯殷代的建筑遗迹》；《殷墟建筑遗存》；《殷代的夯土版筑与一般建筑》。
[4] 石璋如：《殷墟建筑遗存》，49—50页。
[5] 石璋如：《殷代地上建筑复原之一例》；《殷代地上建筑复原的第二例》；《殷代地上建筑复原的第三例》。

图20 妇好墓出土青铜器上的铭文"妇好"(左)和"后辛"(右)
(据《安阳殷墟五号墓的发掘》,《考古学报》1977年2期)

图21 夯土基址一角
(据石璋如:《殷墟建筑遗存》)

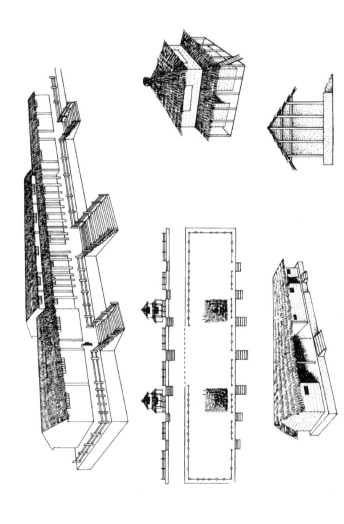

图 22 小屯地上建筑复原三例
(下: 据石璋如:《殷代地上建筑复原之一例》; 中: 据石璋如:《殷代地上建筑复原的第二例》; 上: 据石璋如:《殷代地上建筑复原的第三例》)

抗战以前在小屯北地由中央研究院历史语言研究所发掘了53座夯土基址。最长的基址长85米、宽14.5米；最大的长至少70米、宽40米。石璋如将这些基址分为3组：北组（甲组）有15座；中组（乙组）有21座；南组（丙组）有17座（图23）。[1]鉴于有些基址体量庞大，布局整齐，有些建筑附属有祭祀坑（下文详述），这些建筑被认为是宫殿和宗庙，小屯北地一般被认为是安阳核心的中心。

北组的15座基址，位于D区和E区，占地南北约100米、东西约90米，多数呈南北走向的平行布局。较大的建筑向东开门，较小的朝南。这一区未发现祭祀坑。石璋如认为本区为居住区。根据地层关系及相关遗物，石璋如认为这一区建筑时代最早，可能建于武丁时代，直至殷亡仍在使用。如果他的看法是正确的，小屯一带定都时期早段的聚落布局就包括北组的居住区和西南面大约300米外的墓葬区（妇好墓所在区域）。

中组的21座基址，位于B区和C区，地势较高，占地南北约200米、东西约100米，石璋如认为时代次于北组，可能始建于祖甲时期。多数建筑（16座）门向南开，少数（4座）向东。这些体量庞大的建筑看来是按一定规划安排的。建筑群由北部的乙一基址开始，它是由纯净黄土夯成的方形台基。其余的基址在南面，可能是按东西对称的原则分两排布局的。在中间，乙一以南是3座建筑（乙三、乙九、乙十一）和5座大门（乙三上3座，乙九、乙十一上各1座），均为南向。另外，在这一区域还有许多人祭坑、牲祭坑和车坑（图24）。石璋如认为这些祭祀坑，尤其是乙七基址附近的那些（图25）是某些建筑物营建过程中用于奠基、立柱、安门、落成等仪式

---

[1] 石璋如:《殷墟建筑遗存》。

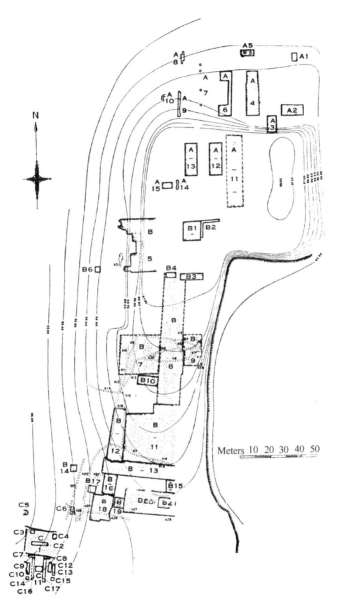

图 23 小屯北地三组地上建筑总平面图
（据石璋如：《殷墟建筑遗存》，图 4；A. 北组；B. 中组；C. 南组）

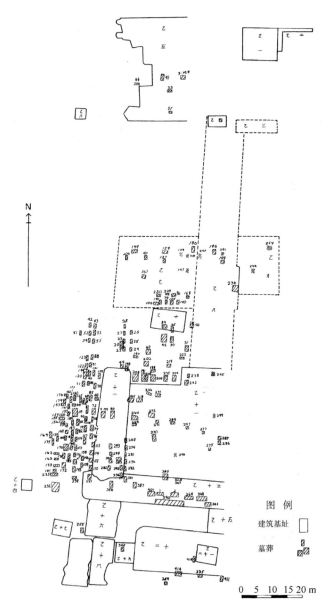

图 24 小屯中组建筑基址及与其有关的墓葬的平面关系图
（据石璋如：《北组墓葬》，图 2）

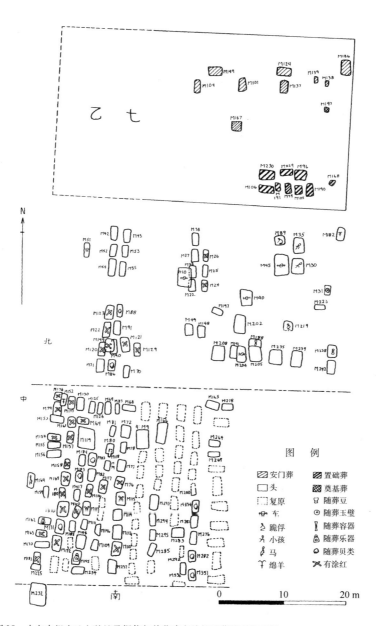

图 25 小屯中组之乙七基址及据信与其营建有关的墓葬平面关系图
（据石璋如：《北组墓葬》，图 3）

的牺牲。[1]把所有祭祀坑都与营建仪式联系起来，未免勉强；有些可能与这些建筑完全无关。但这些祭祀坑表明了这些建筑的礼仪性质，它们因此也许可以被描述成为宗庙。

南组由17座较小的基址组成，最为特殊。在一个面积仅仅50米×35米的区域内，这些建筑以一座最大的为主（丙一），它坐北朝南，其余的小型基址在它南面分东西两路排列。这些基址也有一些祭祀坑：人祭坑在右（西），牲祭坑在左（东），似乎组成了一个举行特殊仪式的专用区域。[2]石璋如认为该组基址建筑时代最晚，可能在殷末。

附属建筑　除了不断扩建的地上建筑区域和以妇好墓为代表的上层人物墓葬区（该区武丁以后可能由于宫殿区的扩建而停止使用，王室墓葬集中到了洹河以北的西北冈）以外，小屯的商代遗址还包括其他的建筑以及与之相关的活动遗迹。至少有三类建筑遗迹可以分辨出来：居室、窖穴、作坊。它们皆为半地穴或全地下式。

穴式房屋基本上仍然继承定都以前期的传统，例如圆形平面、特有的台阶，以及个别的矮墙。"其含物多兽骨陶片，日常生活之需要品也。"[3]小屯发现了大量此类房屋；有些在地上建筑基址以下，有些在地上建筑基址旁边或它们之间，有些打破了地上建筑，证明了这种穴式房屋使用的漫长历史和每一座此类房屋使用时代和使用时间长度的不同。[4]如果那些地上建筑是王室及其他重要人物的居室，那么这些穴式房屋应当是服务于他们的那些人的居室，尽管由于这些房屋细节资料的缺

---

[1]　石璋如：《小屯C区的墓葬群》。
[2]　石璋如：《小屯殷代丙组基址及其有关现象》。
[3]　郭宝钧：《B区发掘记之二》，603页。
[4]　石璋如：《殷墟建筑遗存》。

乏而使确定穴式房屋与地上建筑的具体对应关系变得不太可能。

窖穴平面为长方形或圆形，深度常大于宽度。许多此类窖穴内为纯净的绿土，可能原来是粮窖。[1]有些则有重大发现：[2]甲二基址附近的H16出土大量青铜兵器、甲骨和白陶；甲六基址附近的H20出土大量卜骨和破石磬；乙十七基址附近的H196出土13件陶豆和陶壶；乙五基址附近的H001出土数十片烧过的骨板；而堪称奇迹的要数乙七和乙十二附近的H127，1936年的发掘中，出土了300余片完整的龟甲和1万余片甲骨残片。[3]很明显，王室的很大一部分财产，包括粮食、贵重物品、甲骨档案，是这些附属于地上建筑的窖穴的主要储存物。

从对穴式房屋（覆穴）的支离破碎的描写中，我们可以了解到有些居住者从事专业的手工活动。1933年，郭宝钧观察了中组基址北部的一个手工作坊区："铜范出土逾百，铸锅出土数十，皆在B_{15}左右，殆当日冶铜之所。雕石雕玉雕蚌数十，石刀近千，皆在B_{14}及其稍北，殆当日攻玉攻石之所。骨镞出土近千，骨料出土数百，皆在B_{12}左右，殆当日治骨之所。"[4]另一个铸铜区，包括10个出土铸范的穴式房屋（有一座房屋出土1610件），[5]其中两座可能以一个地下浇铸系统相连，[6]在乙十五附近的铸铜作坊西北不远处，可能是这个作

---

[1]　郭宝钧：《B区发掘记之二》，605—606页。
[2]　石璋如：《殷代的夯土版筑与一般建筑》，133页。
[3]　石璋如：《殷墟最近之重要发现附论小屯地层》，7—8页。
[4]　郭宝钧：《B区发掘记之一》。
[5]　石璋如：《殷墟建筑遗存》，75页。
[6]　石璋如：《殷代的铸铜工艺》，124—125页。

坊的一部分。

在这个主要的手工业区之外，小屯北地至少有另外两处作坊遗址。一处在遗址东北部，一处在遗址西南端。前者以窖穴E181为代表，这里除陶片外，出土了760件骨料、102件骨器、535个蚌壳、78件蚌器、89块石料、444件石刀、各种石质器物、1179片龟板、163个海贝以及其他器物。[1]后者于1975年发现，包括一座半地穴式、一座地下式房屋，一个灰坑，大量砺石、半成品石器和石料。[2]

定都时期的年代学分期

据《古本竹书纪年》，小屯的定都时期长达273年，历经12位商王。这样，利用考古学来确认一件器物、一个建筑或一个事件在这个不太短的时期内的具体年代，就成为商代考古和历史研究的一个十分重要的课题。地层关系只在很有限的范围内起作用，因为发掘者至今未能搞清小屯地区的总体地层序列。[3]地上建筑并无打破关系，因此它们的年代早晚必须通过与其他类型的建筑的关系和它们包含的遗物的型式来推测。然而，只有通过两种考古发现品的特征变化建立起来的年代学序列才比较可靠：甲骨卜辞和陶器。骨笄提供了第三支可能起作用的断代标尺。

甲骨卜辞断代。迁殷后的前三位商王（盘庚、小辛、小乙）的卜辞至今尚未辨别出来。[4]所以，至今在小屯（及安

---

[1] 石璋如：《第七次殷墟发掘：E区工作报告》，722—723页。
[2] 《1975年安阳殷墟的新发现》，《考古》1976年4期。
[3] 邹衡的《试论殷墟文化分期》是一个高质量的尝试，但它不能用作确切的依据，因为他不得不从发表不充分的资料中拣选信息。
[4] 陈梦家：《殷墟卜辞综述》，139页。

阳其他地点）发现的所有甲骨卜辞分别属于9位商王：武丁、祖庚、祖甲、廪辛、庚丁（康丁）、武乙、文武丁、帝乙、帝辛（这里根据的是一个修改过的世系表，王名与《史记·殷本纪》不同）。甲骨卜辞的断代实际上是确认它们属于9位商王中的哪一位的在位时期。然而这不是一件简单的工作。没有一块甲骨记载有年号等断代依据。但是由于几乎所有卜辞都是与王室活动有关的，在卜辞中死去的商王被加以带"天干"的谥号，并加上辈分称谓。但这种称呼也经常不能确认属于哪一位商王，因为不少商王的"天干"称号相同，而且父亲和叔父伯父一律无分别地称为"父"。例如在占卜记录中，一个"父乙"，可能是武丁之父小乙，文武丁之父武乙，帝辛之父帝乙；一个"父丁"，可能是祖庚和祖甲之父武丁，武乙之父康丁，帝乙之父文武丁。

在占卜记录中，当不太常用的标记出现和几个"父"同时出现时，祖先名号的辨别范围就缩小了。例如一片有"父辛"名称的卜甲可能是武丁或武乙时期的，但如果一片卜甲带有4个父名：父甲、父庚、父辛、父乙，它就只能是武丁时期的，依此类推。这种断代法是最早发明的，[1]但它在许多情况下无法做到精确，不仅因为许多商王使用同一个"天干"名，而且除了先王以外，商王的其他祖先名号也同时出现在卜辞中，使分辨工作更加混乱。[2]

用于补充那些基于清楚的先祖名号建立的断代标准并在先祖名号不清楚时代替它们的最重要的断代标准是贞人名。董作

---

[1] 王国维：《祖某父某兄某》。
[2] 陈梦家：《商王庙号考》；貝塚茂樹：《京都大學人文科學研究所所藏甲骨文字》，106—109页。

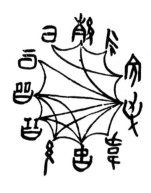

图26 董作宾所确定的第一组——武丁时代的贞人
（据董作宾：《大龟四版考释》）

宾第一个辨认出卜辞中在"贞（问卜）"字前面的字是贞人名并且发现他们的名字有时在同一片甲骨上出现，这就提供了把他们编成"贞人组"的有力依据。每个"贞人组"为与他们同时的那一位商王服务。[1] 董作宾确认的第一个贞人组很大程度上是根据刻有同时代贞人名的两片甲骨而编成的，[2] 它包括图26中的贞人名。这一组可被确认为属于武丁时代，因为有该组某些贞人名出现的卜甲上，也记载着为祭祀"父乙"和"母庚"占卜的事情。[3] 带有"乙"这一天干名的商王只有小乙有名中带有"庚"这一天干名的妻子，因此我们可以断定这些贞人是为武丁服务的。同样的推论过程可以继续进行，一个不断增容的数据库就出现了。1933年，董作宾发表了他的开山之作《甲骨文断代研究例》，根据贞人名和其他标准把9位商王分为5期：[4]

第一期：武丁（及其以前3位商王）　　　　11名贞人
第二期：祖庚、祖甲　　　　　　　　　　　6名贞人

---

[1] 董作宾：《大龟四版考释》。
[2] 同上，440页。
[3] 董作宾：《甲骨文断代研究例》，347页。
[4] 同上。

第三期：廪辛、庚丁（康丁）　　　　　8 名贞人
第四期：武乙、文武丁　　　　　　　　0
第五期：帝乙、帝辛　　　　　　　　　1 名贞人

董作宾和另外几位学者的后续研究大大增加了各期中贞人的数目，使得他们在许多情况下能够在每一期中细分。董作宾最后的研究把贞人数目增加到第一期25名、第二期18名、第三期13名、第四期17名、第五期4名。[1]岛邦男更把这五期的贞人数目分别增加到36名、24名、24名、24名和7名（图27）。[2]

以上两条标准的应用——祖先名号和贞人名——是在多数情况下可行的，要求这二项，或至少后一项，包含在卜辞中，就足够确认该片卜甲属于哪一期甚至哪一位商王。遗憾的是，现在甲骨断代的一个争论是有一些重要贞人的安排问题，是安排在第一期还是第四期。这个问题主要包括两个贞人组：一个包括 ⊗、ⵝ、⊙ 和其他相关贞人名（经常包括 ⊥，王本人），另一个包括 ⊕、⊕、⫫、⊬、⊻、⊭ 和其他相关贞人名。前一组陈梦家定为 ⊗ 组。[3]而贝冢茂树定为"王族"组；[4]后一组陈梦家定为 ⊕ 组而贝冢茂树定为"多子族"组。陈梦家和贝冢茂树都把这二组贞人定为武丁时代，即第一期，尽管陈梦家认为他们可能属于较晚的阶段。陈梦家认为这些贞人可能只为那些与王

---

[1]《甲骨学六十年》，79—86 页。
[2]《殷墟卜辞研究》，34 页。
[3] 陈梦家：《甲骨断代与坑位——甲骨断代学丁篇》；《殷墟卜辞综述》，145—155、158—161 页。
[4] 貝塚茂樹：《中國古代史學の發展》；貝塚茂樹、伊藤道治：《甲骨文斷代法の再檢討——董氏の文武丁時代卜辭を中心として》；貝塚茂樹：《京都大學人文科學研究所所藏甲骨文字》。

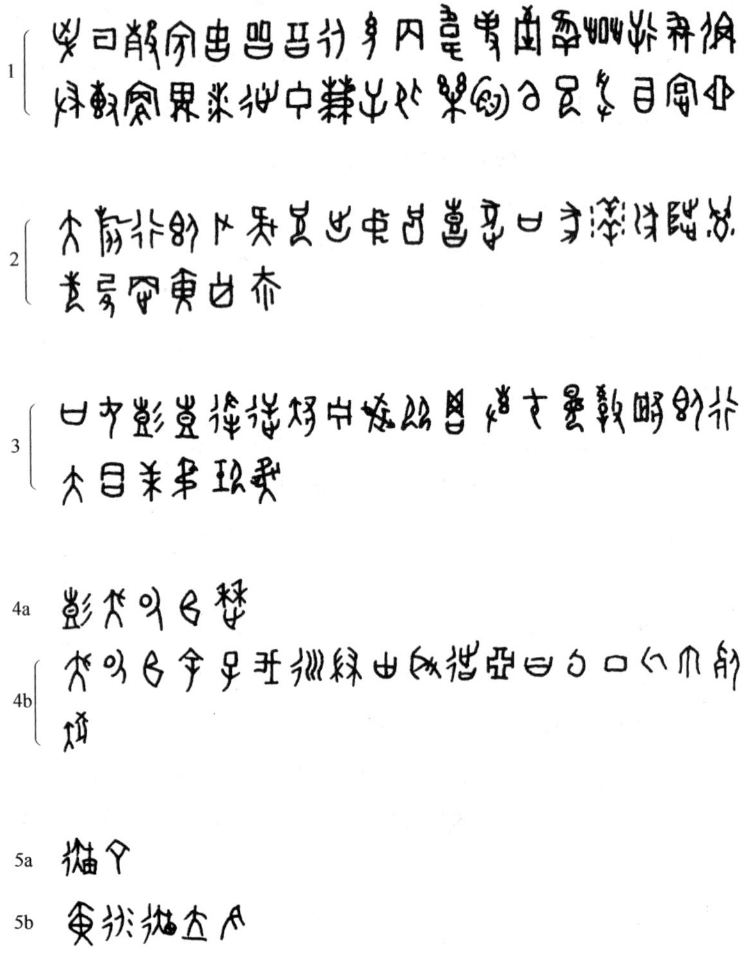

图 27 岛邦男所划分的五期贞人：他将 4a 组定为武乙时期，4b 组定为文武丁时期，5a 组定为帝乙时期，5b 组定为帝辛时期
（据《殷墟卜辞研究》）

室略有瓜葛或非王室的重要人物占卜；贝冢茂树则认为王族贞人只为王室私人占卜（不像武丁时代其他贞人那样为朝廷公事占卜），多子族贞人只为多子族（一个王室子弟组成的准军事组织）占卜。而董作宾却把它们划入第四期（武乙和文武丁时代）。[1] 董作宾承认他所分的第四期卜辞的次要特征与第一期的十分相似，但他利用这一点作为他的"新派"和"旧派"理论的基本依据——武丁时代旧派，第二期（主要是祖甲）革新，第四期复旧，第五期新派重新占上风（第三章将详细介绍这一问题）。

单凭甲骨卜辞断代的两个主要标准——先祖名号和贞人名同出于一片甲骨上——无法解决这一矛盾。与这两组贞人名同出的先祖名号包括（但不局限于）武丁和武乙、文武丁时代的先祖名，并因此而不能成为任何结论的证据。再有，这些贞人名从未与已被确认为第一期的贞人名同见于一片甲骨；[2] 陈梦家和贝冢茂树都认为这是因为他们属于不同的占卜机构，但这一论点又需要证据——确实存在过不同的占卜机构——来支持。双方的支持者都列举相对次要的特征，或者依赖于这样那样的零散证据，而这些证据本身又可以有多种解释。[3] 最近的两项研究给了这一课题以新的证据；可惜一项支持一期

---

[1] 《殷历谱》；《殷虚文字乙编序》。
[2] 卜辞甲2361有宾（第一期贞人名）和扶（第四期贞人名）同出，但相关文字不清楚，不能确认为贞人名。见许进雄：《卜骨上的凿钻形态》，4页。
[3] 支持董作宾的有：岛邦男：《殷墟卜辞研究》；李学勤：《评陈梦家〈殷虚卜辞综述〉》；严一萍：《甲骨文断代研究新例》《甲骨学》；许进雄：*The Menzies Collection of Shang Dynasty Oracle Bones*。

  支持陈梦家和贝塚茂樹的有：胡厚宣：《甲骨续存》；池田末利：《島氏殷墟卜辭研究を讀む》；饶宗颐：《殷代贞卜人物通考》；屈万里：《殷虚文字甲编考释》。

说,[1]另一项则给四期说有力的物证。[2]我被董作宾的开创研究的智慧和后一项研究成果所说服。在没有确凿证据（例如无可置疑的和反复出现的贞人名共存现象）的情况下，我更相信董作宾的简单设想而不是陈氏和贝冢氏的很复杂但又没有根据的设想。

随着时间的推移，尽管有这个争论的课题，现在仍然可以在贞人名具备的情况下确定多数刻字甲骨的期别。但并不是所有的卜辞都有这一信息成分，于是附加标准——从已经确定期别的甲骨的各种特征总结出来的那些标准——就必须加以应用。董作宾在他的早期著作中提出了甲骨卜辞断代的十项标准：世系、称谓、贞人、坑位、方国、人物、事类、文法、字形、书体。[3]董作宾后来的研究多致力于后几项较次要的标准，[4]尤其是后二项——字形和书体——在上述的争论中扮演重要角色。许进雄最近对卜骨上凿钻形态的研究把钻与凿的形态和构造也利用成了断代标准之一。[5]

陶器断代。在抗战前的15次发掘中，陶器占去了小屯考

---

[1]《1973年安阳小屯南地发掘简报》，《考古》1975年1期；肖楠：《安阳小屯南地发现的自组卜甲——兼论自组卜辞的时代及其相关问题》。作为断代标尺，考古学上的"坑位"，董作宾的分期标准之一是十分不可靠的。许多第一期和第四期的卜辞同出于一个坑位（见石璋如：《殷墟建筑遗存》），但坑位时代的确定大多依赖于卜辞的断代而不是相反。实际上，这两组卜辞的联系更有利于董作宾的"旧派"理论（同一派的档案存放在一起），而不是陈梦家和贝冢茂树的不同占卜机构同时存在（这种情况可能需要不同的存放机构）。至于在小屯南地自组卜辞与早期陶器共存的现象是非常重要的，但这些甲骨的所在地层有复杂的多重打破关系，而且无论是甲骨还是陶片都不能排除二次堆积的可能性。参见金祥恒：《论贞人扶的分期问题》，90—91页。

[2] 许进雄：《卜骨上的凿钻形态》。

[3]《甲骨文断代研究例》。

[4]《甲骨学六十年》。

[5] 许进雄：《卜骨上的凿钻形态》。

古发现的大部分：[1]247565片陶片和1500余件完整的或可复原的陶器。[2]李济对这一大陶器群的描述研究成果早已发表，[3]他的《殷墟陶器图录》提供了一个适用于所有质料器物的标准分类法，给中国考古学留下了深刻的影响。遗憾的是，这些陶器的层位资料尚未公布。在一篇关于殷商陶器的文章中，李济谈到他已经掌握了40对有叠压打破关系的灰坑中的陶器资料，而如前面提到过的，只有下层的3个灰坑可定为龙山文化遗存。[4]这一定意味着他掌握了37对有叠压打破关系的灰坑中表现商代陶器器形演变过程的信息。据我所知，这一资料尚未发表，甚至在李济最近的关于安阳发掘的综合研究中也未提及。[5]

现在在安阳商代遗址（包括小屯）工作的考古学者们，使用了四期分类法。它基本上是建立在大司空村、[6]苗圃北地（图28）[7]和小屯南地（图29）[8]的商代遗址发掘的基础上的。这一分期法最好用几种典型器物的形制演变来说明。陶豆起初为浅盘低柄，侈口尖唇（第一期），第二期成为圆唇，第三期成为细高柄，敛口（较少见），最后变成形体很小的明器（第四期），即使没有完全消失，也很少见了。鬲的变化主要

---

[1] Li Chi, "Studies of the Hsiao-t'un Pottery: Yin and Pre Yin", p 104.
[2] 李济：《小屯陶器》，36页。
[3] 同上。
[4] 同上，113页。
[5] *Anyang*.
[6] 《1958—1959年殷墟发掘简报》，《考古》；《1962年安阳大司空村发掘简报》，《考古》。
[7] 据笔者1977年在安阳工作站陈列室参观的笔记，杨宝成、陈志达、郑振香诸君作的讲解。
[8] 《1973年安阳小屯南地发掘简报》，《考古》。

图 28 根据苗圃北地墓葬发掘资料而划分的四期陶器：M248，一期；M17，二期；M237，三期；M105，四期
(作者 1977 年摄于安阳工作站陈列)

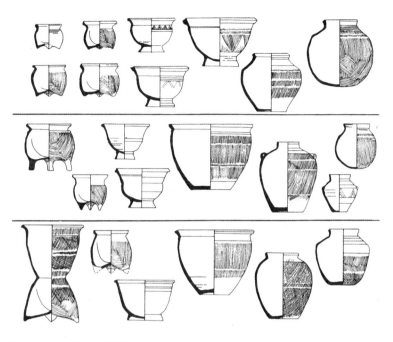

图29 小屯南地的三期陶器
（下栏：早期；中栏：中期；上栏：晚期。据《1973年安阳小屯南地发掘简报》，《考古》1975年1期）

是从第一期到第四期口逐渐变大而足逐渐变矮。瓠最早出现于第二期，为粗矮的形制，第三期变高、变细。簋，第一期为侈口尖唇，第四期则以外壁饰三角绳纹的占绝大多数。上文已提到，第一期可能属于定都以前期，第二至第四期包含了整个定都时期。至今，关于陶器的类型学资料仍然是概略的和不充分的，但它们已经给我们提供了研究李济的《殷墟陶器全集》的年代学方法。

骨笄的断代。另一种在小屯发现的类型变化可以为分期断代服务的器物是骨笄，由于它的简陋和不值钱，在被盗扰过的墓中也往往幸存下来，并为该遗址或墓葬提供了断代的标尺。

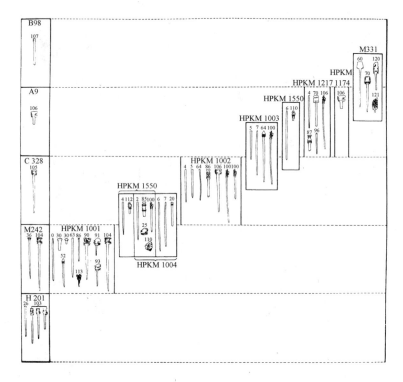

图 30　根据骨笄形制的演变建立的安阳殷墟地层单位的早晚关系
　　　（据李济:《笄形八类及其文饰之演变》）

李济在他的一篇关于骨笄的优秀论文[1]里，按照笄顶的形状将安阳各遗址（主要是小屯、西北冈、王裕口和大司空村）发现的388件骨笄分8类进行了排比：朴状、划纹、盖状、牌状、羊字形、几何形、鸟形和各种动物形。他把每一类又分成若干小类，根据地层关系和其他的年代学标尺，排列出笄类演变的类型学序列，然后他又把这一序列应用到更多的断代工作中去。图30中的一些典型地点及其所出的笄

---

[1]　《笄形八类及其文饰之演变》。

类标本的排列可以作为依据笄类来分期断代的一个有用的指导。

小屯村的其他考古地点

尽管小屯的考古发掘工作集中于小屯北地，商代遗址的确切边界仍未划定。洹河从考古地点的北边和西边（原文如此——译者）流过，但它在商代的河道还没有探明；它流经村北后向南折是在商代以后，因为它明显地穿过了乙组建筑基址的中轴并冲掉了它的东半部。

小屯西地工作做得很少。1929 年，在小屯村西北的小丘（当地称坝台）上开了几个试掘探方，位置在Ⅰ区的西部，但只发现了墓葬和灰坑。[1]看来宫殿区并未向西发展这么远。而村西紧挨村庄处就是另外一回事了。妇好墓紧挨村西北部，所以不能设想这儿就是商代遗址的边缘。1958—1959 年，在小屯村西约 200 米处发现了一条大沟的一段，沟中填满灰土，沟宽 7—21 米，深 5—10 米，附近有一条用陶片和卵石铺成的道路。有些学者认为它是环绕宫殿区的人工防御设施的一部分。[2]1971 年在小屯西地发现了一个包含 21 片完整牛胛骨的贮藏坑，其中 10 片刻有文字。[3]

小屯南地曾在 1929、1955 和 1973 年发掘的区域，现在已被一条把小屯和它南面的花园庄隔开的道路占压。在这里发现了地面建筑基址，1973 年发现了人祭坑（有 5 具成人骨架，其中一具左腿骨上有铜镞；另有 2 个儿童和 1 匹马）和 4000

---

[1]　李济：《安阳最近发掘报告及六次工作之总估计》。
[2]　《1958—1959 年殷墟发掘简报》，《考古》。
[3]　郭沫若：《安阳新出土之牛胛骨及其刻辞》。

余片分别属于第一、三、四、五期的刻字甲骨。[1]看起来，以地上建筑基址、人祭坑和刻字甲骨为特征的宫殿区似乎扩展到了小屯村以西、以南，虽然它是否扩展到很远的地方还有疑问。

第三节　西北冈

1933年底，在中央研究院历史语言研究所的第八次发掘中，一个有两条斜坡墓道的大墓在小屯村东1.3公里的后冈（一座低丘）发现。[2]这一发现提醒考古学者小屯以外的地方可能有王陵区。石璋如和刘耀（现名尹达）被派出调查整个安阳附近地区，寻找最可能的地点。经过广泛的搜索，1934年他们的注意力被吸引到了小屯西北不到3公里的一处高地（从那时起这一地点被考古学家们命名为西北冈），它在洹河北岸，据传言一些新盗掘出土的青铜器来自那里。安阳发掘的田野领队梁思永相信了这个传言，自1934年10月3日至12月30日他们集中力量于侯家庄东北面和武官村北面（后来这一遗址被学者们称为侯家庄西北冈或武官村北地），第一次尝试便发现了若干座大墓。[3]1935年工作继续开展，发现了一个遗物丰富的墓葬区和祭祀区，但没有居住遗址。[4]1950年

---

[1]《一九五五年秋安阳小屯殷墟的发掘》，《考古学报》；《1973年安阳小屯南地发掘简报》，《考古》。
[2] 石璋如：《河南安阳后冈的殷墓》。
[3] 石璋如：《殷墟最近之重要发现附论小屯地层》。
[4] 梁思永、高去寻：《侯家庄》（2—8集，介绍M1001、M1002、M1003、M1004、M1217、M1500、M1550）。

对这一地区又进行了发掘,[1]并从 1958 年起间断进行。[2]

高去寻在 1959 年发表的一篇论文[3]中高度概括了 1934—1935 年间在西北冈的发掘工作。这里摘其概要,并增补一些那以后发现的新资料。

商王陵

王陵区分为东、西二区,相距大约 100 米。在 1934—1935 年的发掘中,考古学者们探明了王陵西区的西、北、东边缘,虽然南边缘未精确划定,但高去寻相信发掘区以南不会有新的商王陵墓。在已经确认的西区中发现了 7 座大墓(M1001、M1002、M1003、M1004、M1217、M1500、M1550)和 1 座长方形坑(M1567,可能是未竣工使用的第 8 座大墓)。王陵东区于 1934—1935 年发掘了大约 1.5 万平方米,该区的北、西边缘也已探明,发掘了 3 座王陵(M1129、M1400、M1443)。1950 年又在 M1400 以东 40 米处发掘了第 4 座大墓,1959 年又探明了另一座墓坑,据说 40 年代一个大方鼎出于此处(图 31)。

所有王陵皆为南北向,并北偏东若干度(图 32)。根据墓道的数目和位置,可以把这些墓分为两类:4 条墓道的和 2 条墓道的。2 条墓道的墓皆为长方形,并在南北壁上由墓底向地面各伸出一条斜坡墓道。4 条墓道的墓有的为长方形,有的为十字架形("亞"字形),四壁上各向地面伸出一条墓道。王陵的尺廓各不相同。例如,M1004 墓口南北长 17.9 米、东西宽 15.9 米,墓底南北长 13.2 米、东西宽 10.8 米,深 12 米;

---

[1] 郭宝钧:《一九五〇年春殷墟发掘报告》,《考古学报》。
[2] 《1958—1959 年殷墟发掘简报》《安阳殷墟奴隶祭祀坑的发掘》;杨锡璋、杨宝成:《从商代祭祀坑看商代奴隶社会的人牲》,《考古》。
[3] "The Royal Cemetery of the Yin Dynasty at Anyang."

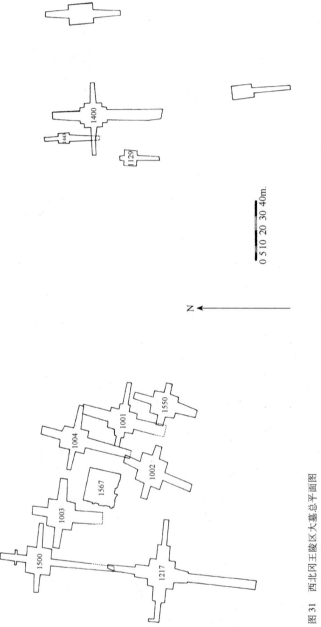

图 31 西北冈王陵区大墓总平面图
（据 Chang Kwang-chin, *The Archaeology of Ancient China*, 图 121, 东区平面图据杨锡璋、杨宝成《从商代祭祀坑看商代奴隶社会的人牲》修改）

图 32　西北冈 M1001
　　（据梁思永、高去寻：《侯家庄 1001 号大墓》）

4 条墓道分别长（北）31.4 米、（南）14.1 米、（东）15.2 米、（西）13.8 米（原文如此——译者）。

大墓的营建过程可以复原如下：先挖墓坑，墓底再挖一些较小的墓坑用以埋葬殉人。M1001 有 9 个这样的墓坑，各埋 1 人 1 戈 1 狗。其他各座清理到底的大墓中都只发现了 1 个这样的墓坑，墓坑中都埋有人骨架和兵器。

然后在墓坑中部构筑木椁室。在 4 条墓道的大墓中，椁室为十字架形（"亞"字形），在 2 条墓道的大墓中，椁室为长方形。高去寻认为"亞"字形椁室是商代宗庙明堂的象征性建筑，尽管小屯发现的地上建筑并未发现有此种形制。[1] 椁室地面用

---

[1] 高去寻：《殷代大墓的木室及其涵义之推测》。

长木杠铺设，每根直径20—30厘米，然后设置椁室壁板，棺和随葬品安放就绪、各种仪式举行完毕后，再盖上椁顶板。"亞"字形椁室高约3米，长方形椁室稍低。长方形椁室设立起来后，椁板与墓壁之间常常填土并层层夯实，直至与椁室顶面齐平，成为所谓"熟土二层台"，用以放置随葬品和椁室外的殉人、殉牲。然后将棺和随葬品放入椁室，再盖上椁顶板。"亞"字形椁室可能一样，但在椁室南壁似有一门。至于椁室的尺廓，M1004又可作为一例：椁室南北长5.75米、东西宽3.9米，四面各有一个2米见方的耳室。因为椁室是墓主人长眠之处，所以它必然是整个墓中装饰最华丽的部分；遗憾的是，西北冈的所有大墓都被反复盗扰过，我们只能从残存的痕迹和遗物去猜测那时的盛况（图33、34）。椁室以外的墓穴和墓道中都放置有随葬品。有些大墓的熟土二层台上有大量的随葬品和殉人。在M1001的二层台上发现木器遗痕和11具人骨架；木质早已腐朽，但穴壁上仍留有装饰图案、颜料和镶嵌物的痕迹（图34）。在M1400和M1500中，只发现在椁室的夯土中埋有人头骨（分别有29个和111个）。墓道中的发现也各不相同。例如在M1001中，北墓道和西墓道各埋有一个殉人；南墓道埋有59具无头人骨架，排成11列；东墓道埋有1具无头人骨架。4条墓道中各有成排的人头骨，共有27组73个。在M1004南墓道的北端放置有4层随葬品。最下层为车马器、皮甲和盾（仅存痕迹）；第二层是100余件铜胄和360件铜戈；第三层是360支青铜矛；最上一层是1件石磬、1件碧玉棒、2件青铜方鼎。

除去墓葬结构和随葬品，西北冈的"王陵"引人感兴趣的还有两点。第一点是它们之间的位置排列和打破关系所表现出来的年代早晚关系以及它们和小屯遗址年代序列之间的对应关系；第二点与前一点有关，是墓葬反映的社会状况：这些墓

图33 西北冈 M1001 所出石雕动物形象
（据梁思永、高去寻：《侯家庄1001号大墓》）

图 34 西北冈王陵木构椁木构椁在墓室土壁上留下的花纹印痕（据梅原末治：《殷墟发见木器印影图录》）

葬的主人是谁,以及它们的序列布局对研究商代王室的重要性。第二点将在下文讨论,但它比较清楚:它们的主人属于商代社会的最上层,也就是商王或者他们的配偶。

这些大墓之间的叠压打破关系说明了以下三组年代关系:[1]

M1500———(早于)———→M1217

M1001———→M1004———→M1002
　　└———→M1550

M1443———→M1400

这些关系的进一步推导和其他无打破关系的墓葬的时代早晚的确定必须依据出土遗物的类型学研究,因为在王陵区中未发现一片甲骨,连未刻字的也没有。由于这些王陵被反复盗扰过,这些类型学研究的对象只能是很小和残缺不全的标本,所以在很大程度上只能是尝试性的。根据各类骨笄的出土情况,李济把西北冈西区的墓葬排出了以下的早晚关系:

M1001 ———→M1550 ———→M1004 ———→M1002 ———→M1003 ———→M1500 ———→M1217 ———→M1174[2]

同时,他又根据同类骨笄在西北冈和小屯的出土地点,尝试着建立了它们之间的对应关系(见表1)。[3]

表1　根据发笄所做小屯与西北冈的年代关系

骨笄型式	小屯	西北冈
I	下灰土坑	大墓以前
II	乙七版筑基址	M1001
III	丙一般筑基址	M1002
IV	灰土堆积上层	M1174
V	地面扰动层	—

[1]　李济:《殷墟白陶发展之程序》。
[2]　李济:《笄形八类及其文饰之演变》,68页。
[3]　《由笄形演变所看见的小屯遗址与侯家庄墓葬之时代关系》。

这样看来，乙组基址和侯家庄西区最早的大墓属于同一时代。由于李济赞同石璋如关于小屯地上建筑基址的时代为北组（甲组）（早于）——→中组（乙组）——→南组（丙组）的顺序，所以他得出结论说西北冈王陵区始建于定都时期中段。但是最近妇好墓的发现可能迫使这一结论有所改变。专家们基本上认同妇好墓与西北冈 M1001 很可能同时，因为它们所出的器物形制十分相似。[1]这样，看起来把乙组基址的至少一部分提前到武丁时代，或者把 M1001 提前到紧接武丁时代就是十分必要的了。在现有的证据面前，二者都说得通。

因为 M1001 和妇好墓的相似性，它被认定为王陵区最早的大墓。这可以与亚历山大·索普的推测联系起来，他认为 M1001 是武丁之墓：

> M1001 比另外 3 座（M1002、M1004、M1550）都早，而且与其他大墓的相对位置也很有意义；它基本位于中心，M1550 在东南、M1002 和 M1004 在它的西南和西北拱卫着它。我认为这代表着商王室的连续两代人：父亲和他的 3 个儿子。在安阳地区，满足这一条件的情形只有一个：那个父亲是武丁。[2]

以型式变化为依据来反对此论点的（M1004 所出的方鼎不会早于武丁之后的一代）[3]现在被妇好墓的发现所说服，但可能有人从社会学的角度提出疑问：父子是否可以在相同的

---

[1]《安阳殷墟五号墓的发掘》，《考古学报》；《安阳殷墟五号墓座谈纪要》中郑振香、李学勤、胡厚宣、王世民的发言，《考古》。
[2] "Early, Middle and Late Shang: A Note", p. 26.
[3] V. Kane, "A Re-examination of Anyang Archaeology", pp. 105–106.

昭穆位置上？[1]这一问题我们将在后面讨论。

在最近的一项研究中，杨锡璋和杨宝成把传说出有司母戊鼎的 M1400（原文如此——译者）和 1950 年发掘的武官村北地大墓都划归第一期或第二期，与 M1001 同时。[2]

小型墓葬

除了 10 座大墓和 1 座空坑外，1934—1935 年在西北冈还发现了 1221 座小墓。其中，1117 座在东区（图 35），仅有 104 座在西区。可以分类的墓葬只有 643 座。据高去寻统计，131 座为单人全躯葬，57 座为多人全躯葬（每一墓中有 2—11 具人骨架），72 座头躯分离葬（每一墓 1—10 人），209 座（均在东区）为人头葬（每一墓有 3—39 个头骨），192 座无头躯体葬（每一墓 1—10 具无头人骨架），9 座（均在西区）为儿童瓮棺葬，20 座马坑（每一坑 1—37 匹马），2 座象坑，20 座其他动物坑，1 座车坑，1 座青铜器坑。多数此类墓葬呈平行的东西向行列分布，埋在大墓的旁边或附近。这些成行列的小墓分为界限明确的 10 个组：1 组在西区，9 组在东区。

1950 年，在发掘武官大墓时，也发掘了它南面的 18 座小墓。[3] 1958 年又发掘了另外一组 10 座。[4] 1969 年和 1976 年，在 1934—1935 年发掘区以东和 1950 年发掘区以西进行了补充发掘，探明的 250 座墓葬发掘了 191 座。它们也成组分布，发掘者划为 22 组，每组 1—47 座墓不等（图 36）。墓葬布局与

---

[1] K. C. Chang, "Some Dualistic Phenomena in Shang Society."
[2] V. Kane, "A Re-examination of Anyang Archaeology", pp. 105–106. 又见杨锡璋、杨宝成：《从商代祭祀坑看商代奴隶社会的人牲》。
[3] 郭宝钧：《一九五〇年春殷墟发掘报告》，《考古学报》。
[4] 《1958—1959 年殷墟发掘简报》，《考古》。

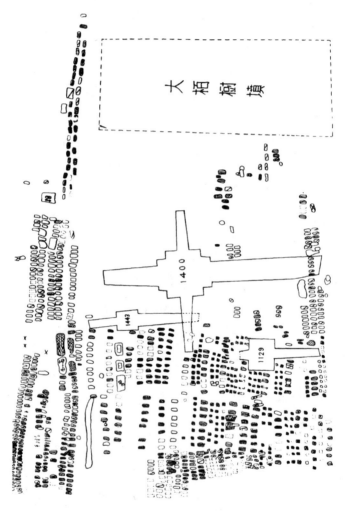

图 35 西北冈东区抗战前发掘的小墓
（据杨希枚：《河南安阳殷墟墓葬中人体骨骼的整理和研究》，图 13）

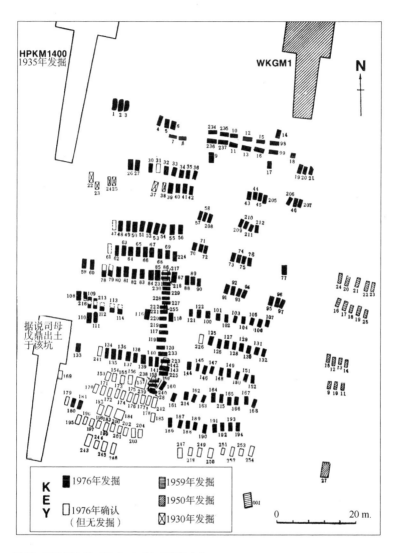

图 36　西北冈东区 1969 和 1976 年发掘的小墓
（据杨锡璋、杨宝成：《从商代祭祀坑看商代奴隶社会的人牲》）

高去寻的描述颇为相似，但1976年的发掘表明，许多骨架是被肢解、腰斩后埋入，有的则是被捆绑后活埋的。[1]在发现的1178具骨架和头骨中，有715—718个个体鉴定了性别和年龄；339具为男性，35具为女性，其余不详。除了19具为14岁以下的儿童外，均为成年：男子平均15—25岁，女子平均20—35岁。男女同坑埋葬。[2]从地层关系上看，发掘者认为南北向的墓葬早于东西向的墓葬，但1969和1976年发掘的墓葬全部属于早期（基本上为殷墟二期）。

高去寻虽然不能断定东区的9组小墓具体是为哪些大墓献祭而埋，但他相信所有的小墓"必然与这10座大墓有这样或那样的关系"。[3]由于小墓在东区成组埋葬（至少36组，除高去寻指出的9组外，还有1950年发掘的4组，1958—1959年发掘的1组，1976年发掘的22组），如果每组代表一次单独的祭祀活动，那么它们代表的祭祀活动就不能仅仅局限于同这些商王陵的建设和安葬有关。杨锡璋和杨宝成的解释显然符合事实——他们认为有些小墓可能属于殉葬墓，但是大部分属于人祭坑，这种人祭活动在甲骨卜辞中常常出现（图37）。

用于人祭的牺牲可能包括不同的社会阶层。有些人祭坑中发现随葬品，其数量和质量随着埋葬形式的不同而变化。根据1934—1935年的发掘资料，131座单人全躯葬里有86座有陶器、青铜容器、兵器、工具和乐器等；多人全躯葬中的多数也随葬陶器、青铜容器、兵器和装饰品等。但52座头躯分离葬中，仅有9座有随葬品，数量少，质量差；人头葬仅有3座有

---

[1]《安阳殷墟奴隶祭祀坑的发掘》，《考古》。
[2]《安阳殷代祭祀坑人骨的性别年龄鉴定》，《考古》。
[3] "The Royal Cemetery of the Yin Dynasty at Anyang", p. 9.

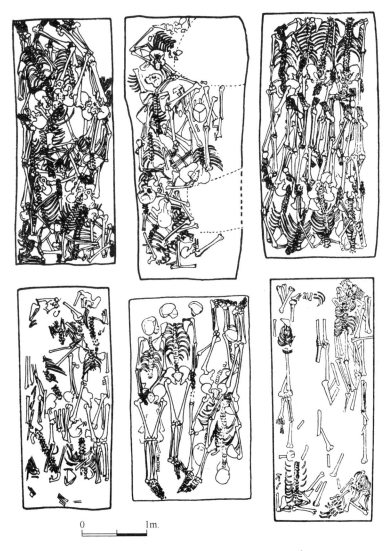

图 37　西北冈小墓中人骨的葬式举例
　　（据杨锡璋、杨宝成：《从商代祭祀坑看商代奴隶社会的人牲》）

随葬品；无头躯体葬中如果有随葬品，也只是刀、斧、砺石之类。[1]同样的情况在1976年的发掘中再现：191座墓中只有13座有随葬品，大多很少，并且这13座中只有1座不是全躯葬。[2]看起来殉葬者（或祭祀的牺牲）至少属于两个阶层：一个阶层的人为全躯葬，有时有随葬品；另一个阶层的人为断肢葬（或砍头葬），没有随葬品。这里有一种值得提到的现象：在1976年发掘的22组墓葬中，有一组（M26、M32、M33）中埋葬的人骨比其他所有的骨架都显得更粗壮高大，这个现象还有待于解释。[3]

第四节　安阳的其他遗址

安阳地区已经发掘或调查过的遗址分布于市区西北的洹河两岸，东西大约6公里、南北大约4公里。洹河南岸的遗址东起后冈，西至范家庄北地；洹河北岸的则东起大司空村东南地，西至同乐寨（秋口村附近）。根据1958—1959年的调查，该地区商代遗存的布局如下：

> 大体说来，以洹河南岸的殷代王宫为中心（今小屯村附近），其周围环绕着居民点、手工业作坊和墓葬等；洹河北岸以武官村、侯家庄北一带为中心，有殷王陵墓、贵族墓葬和数以千计的杀殉坑，周围也有殷代的聚落和墓葬等。从地下堆积的情况来观察，以小屯周围最为丰富，

---

[1] "The Royal Cemetery of the Yin Dynasty at Anyang", pp. 6–7.
[2] 《安阳殷墟奴隶祭祀坑的发掘》，《考古》。
[3] 同上。

在这中心区的外围形成了大小不等的聚落,虽不能完全连成一片,但分布是相当密集的,至于距离中心区较远的地方,聚落的分布则较稀疏。[1]

妇好墓发现后,新的看法指出:

> 大概在殷代早期,"宫殿"的范围并不太大,因而某些王室墓就埋在宫殿附近。[2]

介绍完小屯和西北冈之后,让我们从洹河南岸的遗址开始,自东向西来介绍一下安阳地区其他经过考古调查和发掘的地点。

洹河南岸

1. 高楼庄后冈。高楼庄在安阳市和小屯之间;经调查发现庄北的一个小丘("后冈")是商代文化遗存的中心。后冈南北也发现了此类遗存,并一直延续到庄内。发掘工作主要在1931(两次)、1933、1934、1958—1960、1971、1972年进行。1931年的发掘发现了著名的"后冈三叠层",即仰韶→龙山→商文化的地层叠压关系。这是这种地层关系的首次发现。商代遗存包括卜骨和一座有南北两条斜坡墓道的大墓,其木椁室为"亞"字形,并有殉人。这表明这一地点至少是贵族阶层活动的地区。[3]

---

[1]《1958—1959年殷墟发掘简报》,《考古》。
[2]《安阳殷墟五号墓的发掘》,《考古学报》。
[3] 梁思永:《后冈发掘小记》;石璋如:《河南安阳后冈的殷墓》;郭沫若:《安阳圆坑墓中鼎铭考释》;《1971年安阳后冈发掘简报》《1972年春安阳后冈发掘简报》,《考古》。

2. 薛家庄北地。1957年的工作揭露了灰坑和墓葬。有些灰坑中出有日用器物，有些无墓室的人骨架，以及极少数的随葬品。墓葬有随葬品，但没有殉人。这一地点可能是地位相对较低的人的居住区。[1]

3. 薛家庄南地。这里的发掘工作也是1957年进行的，发现了冶铜和制骨遗迹，还有出简单随葬品的墓葬。这里显然是手工业作坊区。[2]

4. 苗圃北地。此遗址在铁路苗圃以北，小屯东南约1公里。它是一个很大（约1万平方米）而且很重要的遗址。最近在这里发现的墓葬提供了一个殷墟陶器的型式演变序列，1958—1959年的工作发现了大量的铸铜遗存（坩埚残片、陶内范、陶夕范等）、房基和窖穴。[3]这里无疑又是一处铸铜作坊，可能与东面400米外的薛家庄南地铸铜遗址是同一处。这里的地上建筑表明，这种建筑形式不仅被王室和贵族使用，也被铸铜工匠们使用；类似的情形在郑州商代遗址中也出现过。

5. 花园庄西北地。上面说过，小屯西地发现过大量刻字甲骨，这使人们有了小屯宫殿区向西究竟延伸多远的疑问。小屯以西约1公里的四盘磨的殷代遗存明确告诉我们，那里在宫殿区之外。小屯和四盘磨之间，经过发掘的遗址只有两个：北面的一个是所谓的"三十七亩地（在花园庄西北）"，南面的一个靠近王裕口和霍家小庄。

花园庄西北地发掘于1950年，只有少量遗物（"陶片、

---

[1] 《河南安阳薛家庄殷代遗址墓葬和唐墓发掘简报》，《考古通讯》。

[2] 赵霞光：《安阳市西郊的殷代文化遗址》；周到、刘东亚：《1957年秋安阳高楼庄殷代遗址发掘》，《考古》。

[3] 《1958—1959年殷墟发掘简报》，《考古》。

骨器、石器和卜骨")发现。[1]这里可能是一个王室和贵族以外的阶层("平民和小奴隶主")的居住区。

6. 王裕口和霍家小庄。该遗址在王裕口以北、霍家小庄以东、花园庄以西的平地上,曾于1932年发掘过,发现了穴式房屋和夯土填实的墓葬,出土一些随葬品。这里似乎是平民和下级贵族的居住区和墓葬区。[2]

7. 四盘磨。该地附近有几起考古发现,尽管在1931、1933、1950年发掘过,但这些遗存的空间相互关系却还不很清楚。1931、1933年的发掘发现了夯土填实的墓葬、地面建筑遗址和刻字甲骨。墓葬有的随葬品较多,也有的随葬品较少或一无所有。[3]这里显然是贵族居住区的一个中心和墓葬区。

8. 白家坟。1958—1959年发掘发现了居住遗址和墓葬,但详细报告仍有待发表。这里是商代陶器分期工作的一个重要地点。[4]

9. 梅园庄。这是一个遗存较少的小遗址,位于殷墟的西部边缘,但它十分重要,因为这里的陶器形制与郑州二里冈下层的同类器物极其相似。由此看来,这一遗址的时代早于小屯的定都以前期遗址。[5]

10. 孝民屯南地。1958—1959年的发掘和1972年的发掘揭露了3座车马坑,为商代马车的复原提供了珍贵资料。[6]

[1] 郭宝钧:《一九五〇年春殷墟发掘报告》。
[2] 吴金鼎:《摘记小屯迤西之三处小发掘》,631—633页。
[3] 郭宝钧:《一九五〇年春殷墟发掘报告》,48—58页;李济:《安阳最近发掘报告及六次工作之总估计》,568页;吴金鼎:《摘记小屯迤西之三处小发掘》,627—628页。
[4] 《1958—1959年殷墟发掘简报》,《考古》。
[5] 同上。
[6] 同上;《安阳新发现的殷代车马坑》,《考古》。

11. 北辛庄南地。1958—1959年发掘，最著名的发现是制骨作坊遗址：1座半地穴式房基，1个骨料坑，坑内堆积有骨料、骨器半成品、成品、青铜和石质的制骨工具。这一作坊占地超过200平方米。[1]

12. 范家庄北地。1935年调查，1958—1959年发掘。该地点遗存较简单，但也有随葬青铜器的墓葬发现。[2]

洹河北岸

1. 大司空村南地。这一地点实际上在洹河东岸，与小屯北地遗址隔河相望，可能将成为又一处重要遗址。在这里开展了多次考古发掘工作（1935、1936、1953—1954、1958—1959、1962年），但规模较小，而且见诸报道的更少。[3]它们包括灰坑、地面建筑基址、车马坑和墓葬。墓葬的形制、棺椁、随葬品的质量和数量都各不相同。1958—1959年在这里发现了2片卜骨。这些都表明这里是一处规模较大的聚落。它的居民包括一些地位相当高的贵族。

2. 四面碑。只有1932年进行过简单调查，这一地点的详细情况尚不清楚。它在小司空村以南，隔洹河与小屯北地正对，可能又是一处相当重要的地点。

3. 坝台。武官村南，是与四盘磨隔河相望的一个小丘。有人认为它与四盘磨原来是同一个遗址，后被洹河隔开。1934

---

[1]《1958—1959年殷墟发掘简报》，《考古》。
[2] 同上。
[3] 同上；《1962年安阳大司空村发掘简报》《1958年春河南安阳市大司空村殷代墓葬发掘简报》，《考古》；马得志、周永珍、张云鹏：《一九五三年安阳大司空村发掘报告》，《考古学报》；石璋如：《殷墟最近之重要发现附论小屯地层》及《后记》。

年的一次小规模发掘发现了灰坑、墓葬和卜骨。[1]

4. 侯家庄南地。1934 年在发现甲骨后发掘了这一地点，揭露了灰坑、建筑基址、填土夯实的墓葬，与刻字甲骨同地发现。[2]这是安阳地区出土刻字甲骨的第五个地点（其余 4 个是小屯、后冈、大司空村、四盘磨）。

5. 高井台子。1932 年在此处发现了灰坑及少量遗物。[3]

6. 同乐寨。1934 年的小规模发掘发现了随葬青铜器的墓葬。附近有大片夯土遗存，可能为一个墓地，但现在尚未发掘。[4]

洹河两岸的上述遗址形成了由以下结点组成的网络：小屯的宫殿宗庙及其附属建筑、作坊和（某些时期的）大墓；西北冈的王陵区；属于不同社会阶层的定居村落，有的属于平民，但绝大多数有自己的墓葬区；手工作坊和作坊区。这些结点在空间上并不相连，没有构成房屋、街道密集的城区；但整个网络是王都的政治和礼仪中心，并且是整个商王国的核心（图 38）。

第五节　安阳以外王都地区的考古工作

如果我们在本章开头讨论的殷这一王都的空间范围有确切的依据，那么安阳的商代遗址构成的网络就仅仅是这一王都的核心部分，王都则是由更大的板块构成的更高层次的网络。如果我们把南起新乡、北到邢台的广大地区作为王都的话，这个

---

[1] 石璋如：《殷墟最近之重要发现附论小屯地层》《小屯的文化层》。
[2] 石璋如：《殷墟最近之重要发现附论小屯地层》；董作宾：《安阳侯家庄出土之甲骨文字》。
[3] 吴金鼎：《高井台子三种陶业概论》。
[4] 石璋如：《殷墟最近之重要发现附论小屯地层》。

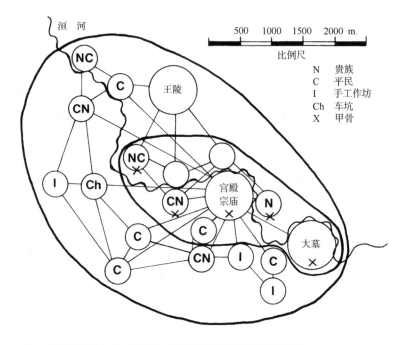

图38　根据考古地点建立的商代定都安阳时期都市网络结构模式图

王都就是坐落于太行山东麓平原上，几条注入卫河的河流（淇、洹、漳河）流经境内，南北长达200余公里的一个地域。安阳是这一地域的中心，距南北两端各100公里，从考古学上看它是这个王都的指挥核心。

在安阳以外的这一广大地域，考古工作做得很少。洹河上游距殷墟15公里有一处商代遗址（大正集），下游距殷墟15公里也有一处（郭村）。这两个遗址均出有工具和陶器，显示它们都是规模较小、时代较早的农业聚落（大正集为小屯以前期，郭村为殷墟一期或稍早），不会是商王都的组成部分。[1]

---

[1]《安阳洹河流域几个遗址的试掘》，《考古》。

安阳以南汤阴县境内的朝歌，许多人认为是在牧野——周灭商的最后战场，王都的不成功的防御阵地的前沿——的正东。[1]当地传说一处有三重夯土城圈的遗址属于商代，但考古研究认为这一遗址更可能是东周时代的。不过，大量的小屯和小屯以前期的遗址在这一地区的广泛分布显示了商文化扩展的范围。[2]

再向南，辉县和新乡都有商代遗址的发现见诸报道。在辉县，商代遗存发现于三个地点：城西的花木村、褚丘和城南的琉璃阁。[3]居住遗存，主要是石器和陶器，在三处均有发现，与郑州商代早期的遗存面貌相似。墓葬只在琉璃阁发现，有早（相当于小屯定都以前期）晚（相当于小屯定都时期）两期。晚期有些墓葬规模较大，有腰坑和殉人。[4]如果此地在王都之内，那么它可能是一个小的中心，在这里有高级统治阶层的成员居住。在更靠南的新乡，1958年的考古工作揭露了1座陶窑和3座墓葬，也有早晚两期之分。[5]

安阳以北，商代遗存首先在漳河北面的磁县下潘汪、[6]界段营[7]和邯郸涧沟[8]发现，这些遗址均在河北南部。这些遗址出土的遗物（石器和陶器）显示它们是商代（包括较早和较晚的时期）的居住村落，尽管下潘汪发现了1件精工制作的

---

[1] 屈万里：《尚书今注今释》。
[2] 安金槐：《汤阴朝歌镇发现龙山和商代等文化遗址》，《文物》。
[3] 《河南卫河滞洪工程中的考古调查简报》《河南辉县褚丘出土的商代铜器》，《考古》；郭宝钧等：《辉县发掘报告》。
[4] 毛燮均、颜誾：《安阳辉县殷代人牙的研究报告》。
[5] 《河南新乡潞王坟商代遗址发掘报告》，《考古学报》。
[6] 《磁县下潘汪遗址发掘报告》，《考古学报》。
[7] 《磁县界段营发掘简报》，《考古》。
[8] 《河北邯郸涧沟村古遗址发掘简报》，《考古》。

陶酒器，可能出自显赫人物的墓葬。再向北到了邢台地区，这里有一系列的商代遗址，构成了一个具体而微的安阳式的网络（只是没有后者那样的统治中心）。遗址多数为居住区，包括穴式房屋、石器、陶器、少数青铜器（如镞、锥、斧等），以及（无字）卜骨，也发现了几座陶窑。尚未发现墓葬、地面建筑基址和文字（陶器上的刻画符号除外）、青铜容器或其他统治阶层的所有物。如果这里也在王都范围内，那么它只能是农民和陶工的居住区网络。[1]

第六节　文字记载中的王都

上述王都地区的考古工作已经揭露了一个由各种不同规模和形式的遗址构成的巨大网络，它南北跨度达200公里，除安阳各遗址外，还包括其他较低层次的网络，而安阳则是它们的核心。安阳以外的遗址较少，而且我们对它们的了解不多，但是它们似乎都是农业聚落。然而，安阳核心则标志着一个十分发达和特色显著的古代文明：小屯有成片的地面建筑基址，有的还建在高出地面的台基上，有的为重屋，平面布局为对称形，并有方坛和多重大门，全部为南北向（原文如此——译者）。

但这毕竟是个繁荣兴旺于3000多年前的文明，都城的至少一部分已经彻底毁灭了。华北地区干燥而且侵蚀严重的黄土很不有利于遗迹遗物的保护；几千年来农民把这个地域的表面土层翻过了无数遍；此外，盗墓贼在这里活动了至少一千年，

---

[1]《邢台市发现商代遗址》《邢台商代遗址中的陶窑》，《文物》；唐云明：《邢台南大郭村商代遗址探掘简报》；《邢台贾村商代遗址试掘简报》，《文物》；《邢台曹演庄遗址发掘报告》，《考古学报》。

挖走了大量的地下珍宝。在这种前提条件下,我们可以认定:考古工作所反映的只是一个古代城市的大大褪了色的景象;单单举一个例子,这个城市制作过人类至今见到的最精美的青铜器。

文字材料给这一景象增加了一笔色彩,但它涉及的只是商王和他们的所作所为。甲骨卜辞常常只记载商王的祭祀和其他活动,这些活动也只在宫殿区内进行——小屯北地的地面建筑中的某处或其附近。这里有很多"门":宗门、廷门、乙门、丁门、南门、三门等;有"室":太室,它的四面各有一室;有"宫""寝",为王室成员日常起居之处;有夯土筑成的"坛"。最重要的当然是"宗",也就是太庙,里面放置着商王历代祖先的木主。[1]

从甲骨卜辞记载中找不到这些商代的宗庙和居住遗址布局的资料。陈梦家推测商代的宗庙和宫寝"全都是四合院式的,所以东、西、南、北四方都有房屋,寝室有东、西之称……南室、大室都是宗庙里的宗室,是祭祀之所;南室……在正室(恐是大室)之南,大室背北面向南"。[2]

这一四座庙寝面向同一中心主体建筑的设想与王国维对中国古代的圣殿——举行祭祀祖先和神祇的重要礼仪之所,夏代称为世室,商代称为重屋,周代称为明堂(据《周礼·考工记》)的复原[3]相吻合。高去寻认为王国维的复原是可信的,他据此把西北冈的"亚"字形大墓比作一座地下圣殿,

---

[1] 陈梦家:《殷墟卜辞综述》,468—482页;陈邦怀:《殷代社会史料征存》,14—21页。
[2] 陈梦家:《殷墟卜辞综述》,481页。
[3] 王国维:《明堂寝庙通考》。

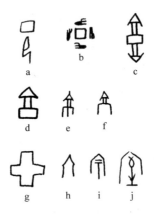

图39　表现商代建筑结构的文字字形
（b据《金文编》，其余据《甲骨文编》）

但他并不相信所有的殷代宫殿和宗庙都必然是此类形制。[1]没有一座地面建筑或其布局能够完全与这种形制相同；或者是这种复原方案过于幻想化，或者是真正的商代明堂（"重屋"）还没有发掘出来。

甲骨文中的一些字的字形与建筑有关，可能有助于我们想象商代王都的情形。"邑"字（图39，a）和"卫"字（图39，b）都显示出聚落原来是有城圈的。郑州商城有这样一个城圈（见第五章），但在安阳尚未发现。可能小屯宫殿区原来也有城圈，只是它的遗迹被考古学者们错过了，也可能是这最后的王都如此之大，它的防御力量又如此集中，以至于在这一时期里不需要筑城墙来保护。表示城墙的字"享"（="墉"，图39，c）的字形是一个有2座或4座城楼的城圈，它暗示这种城圈确实是常见的。

---

[1]《殷代大墓的木室及其涵义之推测》。

不少甲骨文字（图39，d、e、f）都表现建筑于高出地面的台基上的房屋，并且有人字形的屋顶。石璋如对小屯某些建筑的复原就是依据这些字形来确定了屋顶的形状。但这些字强调的是高出地面的台基这一突出特点。在历史文献中，很多重要建筑都以"台"命名，也说明了这一点。表现礼制建筑的文字（图39，g、h、i、j）有两种：上文提到过的"亞"字形平面，和作为礼制建筑标志的人字形屋顶。

第二章　自然和经济资源

第一节　公元前第二千纪中国北部的地形和气候

以安阳为中心的商代王都，位于北纬36°、东经114°的平原地带，该地区呈南北狭长之势，西部受太行山脉所限，东部为黄河冲积平原，如果不是部分被浸没的话，此处应是一片沼泽地。有史以来黄河下游曾反复改道，但是历史地理学家普遍认为，在古代历史上，黄河流经北方，汇入流向直隶湾的沇河（济河之上游）之后，沿途又吸纳三条自西向东的河流：清河、淇河和漳河（图40）。[1]商都所在的平原，实际上，就是清、淇、漳三条河流在汇入黄河之前的上游部分排干此处积水所形成的冲积平原。自从黄河——简称为"河"[2]——在甲骨卜辞中出现起，华北平原就已非常广阔，足以容纳黄河这条巨龙在其上驰骋。一些地理学家认为，沿太行山脉的商代遗址恰好分布在沿海地带，大部分的冲积平原当时仍处于水浸状态。[3]

---

〔1〕　郦道元：《水经注》，79—103页；汪士铎：《水经注图》，9—10页。
〔2〕　陈梦家：《古文字中之商周祭祀》，124—130页。
〔3〕　丁骕：《华北地形史与商殷的历史》，155—162页。

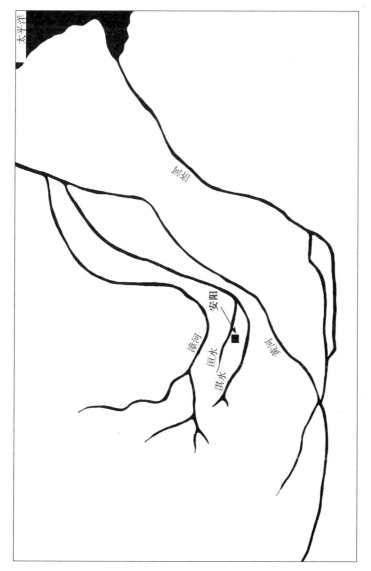

图 40 古代安阳地区大致的原始地形（根据汪士铎的《水经注图》）

但是，倘若黄河在商王朝时期就已流经此地的话，华北平原一定在此前很久已经形成。我们认为，商文化遗址并不在滨海地带，而是远离滨海地带，有些遗址与之还有相当一段距离。

我们有充分理由相信，商都所在的冲积平原当时面积迅速扩大，气候也较现在更为温暖湿润。根据可得到的地貌学、动物群和植物群资料，早在1959年就有希望得出这一结论。[1]在最近的几年里，对辽宁南部全新世沉积物（尤其泥炭沉积）的孢粉研究，得出了一个证据充足的气候序列：普兰店期，距今10300—8000年；大孤山早期，距今8000—5000年；大孤山晚期，距今5000—2500年；庄河期，距今2500年至今。更新世之后，气候普遍趋于改善，在大孤山期达到最适宜时期。"大孤山期的前期，气候最为温暖、湿润，年平均温度约13℃，比现在高3℃—5℃，……大孤山的后期……气候条件要比前期干燥，但仍比较温暖，年平均温度12℃左右，比现在高2℃—4℃。"[2]这一最新研究结果与在中国其他地区所做的研究结论是一致的。[3]

安阳地区公元前第二千纪的气候较今天更为温暖湿润的结论，也得到了安阳殷墟考古发掘出土的动物群资料的证实。据德日进（Teihard de Chardin）、杨钟健和刘东生等学者对该批资料的研究，[4]安阳商代遗址出土的哺乳纲动物群包括如下动

---

[1] 张光直：《中国新石器时代文化断代》；还见于 The Archaeology of Ancient China, 第一章。
[2] 《辽宁省南部一万年来自然环境的演变》，《中国科学》，609页。
[3] 竺可桢：《中国近五千年来气候变迁的初步研究》，15—18页。
[4] Teilhard de Chardin and Young, "On the Mammalian Remains from the Archaeological Site of Anyang"; C. C. Young, "Budorcao, a New Element in the Protohistoric Anyang Fauna of China"; 杨钟健和刘东生：《安阳殷墟之哺乳动物群补遗》。

物（下表所列以估计个体的总数目由多至少排序）：

1000 只以上的
圣水牛（*Bubalus mephistopheles*）
肿面猪（*Sus vittatus* var. *frontalis*）
四不像鹿（*Elaphurus menziesianus*）

100 只以上的
狗（*Canis familiaris*）
猪（*Sus* cf. *scrofa*）
獐（*Hydropotes inermis*）
梅花鹿（*Pseudaxis hotulorum*）
商羊（*Ovis shangi*）
牛（*Bos exiquus*）

10 只以上的
貉（*Canis* [*Nystereutes*] *procyonides*）
熊（*Ursus* sp.）
獾（*Meles Leucurus*）
虎（*Felis tigris*）
黑鼠（*Epimys rattus*）
竹鼠（*Rhizomys* cf. *troblotyles*）
兔（*Lepus* sp.）
马（*Equus caballus*）

少于 10 只的
狐（*Vulpes* cf. *vulgaris*）

乌苏里熊（*Ursus* cf. *japonicus*）

豹（*Felis pardus*）

猫（*Felis* sp.）

鲸（*Cetacea indet*）

田鼠（*Siphneus psiluras*）

貘（*Tapirus* cf. *indicus*）

犀牛（*Rhinoceros* sp.）

山羊（*Capra* sp.）

羚羊（*Budocras taxicola*）

象（*Elphas indicus*）

猴（*Macacus tchihliensis*）

杨、刘二位先生研究发现，上述动物群与今天安阳地区的动物群确实存在着差异，并对此做出如下解释：过度狩猎、乱砍滥伐森林、人工运输和气候变化。但是，他们还认为，大量圣水牛的存在说明了该种动物乃安阳地区的土生品种，也进一步证明安阳地区的气候较现在温暖湿润。[1] 近年来，圣水牛骨骼在长江流域公元前第五千纪或更早的新石器时代遗址中被广泛发现。[2] 因此，安阳出土的大量圣水牛骨骼恰好说明在商王朝时期安阳地区的气候状况与长江流域是相同的。最近研究发现，四不像鹿多分布于淮河流域，[3] 然而长期以来一直认为其生长环境为低平的沼泽地带。[4] 数量最多的肿面猪也是一种生

---

[1] 杨钟健和刘东生：《安阳殷墟之哺乳动物群补遗》，151页。

[2] 《河姆渡遗址动植物遗存的鉴定研究》，《考古学报》，96、101页。

[3] 曹克清：《上海附近全新世四不像鹿亚化石的发现以及我国这属动物的地史地理分布》。

[4] J. G. Andersson, *Researches into the Prehistory of the Chinese*, pp. 38–40.

活在森林中的动物。这种生存方式——以较为温暖的,尤其是较为湿润和森林繁茂的环境作为其原始栖息地——对次常见的野生动物,如獐、斑鹿和竹鼠等也是一样。这三种动物的骨骼在西安半坡新石器时代遗址出土的动物骨骼中被鉴定出来,研究骨骼的动物学家认为:"现在,獐和竹鼠主要都是分布在长江流域和长江以南,……这说明:在新石器时代,西安市的气候较之今天是比较温暖湿润的。獐生活在沼泽地带,竹鼠生活在竹林之中,这也说明在新石器时代,西安半坡附近有沼泽地带和竹林……斑鹿的出现,又说明了在新石器时代,在半坡附近存在着有森林的丘陵地带。"[1]

动物学家对安阳出土的鱼鸟骨骼也做了部分鉴定。在六类鱼中,黄桑鱼(*Peleobargrus fulvidraco*)、鲤鱼(*Cyprinus carpio*)、青鱼(*Mylopharngodon*)、草鱼(*Ctenopharn-godon idellus*)和赤眼鳟(*Squaliobarbus curriculus*)在今天的安阳仍较普遍。而第六类,即鲻鱼(*Mugil* sp.),则仅见于海滨或港湾附近水域,从未见内陆有关于发现此类鱼的报道。[2]这进一步证实了我们上述关于地形学方面的讨论,即商王朝时期安阳比今天距海滨更近。在非鸡骨的鸟类骨骼中,[3]已鉴别出来的仅有三类:孔雀(*Paco* cf. *muticus*)、灰鹫(*Aegypicus monachus*)和银雉(*Gennaeus* cf. *nycthermerus*)。[4]在这些鸟类当中,孔雀和银雉颇为耐人寻味。如果对孔雀的鉴定能得到进一步证实的

---

[1] 《西安半坡》,267—268 页。
[2] 伍献文:《记殷墟出土之鱼骨》,140 页。
[3] 石璋如:《河南安阳小屯殷墓中的动物遗骸》,12 页。
[4] 来自 1960 年 1 月 14 日与雷蒙德(Raymond A. Paynter, Jr.)的私人信件。雷蒙德就职于哈佛大学比较动物学博物馆。他的鉴定结果是根据李济提供的骨骼标本得来的。

话,还存在问题的鸟类就只有不耐寒的温性孔雀,或者称为爪哇孔雀。[1]现代银雉只发现于中国的东南部和东南亚地区,[2]而真正的银雉(G. nycthermerus)则只见于中国南部的森林里和东京湾的东部地区。[3]

安阳出土的动物群资料最终表明,该地区是平原地带,水源充足,树木繁茂,临近沼泽,且较今天更为温暖湿润,总体面貌与在中国其他地区所做的孢粉分析结果相一致,无论北方或是南方皆如此。[4]这一结论还进一步被发表的资料所证实。胡厚宣指出,商代卜辞中所出现的许多地名都说明或暗示出"古人居丘"的择地习俗,[5]而且在很久以前蒙文通亦据历史文献提出过相同的看法。[6]部分居址位于高岗之上必然暗示着低地较为潮湿或为沼泽,这与已经得出的古生物学结论并行不悖。

关于商代气候最直接的资料应是甲骨刻辞本身。胡厚宣曾列举如下气象学证据来证明商代安阳的气候较今天更为温暖湿润:(1)殷代终年都有降雨,冬季虽间亦降雪,但不大,不纯,

---

[1] N. G. Gee, L. I. Moffett, and G. D. Wilder, *A Tentative List of Chinese Birds*, p. 57; B. F. King and E. C. Dickinson, *A Field Guide to the Birds of South-East Asia*, p. 110.

[2] Jean Delacour, *The Pheasants of the World*, pp. 139–155; Philip Wayre, *A Guide to the Pheasants of the World*, pp. 155–156.

[3] Delacour op. cit., pp. 153–154; King and Dickinson, op. cit., p. 105.

[4] 然而,何炳棣在他最近发表的文章中("The Loess and the Origin of Chinese Agriculture" and *The Cradle of the East*),仍坚持主张中国北部地区在整个近期地球历史时期是以干旱空旷的大草原为特征。何氏所用的花粉资料已受到理查德·J. 皮尔逊(Richard J. Pearson)和丁骕的批评,并且,他得以立论的文字资料也远落后于我们的要求。

[5] 胡厚宣:《卜辞地名与古人居丘说》。

[6] 蒙文通:《古代河域气候有如今江域说》。

或雨雪杂下，或夜间天气较凉之时降之；（2）卜辞记载，商都连阴雨绵绵不断，一下达十余天（有一次达 18 天）不止，这说明商都安阳存在着季风天气；（3）农业种植和收获方面的卜辞表明，商都安阳每年"黍与稻皆能栽培两季"；（4）甲骨文中有关于水稻、水牛和大象的记录；（5）如卜辞记载的猎获动物：水牛、象、虎、四不像鹿、肿面猪、狼和雉等，都再次证明了商都安阳处于一个较今天更为温暖、森林更为茂盛的环境之中。[1]

第二节　野生动物和家养动物

根据以前安阳提供的考古资料所列出的动物群表，基本反映了商都居民所能猎获的动物群网。野生动物，尤其是肿面猪、四不像鹿、梅花鹿和獐等，都栖息于安阳附近及其以东的森林和沼泽地带，其中一部分和其他的哺乳动物（如山羊和羚羊）一样，可能来自太行山以西地区。这些动物中的大部分无疑为商人提供了肉、皮、角和骨等资源，故此，对它们的围猎无疑是商王室的一项重要活动。[2]

从某种程度上来说，野生动物是商人赖以生存的食物来源的观点还值得商榷。据甲骨卜辞中的狩猎记载来看，狩猎更多的是一种娱乐运动，而非关乎生计。但是其所猎获之物很可能是用于食用的。[3] 从狩猎卜辞至少可以肯定一点：当时的森林

---

[1] 胡厚宣：《气候变迁与殷代气候之检讨》。还见于 Karl A. Wittfogel, "Meteorological Records from the Divination Inscriptions of Shang"；董作宾：《读魏特夫商代卜辞中的气象记录》；张秉权：《商代卜辞中的气象记录之商榷》。
[2] Li Chi, "Hunting Records, Faunistic Remains, and Decorative Patterns from the Archaeological Site of Anyang."
[3] 岛邦男：《殷墟卜辞研究》，503 页；陈梦家：《殷墟卜辞综述》，552 页。

中确有大量的栖息动物。武丁时期有这么一条卜辞,列举了如下狩猎收获:

> 戊午卜,
> 㱿贞:
> 畢我狩"敏",毕?
> 之日,狩□毕□:
> 虎,一;
> 鹿,四十;
> 狐,一百六十四;
> 麑,一百五十九;
> 灸㞢友二[1]

如此描述狩猎活动的甲骨文还有很多;捕获最多的一次仅四不像鹿就达348只。[2]据陈梦家统计,在狩猎卜辞中出现高达500次的动物有四不像鹿、狐狸、獐和斑鹿;出现次数超过100次的有肿面猪和野牛;而虎、巨型鹿和其他未被辨识的动物出现次数还不足10次。[3]由此可以看出,狩猎卜辞中动物的出现频率,在很大程度上与动物学家由出土动物骨骼鉴定出来的动物群表是一致的。

家养的和驯化的动物可能是商人肉、皮、角和骨的重要来源,其中还有具有祭祀意义的物品。这些动物包括狗、牛、圣

---

[1] 董作宾:《殷墟文字乙编》(乙-2908),李济译,*The Beginnings of Chinese Civilization*, p. 23。
[2] 岛邦男:《殷墟卜辞研究》,503页。
[3] 陈梦家:《殷墟卜辞综述》,555—556页。还见于黄然伟:《殷王田猎考》(中)。

水牛、绵羊、马、猪，很可能还包括四不像鹿，它们将会被分别讨论。从严格意义来说，四不像鹿不属于家养动物，但四不像鹿群有时可能被围起来以保证稳定供应，作为狩猎品不足时的补充品。[1]另外，圣水牛则完全是一种家养动物，是占卜所用肩胛骨的主要供应源。[2]

狗、牛、绵羊、马、猪和鸡也被用于祭祀，曾发现于祭祀坑中。[3]其中，除马之外的其他动物骨骼还出土于垃圾堆中，说明它们也是食用消费品。而马可能仅用于驾车，商都本地不能饲养，只能由异域贸易输入。卜辞中也曾提到"入"马之事，胡厚宣认为马都是从西北地区贡入的。[4]

值得一提的是，家养动物是商人的一个非常重要的物质来源。祭祀中所用牛的数量是相当惊人的：据胡厚宣统计，在一次祭祀中用1000牛、500牛、400牛的各一次，300牛的三次，100牛的九次等。[5]从用牛数目上我们大致可以推测出商人养牛的规模是何等宏大。事实上，商族先王王亥在《世本》中就以养牛初创者的身份出现，王国维还曾将他描绘成开化商民的一位真正的圣人形象。[6]《易经》中还曾提到，王亥可能是因为争夺草地而死于一个北方部落有易氏之手。[7]

---

[1] Teilhard de Chardin and C. C. Young, "On the Mammalian Remains from the Archaeological Site of Anyang", p. 38.
[2] 陈梦家：《殷墟卜辞综述》，5页。
[3] 石璋如：《河南安阳小屯殷墓中的动物遗骸》。
[4] 《武丁时五种记事刻辞考》，51页。
[5] 《殷代卜龟之来源》，5—6页。
[6] 王国维：《殷卜辞中所见先公先王考》。
[7] 顾颉刚：《〈周易卦爻辞〉中的故事》。

第三节　野生植物和人工栽培植物

迄今为止，在殷墟只有两种植物标本进行过科学分析。[1]我们对安阳商人所用植物资源的认识主要来自甲骨卜辞，另外，有关古代植物的文献也提供了有益的补充。

目前，安阳地区——实际上是大部分的华北区——处于以栎属植物为主的落叶阔叶林带，[2]然而，在商王朝时期，假设年气温较现在高2—4℃，安阳地区很容易移进长江流域的混合中生植物林带。[3]很显然，已经鉴定出来的两种商代树种——木瓜红和陀螺果（*Rehderodendron* sp. 和 *Melliodendron* sp.）——皆为现在生长于长江流域的混合中生植物林植物。[4]但是，在进一步确定安阳地区商代植物谱系之前，我们必须等待对安阳地区的考古资料进行更多的植物学研究。

有关安阳地区植物群的最直接资料主要发现于《诗经·颂》。何炳棣汇集了《诗经》中所有的植物名称，通过研究发现：这些植物群反映的"古代黄土区域确是具有半干旱草原的自然景观"。[5]该结论的根本依据就是《诗经》中关于艾属植物的记载："仅艾属植物——具有十种不同品名——这一个种类就远远领先于《诗经》中所记载的其他所有植物，包括

---

[1]　何天相：《中国之古木》（二），274—275页和280—281页。
[2]　C. W. Wang, *The Forests of China*, pp. 10, 11.
[3]　按照注〔2〕王氏文第71页，位于安阳南的河南开封的年均气温为14.4℃，若在其上再加2—4℃，我们将会得到一个16.4—18.4℃的年平均气温，较低的数据与杭州现今的年均气温一致（97页），较高的数据将把这一地区推进到浙江南部和福建北部的气温带内（注〔2〕王文第131页）。
[4]　同注〔2〕王文，226页。
[5]　《黄土与中国农业的起源》，85页。

木本的和非木本的……这一现象准确无误地反映出，黄土地区是属于半干旱的无林木的高原气候。"[1]

何氏在证明古代中国北部是处于半干旱状态的过程中过分依赖《诗经》中关于艾属植物的记载的分析方法，已经遭到皮尔逊（Pearson）[2]和丁骕（William Ting）的反驳。[3]丁氏指出，有关艾属植物的记载——或者，就此而言，所记载的所有植物资料——仅是在判断微小气候和土壤方面有效，而在归纳地区性气候状况方面则显乏力。有人进一步指出，西周时期中国北部（即《诗经》所覆盖的时间和空间范围）的气候状况可能因地区不同而有所变化，因此，对《诗经》的有关内容进行分析时，首先应考虑其所依据的地域基础。

前文我们已经提到，在周人灭商之后，商都区被一分为三：邶、鄘、卫（《汉书·地理志》）。在《诗经》中，有从邶国收集的颂十九篇，鄘颂十篇，卫颂十篇。虽然艾属植物在判断气候方面有十分重要的意义，但是它仅是在有关安阳地区的三十九篇诗歌中出现的一种植物资料，这种孤例恐怕无法说明什么问题。事实上，从整体上看这些颂歌所反映的是一个绿树成荫、森林繁茂、青竹郁郁且水源丰富的优美画面：[4]

> 瞻彼淇奥，
> 绿竹猗猗。——《诗经·卫风·淇奥》
>
> 淇水滺滺，

---

[1] *The Cradle of the East*, p. 33.
[2] Pearson, "Pollen Counts in North China."
[3] 丁骕：《中国地理民族文物与传说史》，86页。
[4] 《诗经》。

桧楫松舟。——《诗经·卫风·竹竿》

河水洋洋，
北流活活。
施罛濊濊，
鱣鲔发发。——《诗经·卫风·硕人》

爰居爰处，
爰丧其马。
于以求之，
于林之下。——《诗经·邶风·击鼓》

　　这些诗行所（附带地）描绘的画面确实不是一幅半干旱的草原景象。然而，遗憾的是，《诗经》所描绘的风景秀丽的图卷，并非该作品问世以前数世纪的商人的生活场景。在商代甲骨卜辞中，虽然有许多字是以树和草为偏旁，为学术研究提供了一些资料，但是绝对没有描绘风景的诗句。也许它们都隐藏在商人常用于标识植物的文字当中，这些植物为商人提供了食品、木材、须根和制作各种手工艺品所需的多种原料。

　　李孝定的《甲骨文字集释》[1]收集了48个以"木"为偏旁的文字，其中包括如下已识树名：杏树、柳树、欧楂树（*Lysium chinensis*）和柏树。同时，该书还收集了25个以"禾"为偏旁的文字，其中（还包括一些按照《说文》的偏旁部首进行了分类的复合字），[2]于省吾确定了下面七字的特定

---

[1] 李孝定：《甲骨文字集释》，1937—2047页。
[2] 同上，2349—2420页。

含义：黍、稷、稻、麦、莱、秬、禾。[1]由于这些都是商人的主要农作物，下面我们逐字给以解释和讨论。

黍（𮎟）

在甲骨文中，"黍"字的出现频率比其他禾类作物高。[2]卜辞专家认为，黍是商人最主要的粮食作物，大部分研究古代中国农业的学者也同意此说，并认为黍就是指的黍米（Panicum miliaceum）。[3]在商代考古中还没有发现黍米（或其他黍类）的实物遗存来证实上述观点，但是在新石器时代考古中则发现一例此类作物，[4]但其出土情况还不清楚。其他黍类遗存现在已经识别的就是狗尾草属的粟米（Setaria italica）。这种情况可能是从新石器时代到商代人们对谷类作物的喜好不同所致，当然也可能是考古工作尚欠不足的缘故。

许多学者认为，粟米和黍米皆为中国北方地区人工培植的作物品类。[5]但是，杰克·哈廉（Jack Harlan）指出：这两种米类在距今第六千纪欧洲的少数新石器时代村落遗址中就有发现……据报道，在美索不达米亚距今5000年的杰姆代特奈斯尔（Jemdet Nasr）遗址中发现有黍属作物（Panicum）的遗

---

[1] 于省吾：《商代的谷类作物》。
[2] 张秉权：《殷代的农业与气象》，303—304页；同注[1]于省吾上文，88页。
[3] 于景让：《黍稷粟粱与高粱》；Te-tz'u Chang, "The Origin and Early Cultures of the Cereal Grains and Food Legumes"；但是，爱德华（Edward Schafer）认为，稷就是这种米的一类黏性品种。Kwang-chih Chang ed., *Food in Chinese Culture: Anthropological and Historical Perspestives*（《中国文化之饮食——人类学和历史学透视》），New Haven and London: Yale University Press, p. 88, 即"汤"。
[4] Carl W. Bishop, "The Neolithic Age in Northern China", p. 395.
[5] Ho, *The Cradle of the East*; Te-tz'u Chang, "The Origin and Early Cultures of the Cereal Grains and Food Legumes."

存；另外，在希腊公元前7500年的阿基萨（Argissa）遗址中可能也有此类作物发现。[1]他推测，这两种作物是在欧亚大陆的几个不同地点分别独立培植而成的。但从现在看来，黍是中国北方的土著品种，而且是商人的一种主食，这一观点毋庸置疑。

稷（ ）

在甲骨文中，" "被于省吾隶定为"稷"字，古典文献中常泛指古代谷类作物。对此学术界也有许多不同看法，[2]李孝定在《甲骨文字集释》中就将之认定为"黍"字。[3]由于在商代甲骨文中没有其他的字可以确凿无疑地表明是"稷"，[4]而且"稷"也是商人的一种主要谷物。由此看来，于氏的解释还是有词源学和铭文学方面的优势，故此他对"稷"字的解释应引起我们的高度重视。

关于"稷"的植物学测定结果也有两种截然不同的看法。一半学者将之识别为黍类（*Panicum miliaceum*）（黏质或非黏质），另一半学者则认为是狗尾草属（*Setaria italica*），即粟类。从目前来看，"根据现有的考古实物和卜辞资料，永远也不可能解释清楚这两种米类作物的名称问题"。[5]但是，黍（*Panicum*）和粟（*Setaria*）在考古学上已被识别出来，于省吾通过甲骨卜辞也隶定了"黍""稷"二字（"黍"在卜辞中出现100多次，"稷"40次），并且在《诗经》中"黍"和"稷"也

---

[1] "The Origins of Cereal Agriculture in the Old World," pp. 379, 380.
[2] 于省吾：《商代的谷类作物》，92页。
[3] 李孝定：《甲骨文字集释》，2387页。
[4] 同上，2351页。
[5] Te-tz'u Chang, "The Origin and Early Cultures of the Cereal Grains and Food Legumes," p. 28.

频繁出现（"黍"出现19次，"稷"出现18次，二者共出现12次）。[1]这些平行共存现象引导人们在这一问题上逐渐取得共识，即"稷"很可能就是狗尾草属的粟，即小米，而"黍"则是属于黍属的黍米。[2]在商代，"稷"虽然在甲骨卜辞中出现次数相对较少，但它在商人祖祭中出现的次数却比"黍"频繁得多。[3]

稻（🌾）

在甲骨卜辞中，"🌾"字上为米形、下为罐状，意指罐中之米，通常被隶定为"稻"。[4]当然，对此也有不同看法，如于省吾认为此字是黄豆，[5]而陈梦家则认为是小米的一种。[6]据张秉权研究，在商代甲骨卜辞中稻和粟（小米）都是比较重要的，有关水稻收获的占卜常和收获粟（小米）的占卜同时举行。[7]

水稻（*Oryza sativa*）的实物遗存在河南新石器时代遗址中也有发现，[8]随着灌溉条件的不断改善，在今天的中国北部地区水稻已被广泛种植，假如说前面我们讨论的中国北方地区商代的气候状况无误的话，那么，在安阳以及商王国版图内的其

---

[1] 齐思和：《毛诗谷名考》，268页。
[2] 邹树文：《诗经黍稷辨》。
[3] 于省吾：《商代的谷类作物》，93页；张秉权：《殷代的农业与气象》，303页。
[4] 李孝定：《甲骨文字集释》，2355—2358页；张秉权：《殷代的农业与气象》，304—306页。
[5] 于省吾：《商代的谷类作物》，95页。
[6] 陈梦家：《殷墟卜辞综述》，527页。
[7] 张秉权：《殷代的农业与气象》，305—306页。
[8] G. Edman and E. Söderberg, "Auffindung von Reis in einer Tonscherbe aus einer etwa funftausend-jährigen Chinesischen Siedlung"; J. G. Adersson, "Prehistoric Sites in Honan."

他地区则不存在种植水稻的环境障碍。水稻可能首先在中国南方地区被培植出来，[1]但在商代以前的很久一段时期就已传入中国北方地区。

麦（𭃂）

在商王朝时期，麦子也常用于祭祀，但是在甲骨卜辞中却没有关于麦收的确切记载（像记载收禾和收稻一样）。基本上可以肯定，麦子是由西亚传入的——在甲骨卜辞中还称为"莱"——不可能是商人的主要农作物。[2]在甲骨卜辞中"麦"字之前常加"告"。于省吾解释说："告麦的意义是：商王的边臣，密切注视着周边部落的麦收情况，并传递相关情报给商王，商王根据这些情报，进行武力掠夺。"[3]

秜（𭃂）

"秜"字，被隶定为野生稻，在甲骨卜辞中仅出现一次，[4]但它的意义非常明确。野生稻在安阳附近（可能在安阳以西地区）被收割的事实，在中国水稻种植史上具有十分重要的意义。[5]

另外，还有一些关于其他谷类作物的文字和资料，[6]只是

---

[1] Te-tz'u Chang, "The Origin, Evolution, Cultivation, Disseminaion, and Diversification of Asian and African Rices."

[2] Jack Harlan, "The Origins of Cereal Agriculture in the Old World."

[3] 于省吾：《商代的谷类作物》，97页。然而，于氏将"麦"字解释为"大麦"，而将"莱"认定为小麦。大部分学者认为"麦"和"莱"是同一种作物，即"小麦"。

[4] 张秉权：《殷代的农业与气象》，308页。

[5] 何炳棣：《黄土与中国农业的起源》，140—160页。

[6] 张秉权：《殷代的农业与气象》，308—309页。

相比之下不如上述几种那么重要，它们的植物学鉴别也还不甚清楚。有人推测，在中国北部地区，自中世纪以来[1]已经种植的许多食物、根茎、其他经济类作物和蔬菜当中，大部分都可追溯到商王朝时期。不过，文献记载最为详实的要数桑树，桑叶是蚕最重要的食物。甲骨卜辞中就有表达桑树、蚕和丝绸等形象的文字，而且在安阳出土的青铜器和木头上常有丝绸包裹的痕迹，青铜器上的蚕纹装饰和蚕形玉雕也是殷墟商文化的重要特征之一。

第四节 石料和黏土

经岩石学家鉴定过的444件殷墟石质工具和武器当中，有405件（约91%）是由下面八种岩石制作而成的：板岩（273件，约占61.49%）、辉绿岩（37件，约占8.33%）、石灰岩（16件，约占3.6%）、石英岩（16件，约占3.6%）、千枚岩（14件，约占3.15%）、砂岩（11件，约占2.48%）和玉（7件，约占1.58%）。尽管李济曾在《殷墟有刃石器图说》中写道："一般地说，若干常见的岩石，如板岩、石灰岩以及辉绿岩等可能是安阳附近的产品。"[2]实际上，这些石料的来源都没有经过科学测定。关于玉器问题我们将在本章的最后一节讨论。

很显然，石料是经过精心挑选的，不同的石器选用不同的质料。辉绿岩和石灰岩常用于制作石斧和石锛；绝大部分

---

[1] 齐思和：《毛诗谷名考》；Li Hui-lin, "The Origin of Cultivated Plants in Southeast Asia" and "The Vegetables of Ancient China."
[2] 李济：《殷墟有刃石器图说》，524—525页。

镰刀由板岩做成（243件，约占镰刀总数的95.88%）；多数武器选用板岩和玉石为原料。[1]另外，墓葬中出土的石戈的质料大多为大理石、玉髓和玉石，而窖穴中出土的石戈则由石灰岩、石英岩、石华岩、蛋白石、玉髓和优良致密的硅化岩等石料制成。[2]

  安阳出土的商代陶瓷制品基本上没有进行科学测定，但是，从仅有的资料已可准确无误地看出，每件器物在陶土选择上都是非常细致的，而且其陶土很可能不是简单地取自当地随手可得的混合土。李济把安阳出土的陶瓷器分为以下五个主要品类：白陶、黑陶、灰陶、硬陶或釉陶、彩陶；彩陶和黑陶属于安阳史前文化的遗存，与商文化没有任何关系，但是通过与其他地区出土的同类器物的化学成分进行比较分析之后，李济又提出，彩陶可能是选用安阳当地的陶土并在当地制作而成的，而黑陶在陶土的选择上则有很大的区别。商文化的陶器，则以小屯出土的灰陶、白陶和釉陶为典型，代表着一个更高的发展水平，按照李济的话说："殷商陶业，若以小屯的灰陶、白陶及釉陶为代表品，已表现极高选料与配料的技术。……彩陶时代所用制陶之原料，皆系就地取材而来。至殷商时代，这情形已改变了。"[3]

  安阳出土的釉陶值得进一步思考。相似的器物在郑州和张家坡都出土过，被认为是从中国南部，具体地说，可能是从长江下游的三角洲地带传入的。[4]但安阳出土的釉陶与其他地区同类器物相比稍有不同，其是否为安阳当地生产还不能确定。

---

〔1〕 李济：《殷墟有刃石器图说》，525页。
〔2〕 同上，534—535页。
〔3〕 李济：《小屯陶器质料之化学分析》。
〔4〕 周仁、李家治、郑永圃：《张家坡西周居住遗址陶瓷碎片的研究》。

第五节　铜和锡

在商王朝时期，铜的生产是一个主要工业——从这个意义上来说，与其他生产相比，寻求足够的矿石以满足对铜的需求，就成了首要任务。上一节曾经提到，1976年发掘的殷墟妇好墓之墓主"妇好"，虽仅为商王室的众多二等成员中的一员，但在其日常生活和终寝祭祀中，就聚敛了400余件青铜器，其中包括200余件青铜礼器，最大的两件青铜方鼎，每件重达117.5公斤（258.5磅）。[1]他们的铜、锡从何而来呢？

以前，曾经有许多学者认为商王朝的铜锡来自中国南方，[2]因为北方的铜锡储量相对贫乏，而南方则以富储铜锡而著称。但是，天野元之助[3]和石璋如[4]则提出有力的反驳，认为商人很可能在这些挖空矿石的或大或小的矿道中挖掘过。因此说，从有关中国北方地区矿产方面的历史文献记载中一定能够看出，这些矿产是否可以得到。据天野元之助研究发现，在中国北方的四个省都有充足的铜锡储备：河南有6个铜矿点和6个锡矿点、山东2铜2锡、山西15铜6锡、河北4铜1锡。石璋如研究认为，在安阳周围100公里范围之内有3铜4锡，距安阳100—200公里的环形带内有6铜3锡、200—300公里带内有11铜4锡、300—400公里带内有6铜6锡（图41）。

---

[1]《安阳殷墟五号墓的发掘》，《考古学报》，63页。
[2] 郭沫若：《青铜器时代》；翦伯赞：《中国史纲》第一卷；梅原末治：《東亞考古學論攷》；関野雄：《中国青铜器文化の一性格》。
[3] 天野元之助：《殷代産業に関する若干の問題》，231—237页。
[4] 石璋如：《殷代的铸铜工艺》。

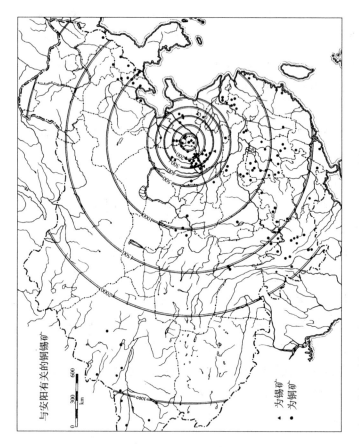

图 41 依据石璋如的观点而绘制的与安阳有关的被识别和被记载的铜锡矿"的分布图
［引自巴纳德和佐藤：《冶金：古代中国的冶金遗存》图 11, Bronze Casting and Brouze Auoys in Ancieut China］

石氏总结说：

> 直线距在四百公里之内，而且平常多有来往，少者半月可以来回，多者一月可以来回，这个在运输上尚有可能。丁文江在《中国矿业纪要》第一号第四十一页云："中国铜矿分布甚广，而开采亦最古，然观其历史，铜业之中心，在汉为豫浙，在唐为晋鄂，在宋为闽赣，在明清为川滇，一地之兴始无过三百年者。"据此则殷代铜矿砂之来源，可以不必在长江流域去找，甚至不必过黄河以南，由济源而垣曲，而绛县，而闻喜，在这中条山脉中，铜矿的蕴藏比较丰富。[1]

石氏还提出了一个耐人寻味的假设，认为被胡厚宣考证位处陕西北部的舌方，[2] 是商王朝铜矿石的主要供应地之一。石氏认为，甲骨卜辞中经常有关于商王征伐舌方的记载，如果舌方确为商的一个重要铜矿石供应地的话，这些战争很可能与被商人视为至宝的矿石资源有关。[3] 至于锡矿石，山西南部也是一个重要的锡矿区。

上述二位的研究结果，令人信服地证明了，铜和锡对于商的采矿工人来说是可以得到的，但却不能证明它们确实是由商人自己开采的。要证明这一点，我们必须找到来自矿井中的考古学证据，或者找到将安阳发现的矿石与其矿产地联系起来的科学依据。迄今为止，我们没有找到任何证据。

---

[1] 石璋如：《殷代的铸铜工艺》，102页。
[2] 胡厚宣：《舌方考》。
[3] 石璋如：《殷代的铸铜工艺》，102—103页。

第六节　珍贵物品

在商人所有的珍贵物品中，子安贝（*Cypraea moneta* 和 *C. annulus*）肯定占有重要地位。许多甲骨刻辞中的"宝"字常被刻成一个贝壳的形象，并且在许多青铜器铭文中也常记载将许多成串的贝壳作为礼物送给某人。一串贝壳可能有五或十个，为商代的一个基本货币单位。[1]在妇好墓中，出土了大约4000个贝壳，[2]证明妇好确是一位富有的女人。经研究发现，通常被用作货币的两种贝壳（*C. moneta* 和 *C. annulus*）与其他所有贝类一样都属海洋软体动物，前者可能发现于今天的长江三角洲附近南中国东部沿海地区，而后者在中国大陆的沿海则根本不见（图42）。[3]很显然，贝壳都是从外地运至商都的，其价值部分源自长途运输费用。至于这些贝壳是如何运来的，在甲骨文中几乎没有记载。

从我们所获得的大量刻辞甲骨来看，商人的另一项宝物应是常被用于占卜的龟甲。胡厚宣根据实际记载和合理推测，曾认为从安阳出土的龟甲，包括刻辞者和未刻辞者，至少有16万片龟甲。[4]胡氏按照大约每10片为一个龟甲来算，共计有1.6万个龟（一龟有两片甲壳，为背甲和腹甲，但大多数刻辞甲皆为腹甲，故此推测，1.6万这个数字不会明显减少）。关于龟甲精确的数字可能会被怀疑，但大量的龟甲被取得并用于占卜的事实则是没有任何争议的。那么，这些龟甲从何而来呢？

---

[1]　高去寻：《殷礼的含贝握贝》。
[2]　《安阳殷墟五号墓的发掘》，《考古学报》，62页。
[3]　C. M. Burgess, *The Living Cowries*, pp. 341-344.
[4]　胡厚宣：《殷代卜龟之来源》，5页。

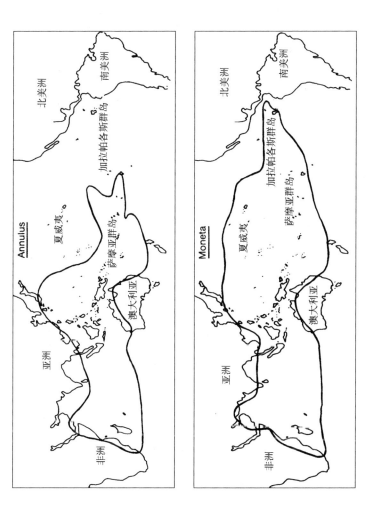

图 42 子安贝的现存分布图（引自 Burgess，*The Living Cowries*）

如前所述，在殷墟出土的龟甲中，被鉴定出来的已有多种：中国胶龟（*Ocadia sinensis*），兴地龟（*Chinemys reevesi*），马来龟（*Mauremys mutica*，*Cuora* sp.）和田龟（*Testudoemys*）。其中，兴地龟在今天的中国北部还有发现，而其他品类只见于长江流域或更偏南的地区。[1] 如此龟类分布与胡厚宣的研究结果是一致的，胡氏发现，无论是古代文献或是现代地名辞典，也无论龟的品类如何，在长江流域或更偏南部的各省区都有较多的记载，而在北方的省份中有关的此类记载则极为贫乏。[2]

幸运的是，在甲骨卜辞中，有关向商王朝进贡龟甲的记载极其丰富。在一些龟甲上（如连接背甲和腹甲的"甲桥"处、腹甲的甑尾处或者背甲的边缘），有时常刻有"某某入多少（甲）"，意思是从这个或那个人、部落或方国一批贡入多少龟甲。胡厚宣在他另一篇重要的统计甲骨的文章[3]中收集了这方面的记录，并分析研究得出如下结论：

"由龟甲刻辞观之，贡龟者四十八，其可知为人名者二十，可知为官名者四，可知为地名或国名者十一，未详其为人名地名或官名者十三。"（见该文第68页）……

"……大抵贡龟之人，非殷王之官，即与殷王关系密切之人。龟之产地虽在南方，但贡龟之地，则不限于南方，如画与凤，殷东方之国也。雀、莫与犬，殷西方之国也。……

其贡龟之数，最多者五百凡一见，次三百凡二见，二百

---

[1] C. H. Pope, *The Reptiles of China*, pp. 33 – 34, 45 – 47, 48 – 50, 54.
[2] 胡厚宣：《殷代卜龟之来源》。
[3] 《武丁时五种记事刻辞考》，55页。

五十凡一见，二百凡一见，一百五十凡一见，一百三十凡一见，一百二十凡二见，一百凡十二见，五十凡六见……则共贡一万二千三百三十四龟。"（见该文第 56 页）

这里提到的部分方国在关于商代政治制度的章节中，我们将给以详细讨论。

玉，是另一种商人普遍认为较为贵重的物品，也是一种通过科学测定能够断定其原产地的极好材料。但是，这类测定目前还没有开始。我们通常所说的玉是指两类质料不同的石材，即软玉和硬玉。"软玉是一种钙镁硅酸盐，隐晶结构，而硬玉则是钠铝硅酸盐，属于辉岩类矿石。硬玉是无数小晶体的集聚，而不是短小的联结的纤维质结构，因此，硬玉比软玉的硬度高。"[1]这两种玉是用作雕刻品、装饰品和礼仪用玉的重要原材料，但有时在墓葬中也发现有玉质兵器。[2]仅从妇好墓中就出土了 590 余件玉雕制品，全部用各类软玉做成。[3]然而，在安阳及其附近地区除南阳外没有发现产玉点。南阳，位居河南南部，北距安阳 375 公里，是距安阳更远的一个矿点，[4]陕西（尤其蓝田和凤翔）则被认为是一个早已采尽的古老矿点。[5]其他被鉴定出来并距安阳更远的矿点，还有新疆南部、[6]贝加尔

---

[1] Cheng Te-k'un, "The Carving of Jade in the Shang Period."
[2] 李济：《研究中国古玉问题的新资料》，179—182 页；《殷墟有刃石器图说》，525—526、534 页；Max Loehr, *Ancient Chinese Jades*.
[3] 《安阳殷墟五号墓的发掘》，《考古学报》，74 页。
[4] 同上，74 页。1977 年夏天，我参观了安阳市的玉器加工厂，当时我发现该厂所用的主要玉料为南阳玉。
[5] B. Laufer, *Jade*, pp. 23 – 24；章鸿钊：《石雅》，130—134 页。
[6] 《安阳殷墟五号墓的发掘》，《考古学报》，74 页；Loehr, *Ancient Chinese Jades*, p. 5.

湖[1]和辽宁的岫岩。[2]对玉材的科学分析，肯定能够提供有关玉材来源的确切资料，但是，这些工作目前还没有开始进行。

被世界上许多古老文明认定为贵金属的黄金，在安阳商代遗址中却极其罕见，只有一些金箔残片出土于后岗（13块）[3]和西北岗（西区七座墓共计77块）[4]的大型墓中，这些残片极薄易碎，原来应是包裹在车马器和装饰品之上的；另外，在小屯一座半地穴式房子中也发现有少量金箔片和天然小金块。[5]除此之外，再没有发现较大的黄金艺术品。吉田光邦认为，在山东地区黄金资源早已被开发利用，但由于山东当时还不归商王朝直接管辖，这一事实基本可以解释商人为何缺金的问题。[6]但是，我们认为事实并没有那么简单，商人的其他稀有物资都可以由山东输入，并且还有人认为山东方国与商王朝的关系十分密切，[7]为什么不能输入黄金？因此，我认为，商人少金这一现象，只能从商人自己的价值观与他族不同来解释。

---

[1] Loehr, *Ancient Chinese Jades*, p. 5.
[2] 《安阳殷墟五号墓的发掘》，《考古学报》，74页。
[3] 石璋如：《河南安阳后冈的殷墓》。
[4] 梁思永、高去寻：《侯家庄1001、1002、1003、1004、1005、1550号大墓》。
[5] 李济：《安阳最近发掘报告及六次工作之总估计》，566页；石璋如：《第七次殷墟发掘：E区工作报告》，726页。
[6] 吉田光邦：《殷代技術小記》。
[7] 殷之彝：《山东益都苏埠屯墓地和"亚醜"铜器》。

第三章　商王朝及其统治机构

正如安阳出土的实物资料本身所反映的那样，商文明的中心是国王，《史记》记载的商代历史实际上就是商王的历史，殷代的卜辞差不多都是有关商王占卜的刻辞。西周时期的《诗经·小雅·北山》曰："溥天之下，莫非王土。率土之滨，莫非王臣。"周代如此，商时亦然。前一章所描述的各种资源都是商王的财产，他通过一个复杂的高层次的网络体系统治着这一切。要想了解商代社会的运行机制，我们必须首先对商代的王权有一个深入的了解。

商代王权作为一种制度有两个主要特征：首先，它居于一个庞大的国家机构的顶端，是国家向心经济的核心，依靠正规的军队和明确的法律来维持其运转；其次，它是庞大的血缘组织的核心，该组织以实际的和传说的血缘关系为基础，与国家机构相并辅。在本章中，我们将详细讨论后一特征，下一章将对前者——国家机构——进行详细讨论。

第一节　族和邑

商王都的社会结构无疑是复杂的，但它实际上仍是商代基本的社会和政治单位——邑——的一种复杂的结构形式，对商代社会结构的勾勒最好从一个简单的小规模的商代城镇开始。

商时称城镇为"邑"。"邑"字分为上下两部分：上为方形环圈、下为跪人形。这些因素表明，商代城镇至少有两个必需的要素，即划定其边界的环形墙圈和居住其中的居民。[1]在殷墟卜辞中我们发现了许多有关"作邑"的占卜。[2]"作邑"，即营造城邑，是一个考虑周密的有计划的活动，而不是一个渐进或自发的行为。在特定情况下，比如，为在边疆筑邑以垦田，[3]商王将派人在垦田区建造一座城邑，并徙民以实之。《诗经》中有许多诗篇都形象地描绘了周代人民的建城活动，这些记载能够给我们一些关于商人建城的启示。这里有一段关于太王在周原建邑的记载：

> 古公亶父，
> 来朝走马。
> 率西水浒，
> 至于岐下。
> 爰及姜女，
> 聿来胥宇。
>
> 周原膴膴，
> 堇荼如饴。
> 爰始爰谋，
> 爰契我龟。

---

〔1〕 李孝定：《甲骨文字集释》，2165页。
〔2〕 岛邦男：《殷墟卜辞综类》，43页，列举了44个有关营造城邑的甲骨文条目。
〔3〕 张政烺：《卜辞裒田及其相关诸问题》，114页。

曰止曰时，
筑室于兹。

迺慰迺止，
迺左迺右。
迺疆迺理，
迺宣迺亩。
自西徂东，
周爰执事！

乃召司空，
乃召司徒，
俾立室家。
其绳则直，
缩版以载，
作庙翼翼！

捄之陾陾，
度之薨薨。
筑之登登，
削屡冯冯。
百堵皆兴，
鼛鼓弗胜！

迺立皋门，
皋门有伉。
迺立应门，
应门将将。
迺立冢土，

戎醜攸行。

肆不殄厥愠,
亦不陨厥问。
柞棫拔矣,
行道兑矣。
混夷駾矣,
维其喙矣!——《诗经·大雅·绵》

在下面的诗篇中也保留有描绘各种建筑的场面:

定之方中,
作于楚宫。
揆之以日,
作于楚室。
树之榛栗,
椅桐梓漆,
爰伐琴瑟。——《诗经·鄘风·定之方中》

似续妣祖,
筑室百堵,
西南其户。
爰居爰处,
爰笑爰语。

约之阁阁,
椓之橐橐。
风雨攸除,

> 鸟鼠攸去，
>
> 君子攸芋！——《诗经·小雅·斯干》

盘龙城就是一座典型的商代小邑。1963 年发现于湖北省黄陂县，1974 年发掘。该城四周筑有夯土城圈，南北 290 米，东西 260 米，城内发现一座面阔四间、四周带廊庑的大型宫殿建筑。在廊庑外的四边发现 43 个大柱洞，原先应是用于固定支撑屋檐的木柱。根据规模判断，该建筑应是此城的最高统治者所居处。在城墙内外发现许多商代墓葬，其中有一座规模较大，使用雕木棺椁，并有三个殉葬人。[1]

那么，居住在这些新城邑中的到底是何许人呢？这主要决定于该城邑的规模和等级。在《说文》"邑"字条下注解得很清楚，"邑，国也，从口，先王之制尊卑有大小"。甲骨卜辞记载，商王室的许多官员，尤其是部分王子和王室配偶，他们在王畿之外都拥有自己的城邑，他们的部分私有财产可能来源于此。[2] 从《左传》的两段文字中，我们可以很清楚地看出来，在周初，周王将他的亲属或大臣封到外地去建立他自己的城邑的时候，周王所赐的物事至少有下列诸项：

1. 他原来氏族的姓；
2. 土地；
3. 以宗族为单位的人民；
4. 新的氏名以标志他的新政治单位；
5. 适合于他的新政治地位与他的新的城邑的政治地位的

---

[1] 《湖北崇阳出土一件铜鼓》，《文物》。
[2] 胡厚宣：《殷代封建制度考》。

仪式性的徽章和道具。

上述最后一项中的仪式性的徽章、权力标志物和其祖先牌位一起被放置在宗庙之中，标示着与其宗祖世系相关的家族血缘关系。[1]

周代建造城邑和安排居住者的体制到底有多少适合于商代，已经有学者对此问题进行过讨论。[2]然而，随着近年来对

---

[1] 在上述总结中，我对于一些非常复杂而且基本上还有争议的问题做了简单的说明，其中包括对姓、氏、宗、族等概念的定义。《左传》中的两段重要记载将有助于研究古代中国的学者们进一步认识上述争论的问题：

隐公八年："天子建德，因生以赐姓，胙之土而命之氏。"

定公四年："昔武王克商，成王定之，选建明德，以藩屏周。故周公相王室，以尹天下，于周为睦。分鲁公以大路、大旂、夏后氏之璜，封父之繁弱，殷民六族，条氏、徐氏、萧氏、索氏、长勺氏、尾勺氏，使帅其宗氏，辑其分族，将其类丑，以法则周公，用即命于周。是使之职事于鲁，以昭周公之明德，分之土田陪敦，祝、宗、卜、史，备物典策，官司彝器。因商奄之民，命以伯禽，而封于少皞之虚。

分康叔以大路、少帛、綪茷、旃旌、大吕，殷民七族，陶氏、施氏、繁氏、锜氏、樊氏、饥氏、终葵氏；封畛土略，自武父以南，及圃田之北竟，取于有阎之土，以共王职。取于相土之东都，以会王之东蒐。聃季授土，陶叔授民，命以康诰，而封于殷墟，皆启以商政，疆以周索。

分唐叔以大路、密须之鼓、阙巩、沽洗，怀姓九宗，职官五正。命以唐诰，而封于夏虚，启以夏政，疆以戎索。"

上述所引《左传》中的某些现象在陕西扶风1976年出土的西周史墙盘铭文中得到了进一步证文。"(墙盘铭记载)，他的高祖原在微国……武王命周公给他土地，住在歧周……他的儿子是墙的乙祖……墙的祖父亚祖祖辛……他从祖庙里分出来，自立新宗，所以开始使用：奉(样)册这个氏族称号，以官为氏"(唐兰：《略论西周微史家族窖藏铜器群的重要意义》，19页)。

其他有关王室血缘组织的重要资料还见于：Paul Wheatley, *The Pivot of the Four Quarters*, and Leon Vandermeersch, *Wangdao ou la Voie Royale*, 第一卷，尤其是该书第五章关于商之部族之讨论。

[2] 王国维：《殷周制度论》；胡厚宣：《殷代封建制度考》。

商代社会认识的不断深入,尽管周制中有很多基本特征与商的不相符合,但学者们也不愿意再对此类问题作过多的推测。学术界对于姓氏、土地、仪式性的徽章和权力标志物等论题已没有争议,对"族""氏"和"宗"等概念的性质的一般认识也没有太多的疑问,而目前争论的中心问题就是"族"。族群的成员都居住在城邑之中;"族"按照血缘关系分为不同的"宗",依据政治地位和政治信仰又分为不同的"氏"。男性成员多以其城邑名或"氏"来命名;而女性则通常以其氏族之名,即"姓"来命名。[1]

上面的部分论述需作进一步的讨论。甲骨文"族(䕐)"字由两部分组成,上为旗形,下为矢形。丁山认为,"族"字最初代表一个军事单位。[2]这一观点得到学术界的普遍认同。[3]众所周知,在中国古代,"旗"常与军事单位相联系;[4]而甲骨文中的"族"也表现为军事运动中的一个战斗单位,[5]其规模可能平均为100个青壮年劳动者,这些成年人分别来自100个家庭。[6]然而,军事活动仅是"族"的职能之一(另一职能则是井垦土地),[7]其组织明显是以血缘关系为基础的。《白虎通》(公元前79年)将"族"定义为自曾祖至曾孙的亲缘单位。虽然这种定义法不可能准确地反映商代社会中族的情

---

[1] 郑樵《通志》(氏族略,氏族序):"三代之前姓氏分而为二,男子称氏,妇人称姓,氏所以别贵贱;贵者有氏,贱者有名无氏。"还见于张秉权的《甲骨文中所见人地同名考》。
[2] 丁山:《甲骨文所见氏族及其制度》,33页。
[3] 李孝定:《甲骨文字集释》,2231—2233页。
[4] 林巳奈夫:《中国先秦时代の旗》。
[5] 陈梦家:《殷墟卜辞综述》,497页:"大率皆关乎师旅之事。"
[6] 张政烺:《卜辞裒田及其相关诸问题》,110—111页。
[7] 同上,111页。

况，但是，用于定义汉代父系家族制的相同原理，可能有助于对商代父系家族制的理解。丁山认为商代的"族"和"氏"是一个问题的两个方面，犹如一个硬币的正反两面一样："族"是指一个类军事组织的群体，"氏"则是其象征和标志；但是丁山认为，上面所讨论的诸群体实际上就是有共同图腾的氏族。丁山还说，他能够从商代的卜辞里认出200多个有"图腾"意义的族名。[1]商代社会是建立在许多被称为"族"的各自分立的图腾氏族之上的观点，还得到了白川静的支持。白氏曾对商王朝期间许多重要的宗族都做过深入的实际研究，他的看法是值得重视的。[2]

"图腾氏族"这一概念在很大程度上源自青铜铭文和甲骨文中大量出现的所谓"族徽"，其中，许多族徽源于动物形象（图43）。但是林巳奈夫颇有见地地指出，这些动物形象的徽号都有数个不同的派生源，且往往成组出土，它们肯定代表着几个不同等级的群体，然而，从严格意义来说，它们皆不能称为是"图腾"。[3]以前我曾按青铜器徽号之不同将其分为数组，在对其器形特征和装饰花纹进行研究的过程中，发现一个明显的规律，即带有不同徽号的青铜器在选择装饰风格上亦稍有差别，这可能是由于不同族群的生存方式和生活习惯等方面的不同所造成的亚文化群的差异所致。[4]显然，这些族群中的一部分是同一氏族的不同分支，而其他的则代表着不同的氏族。因此，组成城邑中人群的社会单位的氏族群至少有两方面的差异：一是他们属于不同的氏族，二是他们代表着不同的政治地位。

---

[1] 丁山：《甲骨文所见氏族及其制度》。
[2] 白川静：《殷の基礎社会》；《殷の王族と政治の形態》；《殷代雄族考》。
[3] 林巳奈夫：《殷周時代の図象記号》。
[4] 张光直：《商周青铜器器形装饰花纹与铭文综合研究初步报告》。

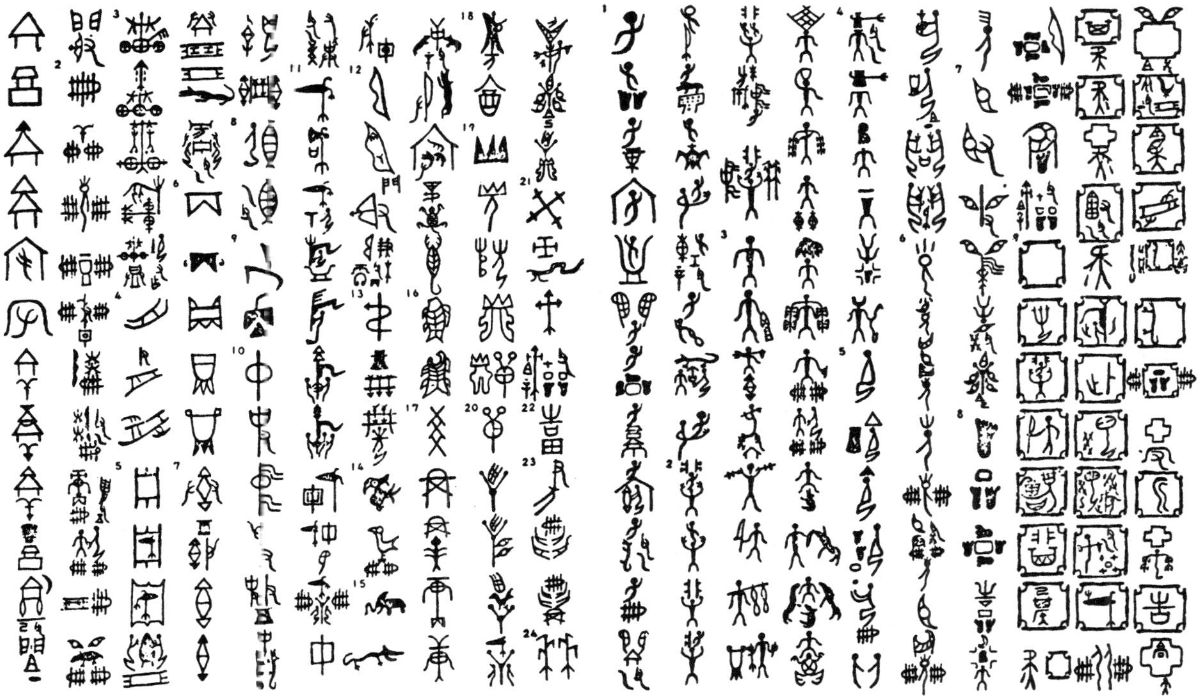

图 4-3 商代青铜器铭文中的徽号（引自白川静：《殷の基礎社会》）

第二节 安阳的王室血统

上述已经廓清的城邑中的血缘组织较为简单，比较容易理解，它可能适合于一大批商代中、小型城邑。然而，同样的原则亦适合于商都安阳，只是商都内部所存在的差别更大，其等级制度所分的层次更多而已。通过甲骨文记载，我们可以看出，位居万民之上的统治阶级亦具有较强的亲缘组织关系。如，子族是商王朝时期的统治族，虽说并不是所有的子族成员都可成为商王，但他们是统治族，在商王朝中的地位是至尊的。在子族内部有一个王族和一个子族（或称多子族），商王选自王族，多子族的成员常常担当商王的王室卫士。子族的部分女性成员（可能来自王族）成为商王的族内配偶，其他氏族的女性成员则可能成为商王的族外配偶。其他氏族的其余成员，还可以作为商王的下属，也享有部分统治权。[1]

下面我们首先谈谈"王族"（the royal lineage）。"王族"一词在甲骨文中经常出现，岛邦男的《殷墟卜辞研究》中就统计了20例。我们现在还不清楚该群体的外延如何，对其职能也不完全了解。贝冢茂树将之认定为一个专职的贞人组织。[2]对此，我们持有不同看法。正如上文提出的，这是一个有争议的问题，按照贝冢茂树的说法，这个问题不可能得到解决。但是，可以肯定，商王无疑是通过王朝统治和选定法定配偶将血缘家族凝聚在一起的。以前我们依据《史记·殷本纪》讨论

---

[1] 胡厚宣：《殷代婚姻家族宗法生育制度考》；丁山：《甲骨文所见氏族及其制度》；白川静：《殷の基礎社会》。
[2] 《1958—1959年殷墟发掘简报》，《考古》。

过商王谱系，后来甲骨卜辞的研究在许多方面证实了该谱系的正确性，但也在不少方面对其作了订补。

据甲骨文记载，有许多时代非常久远的商族先王在商王的祭祀中频繁出现，而他们的关系并没有得到系统的认识，看起来不像是历史事实，倒更像传说（甚至神话）。陈梦家列举了10位他认为较为重要的商族先王：夒、王亥、土、季、王恒、岳、河、兜、夭和蔑。[1]其中可与《史记·殷本纪》记载的商先王相比附的只有王亥，后来的文章中也有与陈说相同的观点。[2]按照历史文献和卜辞记载，王亥是商族的一位重要人物。[3]在甲骨文中，他是被称为"高祖"的三位商族先王之一（另两位是夒和大乙），[4]并被认为是首创祀典的商王上甲之父。[5]甲骨文"王亥"二字常常与鸟——有时被认为是商民的图腾动物——联系在一起。[6]在《山海经》和《易经》中，王亥曾作为与商族服牛有关的一位有教养的文化英雄的形象而出现。[7]虽然他的名字没有包含"干"名，但是据卜辞记载，对他的祭祀大部分都是在"辛"日举行，与传说中其他诸先王的祭祀一样。[8]

在周祭祀典中，商王们所罗列的第一个被祭祀的先王就是"上甲"。在他之后，甲骨文所列顺序为：报乙、报丙、报丁、示壬、示癸；《殷本纪》则不同，报丁为第一，报乙和报丙随

---

[1] 陈梦家：《殷墟卜辞综述》，338—345页。
[2] 王国维：《殷卜辞中所见先公先王考》。
[3] 内藤虎次郎：《王亥》《续王亥》。
[4] 胡厚宣：《甲骨文商族鸟图腾的遗迹》，150—151页。
[5] 胡厚宣：《甲骨文所见商族鸟图腾的新证据》，84页。
[6] 见上注[4]和[5]。
[7] 顾颉刚：《周易卦爻辞中的故事》；胡厚宣：《甲骨文商族鸟图腾的遗迹》。
[8] 张光直：《谈王亥与伊尹的祭日并再论殷商王制》。

后，这一排序明显是错误的。甲骨文中还有示壬和示癸的配偶之名：分别为妣庚和妣甲。

下面，从商王朝的建立者大乙开始，排列一下学者们从甲骨文中复原出来的商王（和他们的配偶）谱系表：

1*	（1）大乙	＝妣丙
2	（0）大丁	＝妣戊
	（2）卜丙	
	［（3）仲壬］**	
3	（4）大甲	＝妣辛
4	［（5）沃丁］	
	（6）大庚	＝妣壬
5	（7）小甲	
	（8）吕己	
	（9）大戊	＝妣壬
6	（10）仲丁	＝妣己，妣癸
	（11）卜壬	
7	（12）戔甲	
	（13）祖乙	＝妣己（妣庚）
8	（14）祖辛	＝妣庚，妣甲
9	（15）羌甲	＝妣庚
10	（16）祖丁	＝妣庚，妣辛，妣己，妣癸
	（17）南庚	
11	（18）虎甲	
	（19）盘庚	
	（20）小辛	
	（21）小乙	＝妣庚
12	（22）武丁	＝妣辛，妣癸，妣戊

13	（0） 祖己	
	（23） 祖庚	
	（24） 祖甲	＝妣戊
14	（25） 父辛	
	（26） 康丁	＝妣辛
15	（27） 武乙	＝妣戊
16	（28） 文武丁	＝妣癸
17	（29） 父乙	
18	（30）［帝辛］	

＊第一个数字代表世代；第二个数字（括号内）是《殷本纪》记载的商王的继位顺序。

＊＊括号内的名字是按照《殷本纪》列出的，他们在甲骨文中还没有被鉴别出来。

以上述的商王室世系表与《殷本纪》的世系表相比较，我们发现有三处主要差别。首先，部分商王的名字不同；其次，部分相邻商王之间的关系发生了变化；第三，新谱系表中出现一些商王配偶的名字。对此三点皆需做进一步解释。

首先，谈谈商王的名字。每个名字皆由前、后两部分组成。后半部分为一个"干"名，即十个"天干"之一：甲、乙、丙、丁、戊、己、庚、辛、壬、癸；前半部分为一个字（一例为两个字），即"父""祖""大""中""小"，或者为一个未被辨识的或没有确定意义的字，其最初很可能是用于区分带有相同"干"名的商王。后面我们将对此做进一步讨论。"干"字是商王名字中的重要组成部分，由于这些"干"字与《殷本纪》中所给定的位置相一致，因此在多数情况下商王的名字都会出现在上述世系表中的某个位置上。然而，商王为何皆以天干来命名呢？实际上，这是一个具有普遍意义的问题，因为商代和西周初年的青铜器铭文表明,"干"字在非王室家族的祖先名字中也一样普遍使用。

在以前发表的文章中我曾经详细讨论过"天干"在商王名字中的意义这一论题,[1]这里我仅作简要总结。以前,学术界通常将之解释为:商民是按照其生时的"干"日来确定其死后之谥号,因此,商王上甲得此谥号是因为其生时是"甲"日,大乙(汤)之所以称为"大乙",亦是因为其生于"乙"日。[2]在甲骨文被发现并做深入研究之后,学者们发现,对故去的商王进行祭祀也常在与其名字中的"干"日相同的这一天进行。董作宾提出商王之名乃依其死日所给之庙号,而非按生时之日所给之生称。[3]但是,陈梦家则认为,这些"干"日皆是依据其世次、长幼、及位先后和死亡先后,顺着天干排定的。[4]所有的这些假定,都是基于以名字中的"干"日联系到一个偶然事件——出生、死亡或其他事件——推理出来的,这种推理方法似乎不妥。

事实上,这种联系不应该建立在如此偶然的联想和推理之上。若果真如此,"干"日在商人名字中的使用次数的统计将会显现出很大的随意性,但是,实际上它并不具有任何随意性。在统计有铭铜器的过程中,我们发现,1295件有铭铜器包含有带"干"日的商族先王名字。在为数不多的这组铜器中,十"天干"的分布如图44所示。这种分布模式图不

---

[1] 张光直:《商王庙号新考》; K. C. Chang, "T'ien Kan: A Key to the History of the Shang"。
[2] 《白虎通·姓名篇》:"殷以生日名子。"董作宾:《论商人以十日为名》。
[3] 董作宾:《殷历谱》和《甲骨文断代研究例》。
[4] 陈梦家:《商王名号考》,《殷墟卜辞综述》。

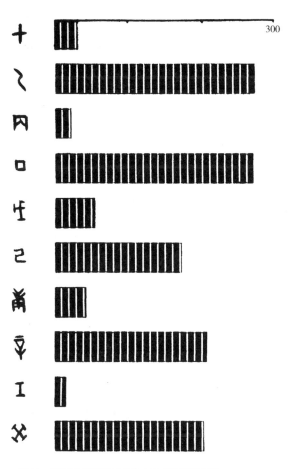

图 44 在 1295 件铜器铭文中十干名的出现频率

可能被一种建立在随意的或偶然的分布状况下的假设所解释。在十"干"之中，有五个见于 1134 件铜器上（占总数的 86%），并且这五个"干"日都是偶数。该现象是否可以证明，在此组铜器中出现的 86% 的人是生（或死）于此五个偶数日呢？显然此二者之间没有必然的联系。

十"干"日在商王室世系中的出现模式再次表明了一个

不寻常的规律。在下表中，让我们按照上面给定的商王世系序列（与《殷本纪》不同的，我们随时给以注释）对商王及其配偶的名字作一排列，这里仅列带"干"名的商王名字。

乙（＝丙）——丁（＝戊）——甲（＝辛）——庚（＝壬）——
丙　　　　　　　　　　　丁
　　　　　　　　　　　　壬

戊（＝壬）——丁（＝己、癸）——乙（＝己、庚）——
甲　　　　　　壬　　　　　　　　甲
己

辛（＝庚、甲）——甲（＝庚）——丁（＝庚、辛、己、癸）——
　　　　　　　　　　　　　　　　庚

乙（＝庚）——丁（＝辛、癸、戊）——甲（＝戊）——
甲　　　　　　　　　　　　　　　　己
庚　　　　　　　　　　　　　　　　庚
辛

丁（＝辛）——乙（＝戊）——丁（＝癸）——乙——辛
辛

该列表揭示出"干"名分布格局的两个重要特征：其一，在同一代商王中或两代商王之际部分"干"名趋向于集中，因此，如果我们隔代列出商王名字，则会得出如下两个组合：

A	B
乙	丁
甲	丙
戊	壬
己	庚
庚	辛
辛	

其中，甲、乙、戊、己出现较为集中，而丙、丁和壬较为集中，庚和辛与两组皆有伴出，癸不出现于大乙以后诸王名字中，这种特殊现象如果以生日（或死日）来解释是绝对行不通的。

其二，商王的法定配偶没有与其夫相同的"干"名。[1] 如上所述，商王配偶之名在《殷本纪》中没有记载，但是，可根据商代有关祭祀的甲骨文推算出来。商王如同祭祀男性祖先一样，对他们的母亲和女性祖先们也进行祭祀，甲骨文中载有许多她们的名字。比如，就拿武丁来说，在他的卜辞中，曾出现有下列女性祖先的名字：甲、乙、丙、丁、戊、己、庚、壬、癸；并且，在他的（不同类别的）母亲们的名字中还有如下"干"名：甲、丙、丁、戊、己、庚、壬、癸。[2] 但是，据商王祖甲、帝乙和帝辛的卜辞中可知，部分女性祖先和母亲们有着特殊的地位。在此三王统治时期，男、女祖先都是按照一个十分规范的有组织的祭祀程序被祭祀的，当甲骨文记载女性祖先被祭祀时，常常将她们写成"某祖之奭某妣"。[3] 这里的"奭"字有多种不同的解释，但有一点可以肯定，奭应有"配偶"之意。[4] 上面所列商王配偶的名字，仅是见于祀典的所谓法定配偶，[5] 因此，可能只有她们才能获得礼仪上被认可的地位。据分析，配偶与配偶先王不同名之法则，也只适合于这些法定配偶。大多数（不是全部）情况下，一个商王法定

---

[1] 杨树达：《说殷先公先王与其妣日名之不同》，收在《耐林庼甲文说》。
[2] 陈梦家：《殷墟卜辞综述》，447—449页。
[3] 同上，380和383页。
[4] 李孝定：《甲骨文字集释》，1161—1195页。
[5] 除了商王武乙的配偶妣戊，她的名字见于一件青铜器铭文中。

配偶的数量应该与下代商王的数量相同。[1]

通过上述讨论，我们很明显可以看出，商王（包括其配偶和臣下）的命名并不是基于诸如生日、死日或继位的顺序来确定的。我提出的假定是：王族被分为10个祭仪群，并皆以"干"日为名，又称"天干群"，商王选自这10个不同的单位，在他们死后则以其原所在祭仪群的"干"名为其谥名，并以此规定他们的祭祀活动。关于该制度的详细情况我们将在下一节讨论，这里仅是对有关商王名字的第二部分，即"干"名，加以解释。

另外，商王名字的前半部分是一个具有区分意义的关键性词，由之可以鉴别出具体的某个商王，并将之与所有同"干"名的其他王室成员（包括其他的商王）区别开来。"大乙"的儿子可以简称大乙为"父乙"，大乙的孙子"大丁"则被他的儿子"大甲"称为"父丁"。但是，到第一个明确有甲骨文遗存的商王——武丁时期，已经有三个名"乙"者，即大乙、祖乙和小乙。因此，利用一些具有鉴别性意义的词对他们进行区别就显得十分必要。这些词有：

上：该词仅用于首创祖甲祀谱的商族先王"上甲"。
报：仅用于三个相邻的先王：报乙、报丙、报丁。
示：仅用于相邻的两王：示壬和示癸。

（由上面三词命名的六位商族先王，代表着大乙建立商王朝之前的以"干"日命名的商族先王，大部分学者认为他们只是礼仪上的象征，而非实际存在的人，用于代表商族先王这一整体。）[2]

---

[1] 董作宾：《甲骨学六十年》，78页。
[2] 同上，75页。

大：从商王朝的始建者"大乙"开始，共出现过五次。当该名在商王室世系中第一次出现时，"大"字总与"干"名连在一起，并且"大"字仅与出自王室直系的商王相联系（如下）：大乙、大丁、大甲、大庚和大戊。

小：它与世系表中出现第二次的干名共出，共有二三例。

中：当相同的名号被使用至少三次时，"中"字用于第二次出现的先王。

祖：由于相同干名的早期商王已有不同方式的命名，故这一普通的称呼就被保留在世系的晚期阶段。

其他："外""沃""雍（吕）""戔""羌""南""虎""盘""武""禀""康""文武"。陈梦家认为，在上述名字中，有一部分可能是商王生前的私名，而其他的名字则是"美名"或"亲称"，主要适用于同宗脉的商王之中，其性质与后世皇帝所加封之谥号相似。[1]但是，张秉权认为："在上甲以前没有干支庙号的那些先公远祖的名字，似乎是他们原来的采地之名。在上甲以后，譬如：示壬、示癸的示，大乙的汤和咸，邕己（雍己）的邕，羌甲（沃甲）的羌，南庚的南，虎甲的虎，武丁、武乙的武，禀辛的禀，等等，似乎也应是他们在未及王位以前的采邑之名，也就是他们在未即位前的因采地之名而得的名字。"（引自原著第773页。）[2]

---

[1] 陈梦家：《殷墟卜辞综述》，439页。
[2] 张秉权：《甲骨文中所见人地同名考》。

无论上述最后一项对解释商王名字有没有帮助，但它在论证商王朝统治机制方面却极为重要，它至少指出了这样一种可能，即王室成员被赐其"族"，并在王都之外享有食邑，他们组成了商代的贵族统治阶层。

至现在为止，我们解决了有关商王名号的问题，下面再回头对上面提到的商王世系表与《殷本纪》中相关的王室世系序列作一比较，讨论一下各王之间的内在联系。在甲骨文中有关商王世系（一代一王）最重要的证据如下：

1. "上甲，十；报乙，三；报丙，三；报丁，三；示壬，三；示癸，三；大乙，十；大丁，十；大甲，十；大庚，七；……祖乙，十……"[1]

2. "自上甲始，大乙，大丁，大甲，大庚，大戊，仲丁，祖乙，祖辛，（至）祖丁，共十示。"[2]

3. "王固曰：不吉，南庚耄，祖丁耄，大示祖乙、祖辛、羌甲耄。"[3]

4. "己丑卜，大贞于王示告：丁、祖乙、祖丁、羌甲、祖辛。"[4]

5. "甲辰卜，贞王宾：祖乙、祖丁、祖甲、康祖丁、武乙。"[5]

6. "王曰：障文武丁帝乙宜。"[6]

---

[1] 郭沫若：《殷契粹编》，112号。
[2] 商承祚：《殷契佚存》，986号。
[3] 张秉权：《殷墟文字丙编》，中二，395号，459—462页。
[4] 郭沫若：《殷契粹编》，250号。此处商先祖开始得更晚。
[5] 罗振玉：《殷墟书契后编》上，20，5。
[6] 董作宾：《殷历谱后记》，199页。

依以上卜辞中的商王世系，可对如下序列进行核准：上甲—报乙—报丙—报丁—示壬—示癸—大乙—大丁—大甲—大庚—大戊—仲丁—祖乙—祖辛—羌甲—祖丁—小乙—武丁—祖甲—康丁—武乙—文武丁—帝乙—（帝辛）。甲骨文记载的世系序列在很大程度上与《殷本纪》相一致，后者的历史真实性由此得到了学术界的信任。

尽管如此，两者之间也还存有差异：其一，前四王的顺序应该是甲、乙、丙、丁；对此《殷本纪》记载有误；其二，确认羌甲（《殷本纪》中的沃甲）为祖辛之子、祖丁之父，而不是祖辛之弟。这一修正在上面卜辞（3）和（4）中得到充分的证明。但是，研究甲骨文的学者们并不同意此说。原因主要有两方面：首先，上述卜辞（2）在祖辛和祖丁之间没有羌甲；其次，祖辛的父亲祖乙在祭祀表中有两个法定配偶，因此，应有两个儿子被立为王，而不是一个。[1]应该说，上述这6片卜辞所载的商王世系没有一个是具有结论性的证据，卜辞（2）的记载与（3）（4）存在着直接的矛盾冲突；如果（3）（4）无误的话，那么就必须对（2）做出某些解释。实际上，（2）中谈到十示，给出了10个主名；这些名字的顺序不可能被颠倒，只是不必全部给出。另外，大乙、大甲和祖乙"三示"被认为是一个单元组，但这三示之间却完全不是相连续的世代。[2]至于祖乙有两个法定配偶的疑问，我们认为，商王法定配偶的数目与下一代商王的数目相一致的原则也绝非绝对和一成不变，每一代商王的数目也绝非总是确知不变的。

---

[1] 许进雄：《对张光直先生的"商王庙号新考"的几点意见》，130 页；张秉权：《殷墟文字丙编》，459—462 页。
[2] 商承祚：《殷契佚存》，917 号。

至于上述卜辞中没有列入的商王,在上面世系序列中的位置多从于甲骨学专家的一般看法。[1]我的研究与部分甲骨学研究和《殷本纪》的唯一的重要区别就在于我对戔甲(河亶甲)的定位:戔甲为仲丁之子,祖乙之兄,而非最初所认为的仲丁之弟。这里我从《汉书》之说,我的观点亦为许进雄先生所接受。[2]

第三节 商王族的内部分立和承继制度

上文我们曾经谈到,"王族"是处于统治地位的子族内部的一个特殊群体,它包括所有的商王(在位的和已故去的),以及他们的法定配偶、具有合法继承权的男性成员和具有商王族内法定配偶资格的女性成员等;王族肯定还包括那些虽不具晋职资格但与王室关系密切的(在世的和已故去的)成员(比如,他们的父亲们、母亲们和那些已获封爵资格者的兄弟姐妹们)。然而,在获得其他新资料去更充分地定义"王族"之前,我们不可能将上述解释作为终极的定义。但是,即使从此最低限度的定义中我们已经能够看出,王族按照各分支固有的——如由性别、世代、出生次序、亲族和姻亲关系等决定着的——脉络进行着自己内部的分裂。

其他的内部分立,从本质上来说,是风格上和组织上的变化。

---

[1] 陈梦家:《甲骨断代学甲编》;《殷墟卜辞综述》,367—399页;王国维:《殷卜辞中所见先公先王考》和《续考》;郭沫若:《卜辞通纂》;董作宾:《殷历谱》。
[2] 许进雄:《对张光直先生的商王庙号新考的几点意见》。

乙—丁制和新、旧派系

前文已经指出，按照商王世系表中商王出现的格局分析，商王们的"干"名多集中在两组之中：A组（甲、乙、戊、己）和B组（丙、丁、壬），庚、辛则游动于两组之间，最后一个干名"癸"目前至少可以暂定为B组。我们认为，由于这个或其他的原因，基本可以断言，以前所认为的商王之谥号代表了他们生日的传统说法是绝对错误的。

是否还有别的解释方法，不仅可以用于说明"干"名的使用规则，而且可以用于解释它们的出现格局？在古代文献中我们可以找到另一个古老的解释方法。《史记索隐》曾引谯周《古史考》（今已无存）曰："（他被）称为甲是因为生称王，死称庙主，皆以帝名配之。"那么，商王在其死后是如何安排其在宗庙中的神主位置的呢？在此可以进行一下合理的假设：在宗庙里，牌位被按照一定亲缘组织的内在结构排列成一定的次序，这些亲缘组织形成宗庙的核心。因此，可以推测，王室世系中所反映出来的这两个"干"名群体代表着王族的两个分支，因为属于两组"干"名的商王出现的次数最多，且任何王室法定配偶（下面将给以讨论）皆没有使用这两组"干"名的现象，因此，我认为王族中出现的这两个分支就是"乙"组和"丁"组。

这里还有一些其他证据，可以为乙—丁制的解释提供有说服力的证明。第一，上文已提到，商王的法定配偶没有与其丈夫相同的"干"名。在武丁时代的甲骨文中，许多名字带有如下的固定形式："妇" + 一个从"女"字。许多学者认为这些人都是来自各个族的王室配偶，她们名字中的第二个字则是她们的族名。[1]在这些"妇某"中有一位叫"妇好"者，"好"从女从子，商人为子姓，故"好"源于子族。因此，丁山怀疑商王室可能存在族内婚。[2]如前文所述，妇好墓中出土有许多青铜礼器，其上铸有"妇好"之名和"司母辛"（或"后辛"）之封，有人由此得出"妇好"就是甲骨卜辞所记载的武丁的三个法定配偶之一——妣辛。其实不然。"妇好"之名很可能用于所有商王的族内配偶，而不是仅指任何一位单一个体。在各种命名（比如，来自各种不同部族）的武丁配偶之中，称"妇好"者出现最为频繁，[3]这个名字很可能至少指三个实际存在的人，已知其谥号的有妣辛、妣癸和妣戊。换句话说，商王的法定配偶来自王族内部，或者说是王室直系亲缘组织之内，但是她们仅是来自商王所在支系以外的示群。

另一个和乙－丁制有关的证据与大乙（或汤）时期著名的首席大臣伊尹有着密切的关系。文献记载，汤死之后，伊尹陷入一场权力争斗之中，最后与大甲对抗。有些历史文献记载大甲被伊尹所流放，也有部分文献说大甲杀了伊尹。[4]在甲骨卜辞中，发现伊尹在武丁统治时期被祭祀礼拜，而不是在祖甲之时；当他被祭祀时，祭日常选在"丁"日。[5]这些资料显然表明，在商王朝建立之初伊尹是丁组的首领。如是，当乙组首领为王时（大乙即是一例），伊尹则是商王的副职。

另外，还有一些资料也与乙－丁制有关，尽管它们的作用

---

[1] 胡厚宣：《殷代婚姻家族宗法生育制度考》；丁山：《甲骨文所见氏族及其制度》。
[2] 丁山：《甲骨文所见氏族及其制度》。
[3] 王宇信、张永山、杨升南：《试论殷墟五号墓的"妇好"》，1页。
[4] 陈梦家：《甲骨断代学甲编》，22—25页。
[5] 张光直：《谈王亥与伊尹的祭日并再论殷商王制》，115页。

不是那么直接，但其证据却较为确凿。在甲骨卜辞中有关于"乙门"和"丁门"的记载，可能指的是通向宗庙两侧面的大门。[1]据西周青铜器铭文记载，西周时期有许多祭祀也选定在乙、丁这两天举行。[2]实际上，我在早期的一篇文章中就已指出过，[3]西周时期"昭"世祖先的祭日多选在"丁"日，而"穆"世祖先则常选在"乙"日。这种现象不由得使人想到，商代的乙-丁制度和西周的昭-穆制度之间存在着惊人的相似。

上面我们提供了一些关键性资料，讨论了商王室血统之内有可能存在着的乙-丁制度的内部分立。然而，对此应如何理解呢？在这里，文化人类学方面的模式可能会给我们一些启示。文化人类学给我们提供了一些与商代乙-丁制度具有相似成分的现实中仍存在的制度形式，由此也给我们暗示了一条将商代那些互无联系的事实合理地结合在一起的有效途径。

杰克·古德（Jack Goody）在对王朝社会继承制度的综合研究过程中，[4]分出四个王朝制度类型：A."贵族制"（Royal descent group），主要存在于巴苏陀人（Basuto）、班图（Bantu）南部地区和许多其他社会群体之中；B. 王族制（Dynasty），即王位在唯一的血缘族群之内传袭。比如在刚迦（Gonja）、洛齐（Lozi）、豪萨族（Hausa）、奴佣（Nupe）以及莫西族（Mossi）等均推行此制；C. 19世纪盛行于巴干达（Baganda）的"狭隘的男系家族制"（Harrow lineal dynasty），即父传子，无子传弟。尤其是奥斯曼的土耳其人；D. 发现于中欧的"双系家族制"（Bilateral or familial dynasty），以传子为

---

[1] 陈梦家：《殷墟卜辞综述》，478页。
[2] 张光直：《商王庙号新考》，93页。
[3] 张光直：《商王庙号新考》。
[4] Jack Goody, *Succession to High Office*, p. 26.

主，无子传女（图45）。

由于商王分属于10个天干群，而且在王族中王位总是在两个天干群之间不断轮换，绝对不可能在一个天干群内部连续继任。很显然，商制与男系家族制和双系家族制在特征上不相一致。在另外的两个体制中存在着一种极其常见的习俗，古德称之为"轮流继承制"（Circulating succession），这在非洲、欧

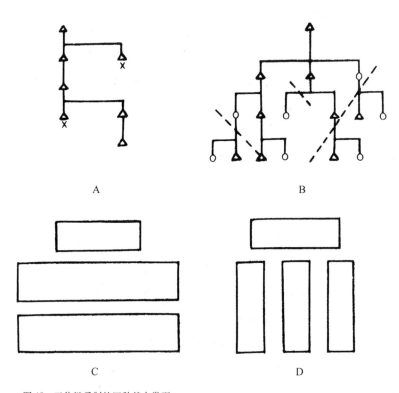

图45　王位继承制的四种基本类型
　　A. 男系家庭制　B. 双系家族制　C. 王族制，上面短矩形块代表世袭王朝，可分为数组轮流执政；下面长矩形块代表王族以外的公族。D. 贵族制，每一矩形块代表一单系亲群，均有为王资格。虚线表示王位之断绝传递。×. 无后

洲、亚洲和太平洋各国皆有广泛发现。尽管它有多种形式,但其最根本的规则却不复杂。在具有这种制度的社会里王位的承袭仅局限于统治阶层,并在统治阶层内部的各阶层或各部族之间进行循环轮流。这些部族可能与贵族制没有联系,或者它们可能是以单一血缘为基础的王族制的不同分支,即"王族"或"贵族"(the dynasty or the dynasty descent group)。大多数情况下,这些部族都存在着二分的倾向,即两个群体的成员隔代轮流继承王位。对于在两个或更多的系列之中的轮流继承来说,不该在位的各群体的首领常常以在位者的助手、或副职、或者首席大臣的身份而存在。在这些具有王室血统的各系列之中常常存在着复杂的姻亲关系,如果这些系列指的就是王族的族内各分支的话,该王族所实行的应是族内婚制。

我认为,商王朝的情况看起来尤其像是"王族制"(the Dynasty descent group)。我们学历史的人,知道历史的进展是向前,不是向后的。秦汉的帝制是商周的王制演变出来的,并非商周的王制由秦汉的帝制演变回去的;而且,具有开阔视野的严肃的商史学家,如果存有客观的心理,并不认为商史、商制都已搞清楚,不必再行研究的话,他们一定会发现那些民族学上描述轮流继承制度方面的资料,尤其是马来半岛(Malaya)、[1]蔼理斯岛(Ellis)的弗他弗尼(Futafuni)、[2]尤宁群岛的法考福(Fakaofo)、[3]太平洋岛屿中的罗图马岛(Rotuma)[4]等地区的

---

[1] J. M. Gullick, *Indigenous Political Systems of Western Malaya*.
[2] Robert W. Williamson, *The Social and Political Systems of Central Polynesia*, Vol. 1, pp. 378–379.
[3] A. M. Hocart, "Chieftainship and the Sister's Son in the Pacific."
[4] F. L. S. Bell, "A Functional Interpretation of Inheritance and Succession in Central Polynesia."

有关资料,对商代制度的研究具有极大的启发意义,同时还会发现这些王国与中国古代的民族文化还说不定可以搭上些亲戚关系,他们的王制,尤其值得注意。

尽管诸如此类的材料很多,我们也做了些解释说明,但是它们的价值仍仅具启发意义。即使文化人类学分析会给我们带来最初的灵感,可我们最终还是要尽力找出一套能够解释源自商代社会的经验资料的标准。下面就是我整理出来的一幅反映商王世系的图表(图46)。

1. 商代社会乃由一个世袭统治阶层所控制,该阶层具有单一的血缘宗族关系(子姓)。王族里与王位有关的成员,在祭仪上分为十个天干群:甲、乙、丙、丁、戊、己、庚、辛、壬、癸。天干群,是祭仪群,同时也是政治单位,并且是王族之内的外婚单位。我们目前还不了解它们的其他特征,但是,这十个天干群在地位上可能并不平等,一部分政治实力较强,人口较多,而且(或者)在礼仪祭祀上也较其他组更为突出。甲、乙和丁便是地位最高的三群。

2. 这十个天干群之间相互接纳合并,最后形成两个主要的组系:A组和B组。甲、乙两群无疑皆为A组成员,丁群为B组成员。这三群在政治上最为强大,其他干群则是:丙群属B组,戊和己群为A组,壬、癸两群可能是B组。庚和辛超然在外,或者属于A、B以上或以外的另一单位,但至少辛群多半场合与B组同进退。

3. 王位继承法则之最严格执行的只有两条:其一,同一天干群的成员不能连续继承王位;其二,当王位仍被A组(或B组)成员连续继任时,那么新继位者与前任商王在辈分上必须相同;如果王位传给另一组时,如由A组传给B组,或由B组传给A组,新王位继承人的辈分一定要比刚退位者

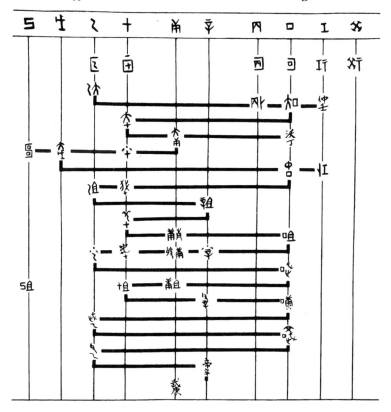

图46 十天干群在商王朝的王室宗庙和王位轮流继承中的假定模式

低一辈。换句话说，当王位传给下一代人时，它必须转移到其对立组去。庚和辛算A，也算B，但也遵守世次和组的原则。

4. 国王掌政，由一个正式或非正式的大臣会议所辅助。大臣中的首相，或者叫次级领袖，常由王的异组（王A则B，王B则A）的长老或首领担任。王的继承人，大概在王生前便行选定，但王死后自亦有新王崛起的可能。次王选立的标准，首先要看有没有和有多少继承资格的人，其次要看这些人的能力与势力如何。这中间可能有过流血或不流血的政变和斗争，王权传承的时候，首相本人虽因世次昭穆都不合而没有继承王位的资格，却可能在继承人的选择上发挥很大的作用。从首相的立场说，传下世当胜于传同世，因为传下世，则将王位传入首相的一组里来，说不定有传给他自己儿子的可能。

5. 一位王族内的男性成员，如果健康和心智都有能力承担集政治、军事和宗教于一身的繁重政务，那么，他就有资格成为王位继承人。此外，他的辈分也必须适当，如果他和在位的商王同为A组或B组，那么他必须与在位君王同辈分；如果他们分属对立组，他则必须次于在位君王一辈。最后，他还必须有一位原是王族的母亲。一旦有两个以上合格继承人的话，他们军事力量的强弱和政治追随者的多寡将决定实际的选择结果，但是，那些确有较强的政治能力和那些母亲来自具有较高政治地位和宗教地位的天干群的候选者，在选举过程中将会大大优越于他人。

6. 十干群可能依照某种规则参与于一个外婚网络之中。若干天干群可能被认为是若干其他天干群理想的择偶之所，但是我还看不出这十群连锁在一起构成规则严密的婚姻组，或与王权的A、B组相符合的A、B两个外婚单位的可能。商王至少是一夫多妻制的，他们的儿子作为合格王位继承人的地位在很大程度上取决于其母亲原先所在天干群的等级和地位。这里应该引起注意的是，在商王以"干日"命名的法定配偶之中，没有以"乙"和"丁"为名的。父方的交表婚配应符合如下规则：来自A组（以名"乙"为主）的商王禁止娶其他势力强大的天干群（如，丁群）的女人为妻，而丁组的商王堂兄的儿子允许娶势力强大的乙群的女人为妻，其所娶之妻很可能就是其表姐妹（即其父亲的姐妹的女儿）。如此一来，商王的儿子在所继承的政治庇护方面与 B 组中商王堂兄的儿子相比则小得多。因此，王位就有可能从 A 组传到 B 组，由 B 组中次一辈的候选人继承，其父母分别代表着乙群和丁群。然而，这仅仅是解释王位在两个天干群之间不断变动所可能存在的一种模式，对此问题的解决不能完全依赖于此。

上面我们系统阐述了与事实相符合的六条规则，尽管已知的证据并不充分，且容易出现不同的解释，但是，我确信王族被分为轮流执政的两组的看法目前是应该给以重视的。即使还没有确证这就是事实，至少也是迄今我所知道的较为完善的假设。另外值得注意的一点就是：在如此体制下，相邻辈分的商王之间，实际上，就是父亲辈和儿子辈之间的关系，他们之间不一定具有血缘上的父子关系。这些商代血缘宗族方面的术语对我们现在来说似乎显得有些陌生，而在商王朝时期并非如此。我早在 1963 年就提出此假说，在学术界引起很大反响。[1]其中大部分是反对意见。同时我也注意到保罗·惠特利（Paul Wheatley）虽然在他后来的文章中明显表达了一些新的观点，[2]但在他分析商代的贵族统治时仍是以我的上述假设为

---

[1] 丁骕：《论殷王妣谥法》；丁骕：《再论商王妣庙号的两组说》；许倬云：《关于〈商王庙号新考〉一文的几点意见》；刘斌雄：《殷商王室十分组制试论》；林衡立：《评张光直商王庙号新考中的论证法》；许进雄：《对张光直先生的"商王庙号新考"的几点意见》；杨希枚：《联名制与卜辞商王庙号问题》；陈其南：《中国古代之亲属制度——再论商王庙号的社会结构意义》；伊藤道治：《古代殷王朝のなぞ》；林巳奈夫：《殷周時代の図象記號》。

[2] "Review of K. C. Chang Early Chinese Civilization", p. 544.

立论之基础。[1]关于这一课题还需进一步讨论，但是，请允许我指出，在我的反对者中没有谁能够驳倒这些客观存在的事实，而且也没有一个人能够提出一种较此更能解释得通的新假设。甲骨学专家对此课题保持着一种较为慎重的沉默，尤其是他们忽视了上述我提出的证据；但是这些证据却是有关商代王制的核心，它们必须被解释。

另外，乙-丁制还为另一种仍存在争议的假设提供了制度上的解释。这一有争议的假设就是董作宾将武丁至帝辛时期的礼制划分为"新""旧"两派，而争论的焦点则是这两派是否按周期轮流交替为王。毫无疑问，武丁时期的礼制到祖甲之时已发生了戏剧性的变化。而目前存在的问题是，旧的祭仪或者至少是其中的大部分在文武丁时期是否被重新修订。如果按照陈梦家和贝冢茂树（见第一章）的看法，被董氏划归四期（武乙和文武丁时期）的许多甲骨最好还是被划归武丁时期的话，那么，那些变化就成了中间没有反复的一次性的直线变化。然而，如果在分期问题上和我一样同意董氏划分法的话，你将会发现一个"老—新—老—新"的轮流交替的循环现象。但是它不必用乙-丁制来解释这种现象，因为董氏确信它仅仅是一个由"保守—革新—修订—再修订"的线性革新运动。但是，乙-丁制却对重新认识新、旧两派提供了基础。实际上新、旧两派的更替就是商王族内 A、B 两组暂时的亚文化群的更替。

按照董作宾的年代学序列，[2]在小屯出土的甲骨卜辞中出现的九位商王的在位年限为：

---

[1] *The Pivot of the Four Quarters*, pp. 52-61.
[2] 董作宾：《殷历谱》。

武丁	59 年
祖庚	7 年
祖甲	33 年
禀辛	6 年
康丁	8 年
武乙	4 年
文武丁	13 年
帝乙	35 年
帝辛	52 年

董氏认为，正如他们的卜辞所记载的那样，商王的祭祀活动自武丁时形成规范以来共经历过三次变更：第一次是祖甲时期，第二次是文武丁时期，第三次是帝乙时期。他以这四个商王来代表四个变化阶段，并按照所得资料将其他商王一一归类。[1]因此，商王就被董氏划分为如下新、旧两派：

旧　派	新　派
盘庚、小辛、小乙	
武丁（59 年）	
祖庚（7 年）	
	祖甲（33 年）
	禀辛（6 年）、康丁（8 年）
武乙（4 年）	
文武丁（13 年）	
	帝乙（35 年）
	帝辛（52 年）

从武丁至祖甲，在祭仪上的主要变化可以表示如下：

---

[1] 董作宾：《殷历谱》，《殷墟文字乙编序》。

武　丁	祖　甲
1. 施祭品于早期传说中的商人祖先，如癸、壬亥、己	1. 不给上甲以前的商人祖先以祭品
2. 施祭品于自然神（如岳或山神、河神、土地神及所有被认为是早期祖宗的自然物）	2. 不给自然神以祭品
3. 施祭品于故去的重要大臣，如伊尹和巫咸	3. 不给早期故去的官员贡祭品
4. 对大宗中自上甲开始的商先王进行祭祀，并施以祭品	4. 对所有大宗和小宗中的商先王皆举行祭祀，并施祭品
5. 对武丁以前大宗中的五代商王的配偶进行祭祀，并施祭品	5. 对所有大宗中自示壬开始的商王配偶进行祭祀，并施祭品
6. 对祖先的每一个祭祀都进行了周密的安排，包括通过占卜决定祭祀的时间和施以大量的祭品	6. 在年祭表中按照祖先名字中的"日"名对各个祖先进行定期祭祀
7. 多种形式的祭祀	7. 部分祭祀与武丁时相同，但大部分为新创的，主要祭祀类型有五：彡、翌、祭、壹和叕。这五种祭祀连续举

8. 阴历有12个月，闰年时年尾加一个第十三月	行，略有交错，所有祭祀做完需要整整一年时间，或称"一祀" 8. 第一个阴历月称为"正月"或一月；每次闰月时要加一个月，从而有两个二月、三月等，但是没有第十三月
9. 干支周期或60天为独立的	9. 干支周期与阴历月有关，一个日名被称作"在"一个特定的阴历月
10. 用甲骨去占卜下列事项：祭祀、战争、狩猎、出游、牺牲、商王的活动、来旬的健康、今夕的健康、告祖、灾祸、收获、日月食、出生、做梦、疾病、死亡、下雨、乞求好天气	10. 绝大部分的占卜内容都局限于武丁时期的前八项
11. 各项占卜所用的龟甲和肩胛骨没有形成统一的使用规则	11. 同类的占卜使用同一片龟甲或肩胛骨

12. 一些甲骨文字的细部有自己的特色,如"王"字为"🛆"	12. 相同的字在细节上有明显区别,如"王"字为"玉"

上述这些例子显然表明,祖甲确实是一位具有革新精神的君王,他在很大程度上对祭祀活动进行了简化,并使它们更加系统和规范。但是,他的许多革新措施后来显然被推翻,到文武丁时期旧的祭祀活动又得以恢复;[1]然而,经过一段比较短暂的统治时期(13年)以后,祖甲的革新措施又被帝乙所恢复。

前文提到,一旦我们接受董作宾把四期甲骨划归文武丁时期的划分结果,同时,我们也不可能回避而不接受董氏关于文武丁重新恢复武丁之制的观点。因此,这里就出现了一个极具启发性的现象,两个对旧派的祭祀十分负责的商王(武丁和文武丁)皆为丁组商王,另两个对新祭礼极为负责的商王(祖甲、大乙)均为乙组商王。这就不可避免使人怀疑:所谓的旧派和新派实际上就是丁组和乙组两个亚文化群。当丁为商王时,丁组亚文化群就被记录在官方的祭祀档案之中,而乙组亚文化群大约只能在他们自己的势力范围之内活动,不去参加商王和其他的王室活动;当乙成为商王时,尽管由于统治者的改变不可避免地会出现一些变化,但是,总的情况恰好与丁为商王时相反。

当然还应该注意和重视的是,王位在武丁以后的各组中共轮换了6次,但是,祭礼在旧派和新派之间仅变换了4次。因此,还有必要对康丁、尤其对帝辛时期的甲骨卜辞进行深入细致的研究。

---

[1] 董作宾:《殷墟文字乙编序》。

除了旧派和新派之间不同的祭祀礼仪之外，王族内部其他亚文化的二分现象也是值得注意的。如前文所描述的，安阳西北岗的商王陵墓区可分为东、西两区。按照西周时期的文献记载，"昭"辈之王在宗庙之中排左位，也就是说，在面南背北而坐的辈分最高的周王之左侧，换句话说，即靠东侧。"穆"辈之王在宗庙之中排右位，即靠西侧坐。这种思想早在商代的乙－丁制度中就已有所反映，乙相当于西周的"穆"，丁相当于西周的"昭"。因此，乙组的商王死后埋在西侧，而丁组的商王死后则葬在东侧。在西区有七座大型墓葬，而迄今为止在东区仅发现四座。这恰好与安阳乙组七王（盘庚、小辛、小乙、祖庚、祖甲、武乙、帝乙），丁组四王（武丁、廪辛、康丁、文武丁）相一致（最后一位商王帝辛不能算数，因为他被周人斩首，所以不可能再有大型墓葬）。按照高去寻的说法，[1]西区已做过普探，不可能再发现其他的大型墓葬；那么，西区的七座墓葬应该就是七位乙组商王之陵墓。但是，东区没有被完全钻探，这里很可能还会有第五座大型墓葬被发现，该墓主很可能是一位商王配偶（可能是"后戊"，她的名字被铸在据说出丁东区的一件大型青铜礼器上）。[2]在东区被完全调查之前，我们不能确定该区所葬大型墓葬的数量，也不能确定与丁组商王数目相一致等诸多问题。但是，就这块墓地被分为东、西两区这一事实本身来说就具有十分重要的意义，由此我们还应该注意到，西北岗的这种现象与小屯村的大型宫殿建筑基址一样，布局上亦以东、西对称为其主格调。

---

[1] "The Royal Cemetery of the Yin Dynasty at Anyang."
[2] 《安阳殷墟奴隶祭祀坑的发掘》，《考古》。

大宗王和小宗王

无论商王是从王族的各个干群中挑选出来的也好,也无论他们是相邻辈分的叔侄关系、或者是相隔辈分的曾祖和曾孙关系也好,("父",可适用于与先继王位的商王的辈分相同的所有男性亲戚,而"母"则适用于该辈分的所有女性亲戚)一旦他们被选为王,在卜辞中他们就被置于序列之首,而他们不同的血统则逐渐变得模糊,因此,他们对于次一辈分者来说就是"父",他们的真实关系在过去的三千年里被深深地掩藏起来。

在甲骨刻辞中,有一组新的分组往往呈线状方式出现,即"大宗"和"小宗"。另外,还有一种称谓为"大示"和"小示"。学术界普遍认为,这两组概念具有相同的含义。从字形上看,甲骨文"示"字明显表示为祖先神主,而"宗"则表示为屋下之神主,代表着供置神主的宗庙。不过,这些字可能在上下文中可以互换。[1]从下面几行甲骨卜辞中我们可以看出,大宗或在大宗庙中供奉的商王与小宗或在小宗庙中供奉的商王,在被祭祀的等级和祭品丰厚程度上都有着明显的不同:

乙未,贞:其燎自上甲十示又三,牛?小示,羊?[2]
乙卯,卜,贞:燎禾自上甲六(大)示,牛?小示

---

[1] 金祥恒:《卜辞中所见殷商宗庙及殷祭考》。
[2] 罗振玉:《殷墟书契后编》,上28.8。

羊?[1]大示，牛，□？小示，羊?[2]

目前学术界在对大宗（大示）和小宗（小示）分类的解释上还存在着细微的差别[3]。从祖甲、帝乙、帝辛祀谱可以看出，每代经常只有一王在某祭祀中占有特殊地位（见上）。由此看来，胡厚宣的解释可能最有道理：在祀谱中只有一位法定配偶、且其子又继承王位的大宗商王代表着王室宗法组织中的直系，小宗商王则由于他们的儿子没有继承王位而成为旁系。但是，若按照乙－丁制的解释，新即位的商王并不是前一代商王的儿子，对大宗商王和小宗商王的区分标准亦肯定有所不同。

第四节　统治阶层的其他成员

除王族成员和商王之外，还有其他的统治者，如诸"妇（王室配偶）"、诸"子（王子）"和商王朝的高级官员们，他们在商可能都有其特定的职责，其中至少有一大部分人封爵建邑赐土。

---

[1]　董作宾:《殷墟文字甲编》，甲712。
[2]　商承祚:《殷契佚存》，第6片。（译注：本注的正文和注释中的卜辞内容不符。原注为商承祚《殷契佚存》第6片，为"丁卯卜，□，弗亦□，朕□，其□，辜□，甲□?"但张文原文内容却为："大示，牛，□?，小示，羊?"据甲骨学家刘一曼先生分析，张文所引的卜辞没有句法上的矛盾，但一时还无法确定其具体的出处。）
[3]　金祥恒:《卜辞中所见殷商宗庙及殷祭考》，315页；胡厚宣:《殷代婚姻家族宗法生育制度考》，16页；陈梦家:《殷墟卜辞综述》，465—466、473页。

妇

在旧派卜辞中,我们常常遇到由"'妇'+从'女'之字"组成的名字。大多甲骨学专家都从郭沫若之说,[1]认为"妇"是王室配偶,从"女"之字乃是她原来所在族的族名。当然也有部分学者不同意郭氏之说,认为第二个字是她们的私名。[2]胡厚宣曾对64个"妇"名进行了分析鉴别。[3]卜辞中的"妇"(众妇)[4]似乎表明,诸"妇"在商人的语言中表达的是一类人。

如果说"妇"名能够反映她的族源的话,那么它们就为研究商代妇女的社会来源提供了有益的资料。然而,"妇"名中有一位名"妇好"者,其中"好"字从"女"从"子",为女和子的结合,而"子"是商族之名,因此,商王族内部明显表现为族内婚和族外婚的结合。[5]正如上面所提,这些婚姻形式的变化可能有其政治上的根源。

商王的配偶们都非常活跃,且皆具有较高的身份地位,"其不获宠者,则封之一地,或命之祭祀,或命之征伐,往来出入于朝野之间,以供王之驱使,无异于亲信之使臣"。[6]在安阳1976年发掘的妇好墓中,出土了极其丰富的随葬品。从中可以看出,妇好确是一位极不寻常的女人。如前所述,妇好是一位军事首领,有她自己的城邑,可以举行祭祀,并且商王

---

[1] 《骨臼刻辞之一考察》。
[2] 陈梦家:《殷墟卜辞综述》,493页。
[3] 胡厚宣:《殷代婚姻家族宗法生育制度考》,8页。
[4] 商承祚:《殷契佚存》,321片。
[5] 丁山:《甲骨文所见氏族及其制度》,55—56页。
[6] 胡厚宣:《殷代封建制度考》,4页。

武丁还亲自为她的疾病、生育和财产受年而占卜。[1]

子

在旧派卜辞中,还有一组名字——据胡厚宣统计,[2]有53个——由两部分组成,前一部分为"子"字,后一部分常为私名(可能是源自城邑名)。卜辞中还有"多子"和"多子族"等词组,它们常常被认为是许多"子"名的集体名字。[3]

董作宾最早提出,"子某"等名字都是武丁儿子们的名字[4],因为,如果武丁确有64位配偶,他就确有可能会有53个儿子。董氏的解释被学界广泛接受。贝冢茂树进一步认为,这些"子"们或王子们,形成了一个具有自己占卜人的政治上和军事上都较为强大的集团。[5]然而,如此集团得以建立的唯一血缘标准就只有世代。但是,假如这样的话,它与"子"字本身所固有的意义就不相一致,所有"子某"名者皆为武丁之子的说法也还存在疑问。丁山认为一些带"子"名者可能为武丁的同辈人,因为"子央"就是一位与武丁的父母一起被祭祀的人。[6]

正如贝冢茂树指出的那样,名"子某"者常见铸于青铜器之上,作用与族徽相同。由于"子"是商王朝统治族的名

---

[1] 王宇信、张永山、杨升南:《试论殷墟五号墓的"妇好"》。
[2] 胡厚宣:《殷代封建制度考》,9页。
[3] 胡厚宣:《殷代婚姻家族宗法生育制度考》,26—27页;陈梦家:《殷墟卜辞综述》,496页。贝塚茂树:《中国古代史学の発展》,291—292页。
[4] 董作宾:《甲骨文断代研究例》,《五等爵在殷商》。
[5] 贝塚茂树:《中国古代史学の発展》。
[6] 丁山:《殷商氏族方国志》,75页。

字，因此最简单的理解方式就是名"子某"者皆为子族的分支，"子"字用在此处就是为了区别于其他所有的族。[1]另外，由于有学者认为族名或者家族和氏族名、他们居住的城邑之名和这些具体成员的名字等都是可以交替互换的，[2]故而，这种解释与传统的认为卜辞中的"子某"为个人私名的解释是不相一致的。

甲骨卜辞中的"子某"类名字常与祭祀活动、伴随商王的狩猎活动和战争联系在一起。很显然，这些"王子"们与"妇"们一样，利用他们的裙带优势在商王朝的宫廷活动中发挥着重要的作用。

主要的宫廷官员

陈梦家从甲骨卜辞中辨认出20余种商王朝的职官爵位，并将他们分为：臣正、武官、史官三类。[3]许多官员在历史文献和甲骨卜辞中早已被大家所熟知，如大乙的首席大臣伊尹[4]和武丁的武官䵼或沚䵼。[5]但是，据我们可得到的资料来看，最重要的官员是卜人和称之为"贞"的问询者。饶宗颐列举了甲骨文中117位卜人和贞人的活动；[6]陈梦家统计了120位。[7]虽然商王自己多半也是一位十分重要的预言者，但是，

---

[1] 张光直：《商周青铜器器形装饰花纹与铭文综合研究初步报告》，269页；饶宗颐：《殷代贞卜人物通考》，1198页。
[2] 张秉权：《甲骨文中所见人地同名考》。
[3] 陈梦家：《殷墟卜辞综述》，503页。
[4] 张光直：《谈王亥与伊尹的祭日并再论殷商王制》。
[5] 胡厚宣：《殷代封建制度考》，8—13页；但是，白川静认为沚䵼是作册者，负责军队的祭祀事务；见白川静的《作册考》。
[6] 饶宗颐：《殷代贞卜人物通考》。
[7] 陈梦家：《殷墟卜辞综述》。

由于占卜在商代的统治机制中起着决定性作用，因此，卜人和贞人肯定也是一个相当有权势的阶层。

另一个在商王朝较有影响的重要官员阶层就是巫师，陈梦家没有把这一类引入他的统计表中。在《书经·君奭》中，周公引列了以下商王朝著名的官员：

> 我闻在昔成汤既受命，时则有若伊尹，格于皇天。在太甲，时则有若保衡。在太戊，时则有若伊陟、臣扈，格于上帝；巫咸格于王家。在祖乙，时则有若巫贤。在武丁，时则有若甘盘。[1]

巫咸和巫贤总是与著名的伊尹相伴在一起，他们在商王朝中的地位之高是显而易见的。在甲骨卜辞中，戊咸已被辨识出来。他的号"戊"字，学术界普遍认为实际上就是"巫"，即"巫师"之意。另外，还有一些名字也曾带有"戊"字封号。[2]

邑　主

在商王朝时期，即使不是所有的，至少也是大部分的宫廷官员——包括商王的配偶和王子们——被授予土地，作为他们的食邑，由此获得财富，并获准在此土地上建城邑以安居其族众。[3]丁山将这些邑主分为两组：一组所赐土地在王畿之内或附近，一组所赐土地和所建城邑在王畿之外的其他地方。虽然丁山所定的每组内确切的等级制度简明表和他所用的术语有些

---

[1]《书经·君奭》。
[2] 陈梦家：《殷墟卜辞综述》，365 页；《商代的神话与巫术》，537 页。
[3] 胡厚宣：《殷代封建制度考》。

牵强和缺乏说服力,[1]但是,他对这些邑主的分组似乎是合理的。在下一章中我们将详细讨论。封地在王畿之内的邑主能够作为一个专职的官员服务于朝廷之上,而封地在王畿之外的邑主——有时距商都相当遥远——可能以某种安排形式往返于宫廷和自己城邑之间,身兼两职;但是,对这种安排形式的细节目前还不太清楚。

每个邑主都代表着他的族、城邑和或大或小的土地,该邑主与他的族和城邑三者皆以相同的名字命名,但是,在甲骨卜辞和金文中发现的诸如此类的名字都是按照他们的亲戚关系有等级、有区别地相互结合起来。丁山辨认出了200多个此类名字,但是,他认为实际存在的远不止这些。[2]张秉权挑选出了173位人地同名者。[3]在这些名字中,有些特别突出,有学者猜测这些人可能拥有更多的土地、更多更大的城邑和更多族众,相应地,他们在朝廷之上也就享有更多的发言权。在这些族中有一个较为突出的例子,就是雀族。胡厚宣、[4]丁山[5]和白川静[6]对此都做过研究。雀族首领初以为是王室的一个近亲,武丁经常为其占卜,卜问他的收成、健康和其他活动情况,有时还被商王邀请一起狩猎、举行祭祀活动,或者为商王帮忙做一些其他的事情;并且商王或王都的其他人经常进入雀族的领域,雀族也经常供给商王朝一定数量的龟甲。另外,还有关于雀族与邻邑之人发生战争的记载。据考其疆域在山西南

---

[1] 丁山:《甲骨文所见氏族及其制度》。
[2] 同上。
[3] 张秉权:《甲骨文中所见人地同名考》。
[4] 胡厚宣:《殷代封建制度考》,13—17页。
[5] 丁山:《甲骨文所见氏族及其制度》,123—125页。
[6] 白川静:《殷代雄族考》之二《雀》。

部或河南中部地区。

关于这些邑主的等级制度问题,我们将在下一章与商王朝的政治制度一起进行详细讨论。

第五节 军事力量

无论是对内还是对外,商王朝的统治者们都有足够的军事力量可以自由支配。在甲骨文中就有大量关于征伐的记载,其一次战事的用兵量多达3000人、5000人,甚至1.3万人。战争所获俘虏一次就有3万人之多。[1]在商王朝内部,为了保证对犯人的监禁和获得大批祭祀使用的战争俘虏,保养大规模的常备军事力量是必要的。甲骨卜辞曾有记载,在一次祭祖活动中就使用了300个羌人作为人祭;[2]考古发掘也发现,在小屯村的一座单体建筑的基址附近有600多个人牲,[3]西北岗的一座墓葬中殉葬人就达164个。[4]《书经》记载,在汤(大乙)伐夏前夕,曾发表演说,向士众解释他伐夏的原因,并就即将爆发的战争告诫他们说:

> 尔尚辅予一人,致天之罚,予其大赉汝!尔无不信,朕不食言。尔不从誓言,予则孥戮汝,罔有攸赦。[5]

---

[1] 杨向奎:《中国古代社会与古代思想研究》,20—21页;陈梦家:《殷墟卜辞综述》,276—277页。
[2] 陈梦家:《殷墟卜辞综述》,279—280页。
[3] 石璋如:《北组墓葬》;《中组墓葬》。
[4] 梁思永、高去寻:《侯家庄1001号大墓》。
[5] 《书经·汤誓》。

当盘庚劝说他的臣民赞同迁殷计划的时候,亦曾警告那些反对者说:

> 自今至于后日,各恭尔事,齐乃位,度乃口。罚及尔身,弗可悔。[1]

显然这些记载都不是毫无意义的威胁,因为有足够的考古发现证明,在商王朝时期确实存在着许多的体罚(见下文)。那么执行这些酷刑的工具是什么呢?商王对内对外所用军事力量的规模和范围如何?这些问题目前学术界还没有系统研究,在此我们想谈一下自己的几点看法。

首先,商王朝的基本社会组织具有浓厚的军事色彩。在本章的开始我们曾经谈到,商人的基本社会组织是族,许多学者将之看作是一个军事单位。[2]在一个既具有防御功能又是居住生活区的小型城邑中,对居住其中的"族"来说,军事职能是其整个社会生活的重要组成部分,族的首领则是该族的军事统帅;而王都与小型城邑相比,这种军事特色就更为浓厚,层次也更为高级。商王则是都邑(也就是国家)的军事统帅,这一位置就要求他必须具有强健的体魄。在商王之下还有许多的族,如前所述,这些族包括分别由商王自己为统帅和由其配偶及王子们为首领的族群。因此,所有这些族既是商王朝的军事组织,又是社会政治单位。在和平年代,由常备军维持社会秩序。商王朝时期常备军可能被称为"旅",[3]仅由一部分族

---

[1]《书经·盘庚》。
[2] 金祥恒:《从甲骨卜辞研究殷商军旅中之王族三行三师》。
[3] 陈梦家:《殷墟卜辞综述》,277页。

众组成，但是，一旦形势需要（这种情况可能非常频繁），或多或少的族众就可能被动员，并投入军事运动之中。比如，武丁时期的卜辞记载，在一次对羌人的征伐中商王就动用了一个旅的兵力，达 1 万人之众，再加上武丁配偶——妇好——的3000 族众，合计约 1.3 万人。[1]如果还需要援兵的话，分布在商王朝版域之内的众多城邑会源源不断地给予增援。[2]实际上，参加上述战争的妇好的族众们，十之八九是妇好自己畿外城邑内的居民。

下面让我们来看看商王朝的职业军人。首先，在甲骨卜辞中，有许多不同的称号，可能指的是军官，陈梦家列举如下：马（可能为"马师"）、亚（一种相当重要的军事称号）、箙（射箭者的首领？）、射（射箭者的首领？）、卫（士兵之长？）、犬（犬师？）、戍（前线指挥官？）。[3]虽然他们的作用和职责还不太清楚，然而从这些头衔可以明显看出，商王朝的军队建制有相当大的规模，并且机构也相当复杂。军队的最终指挥权还是在于商王、他的配偶、王子们和其他各族首领。

据甲骨卜辞记载，商代的步兵和弓箭手们似乎以 100 人为一小队，300 人为一大队，分左、中、右三队。[4]虽然这种编队方式还没有得到考古学上的证实，但是，通过对明显附属于小屯村乙七房基的一系列祭祀坑的分析研究，石璋如提出商代车兵如下的分组方式：[5]

1. 每五辆车为一小队，每五个小队为一大队。

---

[1] 陈梦家：《殷墟卜辞综述》，276 页。
[2] 胡厚宣：《殷代封建制度考》，30—31 页。
[3] 陈梦家：《殷墟卜辞综述》，508—517 页。
[4] 同上。
[5] 《小屯C区的墓葬群》《殷墟发掘对于中国古代文化的贡献》。

2. 每辆车有三个兵士，中间一位是御者，挥舞着鞭子；左边一位是击者，手中持戈；右边一位是射者，手握弓和箭。

经考古发掘，我们发现，大部分武器都出土于车马坑中，虽然在一些墓葬和动物祭祀坑中也有部分出土。下面这些武器可能组成了一套完整的商代武器装备：弓、箭、戈、盾、小刀和砺石。[1]按照石璋如据考古材料和铭文资料所做的复原研究，商代的"弓"是一种牢固的复合武器，长度与正常人的身高相同，由牛筋和角质物做成；箭头由石、骨、角、蚌或青铜做成，木质箭杆上饰有羽毛，长度为弓的一半；商戈为青铜刀身下装1.1米长的木质戈杆而成；商盾可分两型：大型和小型。大型者用于战车之上（比戈杆长），小型的为步兵使用（短于戈杆），皆为木质框架和皮革做成，有的在盾面上漆绘虎纹；小型青铜刀显然是一种带鞘的贴身武器；而砺石的作用明显与现代士兵所配备的"小油听"相似（图47）。

任何对商代武器的讨论都不能回避商代战车。目前，对商代战车进行细节和复原研究所能利用的有效材料就是安阳殷墟出土的七辆战车——解放前，在小屯（M20和M40）出土了三辆；[2]1953年在大司空村出土一辆；[3]1958—1959年[4]和1973年[5]（图48）在孝民屯发掘了三辆。这些战车的基本结构是相似的，都有五个主要组成部分：车轮、车轴、架置轴上的车厢、车辕和车轭，并且皆驾两匹马（图49）。下面我们对五辆保存较好的马车的尺寸列表对比如下：

---

[1] 石璋如：《小屯殷代的成套兵器》。
[2] 石璋如：《北组墓葬》。
[3] 马得志、周永珍、张云鹏：《一九五三年安阳大司空村发掘报告》。
[4] 《1958—1959年殷墟发掘简报》，《考古》。
[5] 《安阳新发现的殷代车马坑》，《考古》。

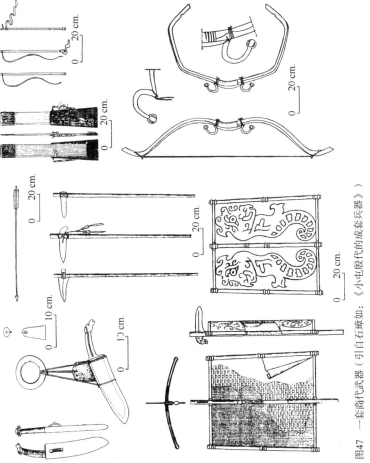

图47 一套商代武器（引自石璋如：《小屯殷代的成套兵器》）

图48 殷墟孝民屯出土的车马坑(引自《考古》所载的《安阳新发现的殷代车马坑》)

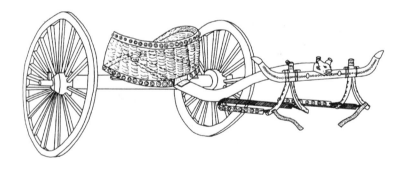

图49 M20中的商代马车复原图(引自石璋如的《北组墓葬》)

表2 殷墟出土的五辆马车的尺寸对照表

（单位：cm）

出土地点	车轮	车轴	车厢	车辕	轭
小屯 M40	—	290	高80—85、宽120	255	210
小屯 M20（1）	—	290	高88—94、宽115	265	170
小屯 M20（2）	—	270	高66—74、宽115	220	140
大司空村	146（18辐）	300	宽94	280	—
孝民屯（1972）	133—144（22辐）	306	高74、宽129—133	256	110

由上可以看出，除了M20（2）尺寸略小外，其余马车基本是相同的。小屯出土的三辆马车轮子皆由车辖固定，可以拆卸，在埋葬之前就已被取下，故发掘时没有发现车轮遗痕，而在大司空村和孝民屯出土的两辆马车则是完整的，为做这方面的研究提供了较好的资料；车厢为木质框架，也有可能是使用柳条和皮革编织而成，厢门多开向后部；车辕呈弯曲状，尾端伸入车的厢架之下，前端则要适当高出马背。车和马皆用青铜和绿松石装饰得富丽华贵，车厢上也可能漆绘有各种动物图案。

第六节 法 律

利奥波尔德·波斯皮西欧（Leopold Pospisil）认为，[1]法律决断（legal decision）具有四个共存的属性，这四个属性共同界定了法律的内涵。这些属性为：权威性（authority）、通用性（intention of universal application）、道义和法律上的职责（*obligation*）、维护社会道德的约束力（sanction）。关于商王朝

---

[1] *The Ethnology of Law.*

法律决断方面的资料十分罕见，几欲无存，但从仅存得见的资料来看，还是勉强能够反映出上述四种属性的。首先让我们分析一下商王朝有关各方的权利和义务。对于商王朝来说，所有我们能够看到的：一方面是商王和由其所代表的无上权威；另一方面是商王的臣民们。这些臣民指的是《书经》中提到的商王的"众"们，和那些显然是由于没有或者被认为已失去部分权益而受到商王奴役的人们。

我们发现，法律的职责属性在《书经·汤誓》中表现得最为明显。利奥波尔德将之定义为："是法律决断过程中的一个重要部分，它规定了涉事各方的权利和义务。"[1]对于商王来说，他要求臣民们"从誓言"，否则他将"孥戮汝"，并且"罔有攸赦"。但是，他还用较为含蓄的口气说，他（汤）没有犯罪，之所以这样做是为了替天行道，惩罚夏王的过错："（夏王）率遏众力，率割夏邑"，夏王犯下如此大的罪过，必须得到惩罚，并且"有众率怠弗协，曰：'时日曷丧？予及汝皆亡。'"由此可以看出，法律所体现的权利和义务的平衡式由两部分组成，即商王对仁慈统治的许诺和对臣民服命的期冀。如果商王或其子孙没有遵从他的诺言，他就要亡国——以至于成为商王朝的亡国之君——至少从周代来看是如此。（但是，由于我们现在所见到的《汤誓》常被认为是，以东周时期的社会为背景而遗留下来的古代文献，那么，它所反映的到底是商人的意识形态？或是周人的意识形态？在这里，我们还无法证明之。但是，商王对其属下的恩惠至少在有关边域受到异族入侵的甲骨卜辞中还是有所记载的。）

显然，这种互补性的理解对于地位相同的双方来说，绝不

---

[1] *The Ethnology of Law.*

是一种公平的方式,因为对一位国王的惩罚只能等到发生灾变性的事件,如王朝的创建和没落;而对其臣民的惩罚则是直接明了的。从商代文字中,部分学者总结认为以下体罚可能都被强制执行过:砍腿、割鼻、割耳、挖眼、阉割、在脸上或额上刺纹、使用枷锁和镣铐(木质的?)。[1]所有这些体罚的明确记载均见于周代,在商王朝时期这些体罚也完全有可能存在。

另外,在商代甲骨卜辞中还有一些关于法律决断方面的资料耐人寻味,似清非清。如陈邦怀所说:

> 殷代的刑狱,卜辞里有五次记载:一、两造讼诉,通过法官审判,四方的人民都认为处理公允。二、殷王问小臣㝬,有无关于图圄的事。小臣立于东方,对答了王的问话。三、有一罪人经法官审判,缓期死刑,仍予拘囚。四、罪人被判死刑,殷王宽赦,得免于死。五、役使罪人舂粮,官员替他申请免于徭役。[2]

然而,陈文中有关章节的看法是建立在一二个字的不确切的解释之上,显然不妥。我们认为,要想对商王朝的法律制度有一个较好的认识,只能通过发现一些有关编汇法律制度的文献,并从中发现有益的资料;终于我们发现,《书经·多士》中记载:"惟殷先人有册有典。"[3]甲骨卜辞可能就是册的一部分,但是,至目前为止还没有发现有关商典的任何痕迹。

---

[1] 沈文倬:《伇与耤》;胡厚宣:《殷代的刵刑》。
[2] 陈邦怀:《殷代社会史料征存》,2页。
[3] 《书经·多士》。

第七节 祭 祀

因为商代的甲骨文从本质上说是宗教和礼仪祭祀的产物，因此，学术界对商代宗教信仰和礼仪祭祀方面的研究也较为深入，[1]但是，对祭祀的作用和蕴含在商代政治文化中的宗教观念等研究却较为薄弱。[2]下面我们摘录吉德炜（David N. Keightley）的一段话，对此状况作简洁明了的表达：

> 商代的宗教与商代国家的起源和合法化不可避免地缠结在一起。都认为，"帝"能够赐授丰硕的收获，在战争中给予神灵的保佑，商王的祖先们能代向"帝"求情赐福，而商王们又可与祖先们进行沟通。因此，对先祖们的崇拜和祭祀就可为商王们的神权政治统治提供心理上和精神上强有力的支持。通过占卜、祈祷和奉献牺牲来影响商王的能力，最后借助先祖精神的遗愿使其政治权力的高度集中成为合法化。商王的一切权力都来源于神权政治，因为只有商王"一人"能够祈求祖先的祝福和保佑，消除祖先遗留下来并影响到百姓生活的祸患；也只有商王才有

---

[1] 陈梦家：《古文字中之商周祭祀》，《商代的神话与巫术》；胡厚宣：《殷卜辞中的上帝和王帝》；伊藤道治：《卜辞に見ぇろ祖霊觀念について》《宗教面から見た殷代の二・三の問題》。Tsung-Tung Chang, *Der Kult der Shang-Dynastie im Spiegel der Orakelinschriften: Eine paläographische Studie zur Religion im archaischen China*.

[2] Paul Wheatley, *The Pivot of the Four Quarters*; David N. Keightley, "The Religious Commitment: Shang Theology and the Genesis of Chinese Political Culture"; P'an Wu-su, "Religion and Chronology in Shang China"; 伊藤道治：《宗教面から見た殷代の二・三の問題》（还见于他的《中国古代王朝の形成》）。

可能通过奉献牺牲、举行祭祀和进行占卜使商民们获得丰硕的收成，取得战争的胜利。如果占卜真的包含有某种程度的魔幻力量和类似符咒的迷惑力的话，商王通过占卜预测而创造丰硕收成和战争胜利的能力就使得他一直具有较强的政治潜力。[1]

因此，在商王的统治举措中，占卜不仅成为其他所有祭祀的基础，而且也是其他所有活动的前奏曲。如前所述，占卜所问询的内容有20多种，可进一步归纳为如下四大类：

1. 进一步的祭祀，如献祭、求雨或祈求好天气。
2. 一段时间内（例如，一旬、一夕）商王的运气如何。
3. 对正在酝酿的活动将来有可能出现的结果进行占卜，如征伐、狩猎、迁徙、田游等。
4. 对一独立事件未来结果的解释，如梦、自然灾害、生育、疾病或者死亡等。

占卜对各询问事项做出的反应为商王即将举行的活动提供了根据和理由。在一些甲骨卜辞中，不仅刻有商王的预测，而且还有相应的验辞结果，如卜某日是否降雨，及"既雨"之后，则于此卜辞之后，随记"某日允雨"。毫无疑问，商之祖先是通过骨和甲向商王传递信息，商王也由此做出正确的预测，因此，他所决策的行动也确是正确的活动。如盘庚所说："卜稽曰：'其如台。'……今不承于古，罔知天之断命。"[2] 当然，不会出现此种结局。

还有一些预期的活动是只有征得商人先祖同意才能举行

---

[1] Keightley, op. cit., pp. 212–213.
[2] 《书经·盘庚》。

的额外祭祀。在旧派商王统治时期，对祭祀的时间和祭祀时所用祭品的数量都必须得到受祭先王的同意；甚至在新派商王时期，尽管祭祀都是按照一个简明的祀谱进行的，但是关于它们的询问活动仍要按原定法则在每旬周开始的前夕举行。[1]

第八节　王权的象征

从本章开篇所引的《左传》中，我们可以看出，在周王赐给一个新邑建设者的必需的财产当中，就有徽号和象征权力的等级标志物，如马车、旗子、玉器、皮革做成的弓、青铜钟和鼓等。《书经·牧誓》中记载，周武王和商纣王在牧野发生激战，在武王的军队和追随者向纣王发动进攻之前，周武王"至于商郊牧野，乃誓。王左杖黄钺，右秉白旄以麾"。钺、旗和上述所列的其他物品，也都是商王权力的象征物，其作用与周王的相同。但是，不同的颜色肯定代表着不同的国家。如《礼记》记载：

"有虞氏之路也。鉤车，夏后氏之路也；大路，殷路也；乘路，周路也。"

"有虞氏之旗，夏后氏之绥，殷之大白，周之大赤。"

"夏后氏骆马黑鬣，殷人白马黑首，周人黄马蕃鬣。"

---

[1] 董作宾：《殷历谱》；岛邦男：《殷墟卜辞研究》；许进雄：《殷卜辞中五种祭祀的研究》《殷卜辞中五种祭祀研究的新观念》《五种祭祀的新观念与殷历的探讨》。

由上述等文献可知，鲁公使用了虞夏商周四代的职官标志物，用以表明他们自己至尊的权力地位。重要的是，这些权力的标志物和徽号并不是周时形成的定制，它们中的每一项都带有过去某些政治制度的历史的影子，使得后来者对它的占有和使用体现权威的转换，从而使得后来的统治者所拥有的至尊地位成为合法化。这种权威的转换和后来权力标志物占有者地位的逐步合法化的思想，在《左传·宣公三年》所记载的有关青铜礼器为王权象征物的章节中表现得最为显著：

> 楚子伐陆浑之戎，遂至于洛，观兵于周疆。定王使王孙满劳楚子。楚子问鼎之大小轻重焉。对曰："在德不在鼎。昔夏之方有德也，远方图物，贡金九牧，铸鼎象物，百物而为之备，使民知神奸。故民入川泽山林，不逢不若。螭魅罔两，莫能逢之，用能协于上下以承天休。桀有昏德，鼎迁于商，载祀六百。商纣暴虐，鼎迁于周。德之休明，虽小，重也。其奸回昏乱，虽大，轻也。天祚明德，有所底止。成王定鼎于郏鄏，卜世三十，卜年七百，天所命也。周德虽衰，天命未改，鼎之轻重，未可问也。"

虽然上述这段话发生在东周时期，但是，它所描绘的思想观念可能同样适用于商代，我们也的确在《逸周书》中看到过，在商王朝被周人征服之后商都被大肆抢劫和"九鼎"被迁的记载。这个代表商人最高统治地位的象征物很可能指的就是他们最为敬重的成套青铜礼器，当然，此类的考古发现相当丰富。现在，我们可以列举如下商代王权标志物，并且很自信地认为这一结论可以得到考古资料和卜辞铭文方面的证实。

图 50 安阳司母戊大方鼎,鼎耳上的虎食人形象
（经讲谈社允许,引自伊藤道治:《图说中国の歷史》）

图 51　带有"亞"形框的文字（引自考古学专刊《金文编》）

1. 一些制作较为精致的成套青铜礼器。由于青铜礼器是贵重之物，多用于上层阶级的祖祭当中，因此，所有青铜器在某种意义上都是地位较高的象征。但是，透过这些青铜器本身的大小、重量、形状、花纹和铭文等，也可以看出它们内部亦存在着等级差异。安阳司母戊大方鼎之上发现有双虎食人母题（图 50），双虎之间的人面有时刻成王室配偶的形象，它可能代表着最高地位。[1]"亞"形（图 51）铭文显然也是一种王室权力的象征，[2]或者是一种职官的封号。[3]

2. 很显然，旗帜作为一种权威的重要标志贯穿着整个中国古代社会。[4]虽然没有考古材料能够证实这一点，但是，甲骨卜辞和青铜铭文中有许多以旗为偏旁的复合字（图 52），《礼记》也记载商旗为白色。但是，从商代木质祭祀用具[5]

---

[1]　David N. Keightley, "The Late Shang State: When, Where, and What?"
[2]　高去寻:《殷代大墓的木室及其涵义之推测》。
[3]　陈梦家:《殷墟卜辞综述》, 510—511 页。
[4]　林巳奈夫:《中国先秦时代の旗》。
[5]　梅原末治:《殷墓発见木器印影图录》。

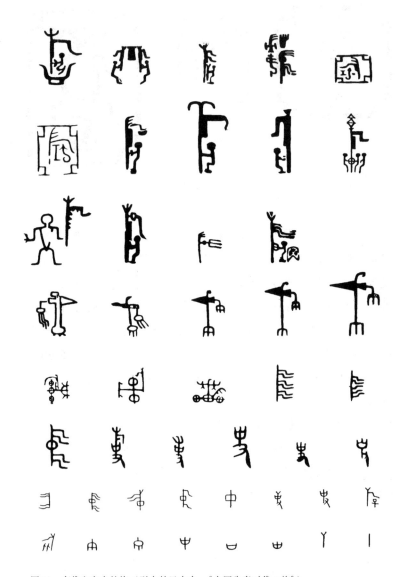

图 52 商代文字中的旗（引自林巳奈夫：《中国先秦时代の旗》）

和武器[1]上大量出现的虎形图案来看，虎形纹样很可能也是装扮王室标志物的主格调之一。

3. 周武王誓师时左手所持之黄钺可能与商王朝一样，也是王权象征物的重要组成部分，尤其是它本身所包含的明显的约束力和制裁性。林沄曾提出，"王"字本身就是源自"钺"的象征符号。[2]目前所收藏的青铜钺大部分仅带有圆穿，然而在山东益都苏埠屯商墓中出土的两件青铜钺却较为特殊，出土时位于墓坑的北部，其上皆有镂空兽面。[3]对此尤其值得我们注意的是，带有镂空的兽面青铜钺本身所具有的象征意义。

4. 商王朝时期所有动物艺术形象，都是装饰于青铜器、木器和骨器，可能还有其他质料的装饰艺术品上。对这些动物形象可以从政治角度来考察，并且可以被看作是具有象征性意义的艺术，如果把这些艺术与其潜在的宗教观念结合起来考虑，就会有助于从中发现一些商代社会中被赋予统治权的成员们的有关信息。颇具特色的商代艺术，从整体上看，就是一种以各种兽面和不同动物的身体的各部位为特征的动物艺术，但是最为重要的是虎、牛和鸟三类。虎是王室狩猎活动中所捕获的野生动物；[4]牛是与商代传说中的王亥有关的家养动物；而鸟在铭文中也与王亥的名字联系在一起。[5]

---

[1] 石璋如：《小屯殷代的成套兵器》。
[2] 林沄：《说"王"》。
[3] 《山东益都苏埠屯第一号奴隶殉葬墓》，《文物》。
[4] Li Chi, "Hunting Records, Faunistic Remains, and Decorative Patterns from the Archaeological Site of Anyang."
[5] 董作宾：《殷代的鸟书》；胡厚宣：《甲骨文商族鸟图腾的遗迹》《甲骨文所见商族鸟图腾的新证据》。

在有关商人的神话故事当中,所有的动物都是作为商王与其祖先相互沟通的重要媒介而出现的,而肩胛骨和龟甲则在两者的沟通过程中发挥着重要作用。[1]总之,商代的动物艺术形象是描绘和反映王室成员生活的一种方式,是与当时生活中的动物王国分不开的。

---

[1] 张光直:《商周神话与美术中所见人与动物关系之演变》。

第四章　商王国的经济状况和政治秩序

在第三章中，我们试图给商王朝的统治者下一定义，而本章我们将致力于商王朝统治机构的运作机制研究，比如，商王国的统治者们是如何通过经济资源的流动来建构和维系这个庞大王朝各群体间的运作的？这些将在有关商代国家这一问题中去讨论。下面我们就开始勾画商代国家的基本特征。

第一节　商王国的统治网络

以前我们曾经指出过，城邑（the walled town）指的是以单一血缘组织——族——为基本单位的地区性居民群，是商代中国最主要、最基本的统治机构；而商王国，简单地说，就是商王直接控制的诸多城邑所组成的统治网络。至于"直接控制"（direct control），我们的意思是指，商王授邑主以封号，并赐之土地，该邑主则由此土地获得财富，依此财富管理城邑；同时，该邑主相应地要臣服于商王，为商王提供各种服役和谷物以作报答。这样的统治网络相当庞大——据董作宾统计，约有近1000个此类邑名[1]——该统治网络等级森严，并

---

[1] 董作宾：《卜辞中的亳与商》。

且网络的周边范围也具有较强的伸缩性。所有的这些问题,都将随着我们对商王国特征的一步步廓清而逐渐变得明朗化。

要搞清商王国国家结构的特征,首先应区分的两个概念就是"内服"和"外服"。据载,当周公封康叔于卫时,曾描述当时商都的状况——卫国的地望就在商都范围之内——告诫康叔不可沉溺于酒,一定要摒弃商纣统治时期商都安阳流行的恶习,如:

> 越在外服,侯甸男卫邦伯;越在内服,百僚庶尹惟亚惟服宗工;越百姓里居,罔敢湎于酒。[1]

这段话除了指出不可酗酒之外,还表明商代统治疆域内、外两服的划分与这些地域的臣民受商王室注意的程度是一致的,这主要表现在甲骨文所反映的商王赏赐的多少。

内服

商都区,或称"商王之内服",是商王经常举行大型活动的场所,由两个既相互联系又有区别的地区组成,即"商"和"时都"(the current capital)(在安阳地区)。第三个王室经常活动的区域是王室狩猎区,而狩猎区从概念上看可能起着沟通内服与外服之间的联系,具有桥梁和纽带的作用。

"商" 关于"商"的讨论也是商代历史上的一个关键性问题。在甲骨卜辞中,商常指一座重要城邑。但是,名"商"之邑绝非商王朝最后273年所定居之国都——安阳。这一问题

---

[1]《书经》。

还有待于进一步讨论。

"商"作为一个名字,不仅商人自己使用,周人也如此称呼。商诗《玄鸟》曰:"天命玄鸟,降而生商。"周诗《诗经·閟宫》谈到"太王"时说:"后稷之孙,实维大王。居岐之阳,实始翦商。""商"字在甲骨卜辞中出现频繁,意思总是指一座城邑,有时还称之为"大邑商"或"天邑商"。早些年,甲骨学家认为"商"就是指的商都安阳。[1]但是,董作宾却肯定地认为,"商"之地望距当时的商都安阳还有相当一段距离。董氏的这一结论是在对帝辛征人方(商人的东方与国)的进军路线进行了复原研究之后得出来的。依据有关帝辛[2]十年、十一年东征人方的33片刻辞甲骨,董作宾对帝辛东征的进军路线做了细致的复原研究,并绘制了一幅详细的进军路线图,在其上标明了进军途中所经过的许多城邑名字,其中包括"商"和"亳"。下面我们摘录部分复原路线:[3]

帝辛十祀

| 九月 | 甲午 | 王卜从侯喜正人方,告于大邑商。[4] |
| 九月(闰月) | 癸亥 | 王在雇(山东省范县东南25 |

---

[1] 罗振玉:《殷墟书契考释》序和下 54;王国维:《说商》;胡厚宣:《卜辞中所见之殷代农业》,42 页。
[2] 李学勤的《殷代地理简论》认为东征人方的是帝乙,而不是帝辛。然而,他的这一看法缺乏说服力。
[3] 董作宾:《殷历谱》(帝辛日谱);丁骕:《重订帝辛正人方日谱》。
[4] 郭沫若:《卜辞通纂》,592 片。在同一片卜辞中还有"告于'大邑商'"的记载。陈梦家(《殷墟卜辞综述》,301 页)和李学勤(《殷代地理简论》,41 页)都认为,"告"发生在大邑商,因此,大邑商就应该是"时都",也是远征军的起点。然而,董作宾则将之解释为战事前的附加活动(为征人方而告祖于大邑商)(见《殷历谱》[帝辛日谱],61 页)。本文从董氏之说,因为他的解释与王都名称的一般用法相一致。

		公里)。
十一月	辛丑和壬寅	王才商。
	癸丑和甲寅	王才亳。
十二月	丙戌	王才淮("淮"在淮河流域)。
十一年		
一、二月	乙巳—癸酉	王才攸(攸是喜侯的食邑,位于淮河南)。
五月	丙午	王才(返回时的)商。
六月	癸酉	王才云,奠河邑(河指黄河)。

这次远征继续进入七月份,但是,到这个时候商王和他的军队可能距商都安阳已相当接近。帝辛的这次东征是一次重要战役,整整持续了一年,但最为重要的还是远征的往返途中皆经过"商"邑这一历史记载。在帝辛十祀九月甲午这天做出了东征的决定,我们暂不考虑远征何时出发,但在闰九月癸亥这天商王到达了鲁西南是毋庸置疑的,由此以后仅用了一个多月时间就到达商邑。在他们的返回途中,自"商"邑到达靠近黄河的一座城邑,也用了一个月左右的时间,然而那时的黄河河道距安阳较现在更近。因此,仅据"商"邑距离鲁西南和距商都安阳的距离,我们即可自信地认为,董氏将"商"之地望确定在今天的商丘和亳地在亳县附近等观点是正确无误的。

把"商"邑的位置确定在商丘(或者说,将其位置认定在安阳以外的其他什么地方)的重要性在于,"商"邑的确定为商王朝和商王国提供了一个稳定的中心区——尽管商王和其国都被证明频繁迁徙。如前所述,自商汤立国之后,多次迁都,迁都的范围大体上在河南省东半部,而"商"邑则为此提供了一个定点:"殷人以其故都'大邑商'所在地为中央,称

'中商',由是而区分四方,曰东土、南土、西土、北土。"[1]"商"邑可能是商王们保存他们祖先最为神圣的宗庙、灵位和王权象征物之所,在某些祭祀活动和许多军事运动中都扮演着重要角色。[2]

商丘和亳县所在地区与先商和早商历史有着密切联系,也是商代考古学上的一个重要地区。然而,遗憾的是在中国古代历史上黄河频繁改道,这一地区被频繁改道所冲积的数米淤沙所覆盖,而且也在中国北部自开封至大运河之间考古学上有名的薄弱区之内。

"时都" 如果像董作宾所说,名"商"之邑终商之世皆指一地的话,那么,后来所迁的每座都城肯定皆有其各自的名称,这些城名出现于文献中的有:亳、嚣(隞)、相、邢、奄和殷。如前所述,"亳"曾出现于甲骨卜辞中,但是迄今为止,没有发现关于"殷"的甲骨文资料;[3]事实上,在甲骨卜辞中我们没有发现任何意指晚商273年(据《竹书》记载)间之商都的特定邑名,唯一一个如此使用的词就是"兹邑"。在甲骨卜辞中"兹邑"有时候和洹水的泛滥事件联系在一起,毫无疑问,"兹邑"所指的城邑肯定距洹水不远,应该就在洹水附近,洹水对该邑的破坏也是我们能够获得的重要考古学证据之一。[4]当然,这个城邑的具体名字也有可能仍被淹没在大批尚待破译的古文字当中;但是,依据商人的观念,先王的国都"商"邑是他们举行政治仪式和祭祀活动

---

[1] 董作宾:《殷历谱》(帝辛日谱),62页。
[2] 陈梦家:《殷墟卜辞综述》,257页。
[3] 关于甲骨卜辞中的"殷"名,请参见陈梦家:《殷墟卜辞综述》,264页。
[4] 岛邦男:《殷墟卜辞研究》,360页。

的固定地点,在其周围环绕分布着商人其他的城邑,其中包括他们后来的国都。无论如何,这一点在我们的讨论中是至关重要的。

位于安阳地区的时都在很大程度上得到了考古资料的证实,关于这些资料的具体情况我们在第一章中已有详细描述。

王室狩猎区 从甲骨卜辞中可以看出,狩猎是王室最为频繁的活动之一。按最大限度的估计,有关狩猎的甲骨卜辞占所有占卜总数的一半左右;[1]然而,也有部分学者估计的较为保守,也许保守的估计更为准确可靠。[2]但是,有一点应该给以肯定,即狩猎是商王(尤其是某些商王)所从事的一项重要活动。李济曾恰当地指出,甲骨卜辞所记载的大规模狩猎活动"显然只局限于王族和统治阶层"。[3]这无疑是正确的。但是,当他讨论狩猎活动的作用和意义时却说:"甲骨文中所提到的狩猎活动显然是为了追求欢乐和刺激,而不是为了获得经济必需品。"[4]这显然是低估了这些狩猎活动在商代经济上和象征意义上的重要性。正如第二章中我们所提到的,这些狩猎活动的收获是相当可观的,可以为商人提供大批肉食,也可以为手工作坊提供大量的皮、骨和角等原料。

正由于狩猎活动具有经济方面的重要意义,因此,有关狩猎活动的甲骨文资料,对我们确定由商王举行的狩猎活动所涉

---

[1] 钟柏生:《卜辞中所见殷王田游地名考——兼论田游地名研究方法》,6页。
[2] 黄然伟:《殷王田猎考》(上),1页。
[3] Li Chi, "Hunting Records, Faunistic Remains, and Decorative Patterns from the Archaeological Site of Anyang," p. 12.
[4] 同上。

足的疆域范围是极为有用的。假如说商王也可称得上是一个狩猎品的供应者的话，那么，以狩猎活动来确定他所供职的疆域范围是十分有意义的，也是极为重要的。在甲骨文中有两类资料可用于对上述问题的推定：1. 商王进行狩猎的地点名称。2. 由时间差推算出来的两地间的距离，即由商王和他的狩猎队伍远途行进所用的天数来推测。[1]遗憾的是，这两类资料都无法提供无可争辩的证据，不同的学者戏剧般地得出了三个各不相同的结论：

1. 王室的狩猎活动在很大程度上被限制在王都范围之内；[2]

2. 认为王室的狩猎活动是在王都之外被指定的区域内进行的。至于该区域的具体位置，绝大部分学者认为在河南中西部的沁阳，[3]或在山东西部的商丘地区；[4]

3. 王室的狩猎队伍可以在商王朝的版图内随意驰骋。[5]

在上述三个假设中到底有没有最可靠合理的结论？哪一个假设是最合理的？对于这些问题不是没有可能解决，而是解决起来有一定难度，因为支持假设的两个前提都存在问题。首先，目前要敲定这些邑名的地望还比较困难；其次，对推断两地距离来说，以时间为依据比以空间距离为依据具有更大的不确定性。但是，我本人很自信地认为，自商至以后一定的历史

---

[1] 钟柏生：《卜辞中所见殷王田游地名考——兼论田游地名研究方法》。
[2] 松丸道雄：《殷墟卜辞中的田猎地について——殷代国家構造研究のために》。
[3] 李学勤：《殷代地理简论》；陈梦家：《殷墟卜辞综述》；王国维：《殷墟卜辞中所见地名考》；郭沫若：《卜辞通纂》。
[4] 董作宾：《殷历谱》。
[5] 岛邦男：《殷墟卜辞研究》；林泰辅：《支那上代之研究》；黄然伟：《殷王田猎考》。

时期内许多地名具有内在的连续性。因此，我们认为，将上述假设（2）和（3）融入我们正在研究的假设中似乎更为谨慎合理。也就是说，许多与王室狩猎活动有关的地名遍布商王国版域内的各个角落，但是，其中一大部分似乎都集中在沁阳地区。这一正在研究中的假设将对我们探讨商王国资源流动模式提供有益的帮助。

外服

所谓"外服"，从概念上看指的是一个地域单位，商王对其内的经济资源有直接的占有权。周诗《北山》曰："溥天之下，莫非王土。率土之滨，莫非王臣。"[1]这首诗所反映的内容不仅适合于周代，于商亦然；但是，无论如何我们都能形象地想象得出，在外服之内商王是如何享有特权去占有他们的劳动成果，并奴役其劳动者的。商王的这种特权很大程度上是凭借其特殊的地位获得的，因为商王是大宗之主，其他支系都是由大宗分离出来的。然而，商王所掌握的军事力量和他通过赐土对王国内远近城邑的控制，则必然为他的这些特权地位提供保障。因此，我们可以以安阳出土的实物资料为基础，通过以下各项对商王国进行重新认识：

1. 关于收获的卜辞。卜辞表明，商王非常关心王都区、"商"、所有的外服城邑（"我"）和臣服于他的每位邑主的受年情况，并为他们的收成状况占卜。但是卜辞中唯独没有卜各"方"之受年的特例。[2]商王为之收成状况而占卜的区域，可能就是与商王国有直接经济利益关系的地区。

---

[1]《诗经》。
[2] 陈梦家：《殷墟卜辞综述》，639页。

2. 有关王室狩猎区。如前所述，商王对这些地区的某些经济资源有直接的占有权。

3. 由"四方"环绕起来的区域范围。甲骨卜辞中的"方"字明显指的是政治实体，而不同于商王控制下的诸多城邑。"邑"指的是城邑或带有方形城圈的居民点，它是聚族而居之处，和"方"明显不同，是两个对比鲜明的地域单位。如，西周时期的青铜铭文"卫"字有两种不同的写法：一是以步兵护卫着城邑"囗"的进出口处，另一种是用步兵护卫着"方"的大门。[1]由此表明，"邑"和"方"是两个概念，或者说是等级相近的两个地域单位。因此，商域——被四分为东土、北土、西土和南土，或称为"四土"——即是由"四方"环绕起来的中心区域。

4. 被各邑主占有的领域。这里我们所称的"邑主"是指商王朝的一些具有特权的男性成员（和部分女性成员）。他们具有如下特征：（1）他们可能由商王授权，皆有自己的食邑；（2）在甲骨文中他们以邑名为己名；（3）在他们的名字前皆冠以诸如"伯""田""侯"等封号。这些主要的邑主在商王的档案"多伯""多田"中有集中记载，或者有些邑主没有记载其具体名字，而是包括在集体术语中。[2]岛邦男认为，只有"侯"和"伯"是爵位封号，"田"不属此类。他共统计了35位侯爵和40位伯爵。[3]此外，我们以前已经讨论过，诸妇和诸子在商王朝时期也极为活跃，他们也有自己的食邑。因此，由"子""妇""侯"和"伯"所管辖的土地也可以被看作是

---

[1]《陕西岐山贺家村西周墓葬》，《考古》。
[2] 董作宾：《五等爵在殷商》；胡厚宣：《殷代封建制度考》。
[3] 岛邦男：《殷墟卜辞研究》，427—435页。

商王之领域。但是，商王对其疆域内的任何领地都有不同程度的控制权力，随着时间的推移他的控制力度也在不断发生变化。而且，所有的邑主和他们的城邑在整个商王国的城市等级制度中亦具有不同的地位，其重要性也各不相同。

为了衡量商王对其疆域内各城邑的控制程度，或者至少说是联系的紧密程度，并确定各城邑在整个商王国中所占重要性之不同，吉德炜设计了一个计算公式，并列出39个判定标准，借此来推算各个地名——商王同盟者、依附者或臣属者——的"等级分数"（state score）。吉德炜的计算公式为："以该地名在岛邦男《殷墟卜辞综类》的统计表中的出现次数"בֿ"有关卜辞与吉德炜为此目的所列39项标准相恰合的次数" = "等级分数"。[1]下面我们就吉德炜所列的39项标准摘录部分，以供参考：

关于王权

1. 王令 X。

2. 商王国的一位成员令 X（即 Y 令 X），或者 X 令 Y。

3. 王令 X 做某事。

4. X 固王事。

5. X 率领或带领臣民。

关于领土权

10. 王于 X 地狩猎、或视察、或举行一些其他活动。

11. 王去 X、从 X 来、或者进入 X 地、或者返回 X 地。

12. 王遣人去 X 地，王号召臣民去 X 地，或者王为 Y 去 X 地占卜。

13. 商王在 X 地下令，或者令 X 地之民做某事。

---

[1] David N. Keightley, "The Late Shang State: When, Where, and What?"

14. 王在 X 地占卜。

20. 在 X 地名之前冠以"侯"（或"伯"？）、"子"、"妇"，或者更低的头衔。

21. （"某方"一词，用于非商集团。为反面标准）

关于宗教信仰和王权

22. 王为 X 举行祭祀，或在 X 地举行献祭活动。

23. 王为 X、或为"子 X"等举行祭祀，提供牺牲。

24. X 参与商人的祭祀活动。

27. 商王室关心 X 的身体健康。

28. 做祈祷以确保 X 的财产不受损失。

29. X 将获丰年，将得雨水。

关于联盟和战争

31. 王（或他的官员）追随 X，或 X 追随 Y。

32. 王将在 Y 地攻击某方。

33. 王占卜曰：X 可能要失去众或人。

关于交易：贸易和纳贡

38. 收益记录：X 进贡龟甲和肩胛骨。

39. X 将贡入其他物品。

正如吉德炜在其初步的而非深入阐述的研究中所指出的，这些标准尚处于被逐步公式化的过程中，对单个标准项的恰合并不能说明任何问题，但是，"等级分数"——通过出现次数与标准项的相合——是可以计算出来的，对具体地点"等级分数"的计算具有相当重要的意义。下列商代地名经吉德炜的初步研究，计算得分都在 200 或 200 以上：

字形	等级分数	大概位置
（雷）	3312	山西

ᙏ（沚）	1648	山西
囲（周）	1529	陕西
商（商）	1350	河南
王（钺）	1350	山西
望（望）	1328	河南
羍（羍）	1144	河南
盂（盂）	1029	河北
宫（宫）	845	河北
福（福）	792	山西
丧（丧）	696	山东
惠（惠）	459	山东
孛（孛）	406	山西
蜀（蜀）	384	河南
舞（舞）	240	河南
向（向）	200	山东

在上述计算出来的"等级分数"中，可能有一部分不适合于我们确定商王国内各城邑的等级状况，比如，"商"应该被删除，因为它就是商族自己，而"盂"通常被认为是一个方国，不应该算作一个具有稳定地位的王国成员。这些研究结果表明，有一部分城邑与其他城邑相比较而言，具有更高的统治地位，围绕这些具有更高统治地位的城邑可能形成了第二个层次的统治中心，其他地位更低的城邑则围绕在亚中心的周围（"X－Y"组的横向联系有助于证明这一观点）。

商王国的统治网络和疆域

对上述问题进行了深入讨论之后，我们就可以把商王国的统治结构网络图示为图53。由于我们有了一个初步的结构框架,下一步的工作就是将这一框架推广应用于整个中国的各个角落。为此,我们只能依靠历史文献学家和甲骨文专家们的通力合作,逐个名字地去辨识在历史文献中已知的最早的商代地名。

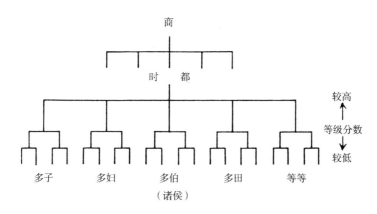

图53 商代国家网络的等级统治

我们可以通过两方面的努力来完成此项工作,第一,尽可能确定带有"侯"和"伯"的地名在商王朝版图内的具体地望;第二,尽力去确定商王国疆缘地区的各方国或盟国的位置。那么,各"侯"、"伯"之地所占的疆域,也就是各方国位置确定后所余的中间地带,这一中间地带也就是商王国迁都安阳期间所控制的疆域的延伸范围。

我们可以借助岛邦男的研究成果来解决上面提出的问题。图54显示出了"侯""伯"封地的分布状况,大部分集中在今天的豫北、豫中、鲁西南、晋西南和陕西的中部偏东地区。图55标明了各方国的大体方位,这些方国主要分布在晋北、

第四章 商王国的经济状况和政治秩序 239

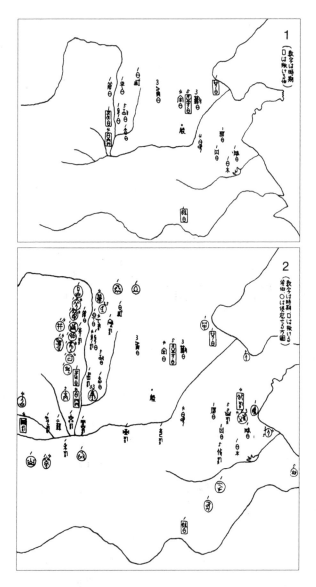

图 54 依据岛邦男绘制的商代诸侯的分布图(引自岛邦男:《殷墟卜辞研究》,441 页)
(1) 诸伯的大致位置。(2) 所有邑主和相邻诸异邦的大致位置。(经汲古书院允许)

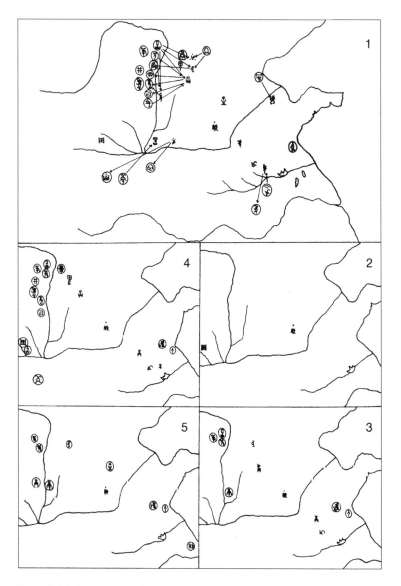

图 55 依据岛邦男 1—5 期商代诸方国的分布状况图
（引自岛邦男：《殷墟卜辞研究》，423 页）（经汲古书院同意）

陕北、冀中和陇北等地区。[1]侯、伯封地的分布图和各方国的疆域有重叠的现象，这说明，商王国位于晋西北和淮河流域东南部的疆缘地带皆不稳定，而商王国最稳固的根据地总是豫北、豫中和鲁西南地区。[2]

第二节　国家内部的资源流动

上面我们弄清了商王国的政治框架。当这一框架被看作是以一种特殊方式来规范和便利商王国内部的产品和资源流通，以及调节诸邑主对商王提供特殊服务——贡入经济资源——的组织时，其意义也就变得尤为重要。在本节中，我们将描绘和重构商代经济：包括经济资源的生产状况，以及它们的流动模式和资源流动的动力分析。

农产品

在第二章中，我们对商王朝时期安阳种植的农作物进行了定名分析，但是要完成生产的整个循环过程还需要其他的因素：我们还需要劳动者以某种组织方式，把生产技术运用到土地上去生产粮食。现在让我们来讨论商代农业生产的其他因素——土地、技术和有组织的劳动者。

经分析发现，在商代的任何时期都没有证据可以证明土地是私有的；相反，据商代甲骨文记载，位于西北边陲的农田常

---

[1]　岛邦男：《殷墟卜辞研究》，423、433、441页。
[2]　李学勤：《殷代地理简论》。对商王国与其外围方国之间力量对抗的讨论，可以参见 Lien-sheng Yang, "Historical Notes on the Chinese World Order"。

被异邦侵扰，这些农田被商王国称为"我田"。[1]毫无疑问，甲骨卜辞中的"我"字泛指商王国或商王，[2]它的字形（带旗的武器）暗示着商王国和商王皆是建立在军事力量的基础之上。商人对土地的这种观念和西周时期的有关记载是一致的："溥天之下，莫非王土。"

按照商王的命令，新土地为耕作得到不断的开垦。在甲骨卜辞中，对新土地的开垦被称作"裒"，一般写作"𡊄"字。关于"裒"字，还有几种不同的变化形式，但不论哪种写法都是由两部分组成，一部分象征劳作的双手，另一部分象征一块土地。[3]据张政烺研究，裒田主要集中在六月（夏至月）或者十二月（冬至月）进行。他通过对大量东周和汉代史料的分析，认为六月和十二月是一年中最适合于剥去树皮以毁林、次年焚之以裒田的时期。[4]张氏认为，由于当时缺乏有效的（如金属）伐木工具，因此，剥皮毁林的垦田方法在当时是可能存在的。退一步讲，无论这种垦田方法在商代农业中是否存在，但有一点是可以肯定的，即木、石、骨、蚌等材料做成的农业生产工具可能在商人的农业生产中仍处于主导地位。尽管偶有反对意见[5]，但是我们仍然认为，青铜肯定不是商代工具的常用材料。在殷墟出土的332件青铜有刃用具中，317件是

---

[1] 罗振玉：《殷墟书契菁华》。又见于于省吾：《从甲骨文看商代社会性质》，101—102页。
[2] 陈梦家：《殷墟卜辞综述》，318页。
[3] 张政烺：《卜辞裒田及其相关诸问题》；于省吾：《从甲骨文看商代的农田垦殖》。
[4] 张政烺：《卜辞裒田及其相关诸问题》。还见于石声汉：《齐民要术今释》，3页。
[5] 陆懋德：《中国发现之上古铜犁考》。另外，还见于上海市博物馆承办的"中国古代青铜农具展"。

武器，只有 15 件属于工具类；并且这 15 件工具皆为木工用具，而非农具。[1]同时，安阳殷墟还出土有大量的板岩石刀，这些工具——所谓的小屯石刀——有充分的理由被认为是收获工具，或者称为镰刀。[2]此外，石斧和石铲也用于与农业相关的劳动。但是，我们认为，商代最为重要的农业生产工具恐怕是一种木质工具，这就是古代文献中经常提到的"耒"。遗憾的是，年久蚀尽，大部分此类遗物皆从考古工作者的铲下消失。在商代卜辞中，有许多文字所从之偏旁皆为以两叉状物掘土之形。在汉代艺术品，如画像石中亦常有与"耒"相同的形象（图 56），很可能商人最基本的翻土耕田工具就是这种带长柄的工具。[3]耒也有可能是一种又大又重的耕作械具，不仅需要一个人扶着将之推入土壤，而且还需有一人（或者甚至是一头牲畜）在前边帮助拖拉（图 57）。[4]有些学者认为，商代农夫已使用木犁来犁地。[5]事实上，他们所提供的证据就是后推前拉的木耒。

商人以如此原始的农业生产工具（木耒、石镰、蚌镰、石斧和石铲），生产出了充足的食物，为商人创造如此伟大的文明打下坚实的基础。这一事实使我们有充分理由认为，在这样的生产力水平下，商代的农业注入了其全部精力，承受着最大能量的输入，这在甲骨卜辞中也有明确证明。下面的占卜就

---

[1]　李济：《记小屯出土之青铜器》，中篇——《锋刃器》。
[2]　李济：《殷墟有刃石器图说》，616 页。在这篇文章中仅小屯出土的有刃石器就达 3600 多件；参见本页注〔1〕李文，590 页。
[3]　徐中舒：《耒耜考》；孙常叙：《耒耜的起源及其发展》。
[4]　孙常叙：《耒耜的起源及其发展》；刘仙洲：《中国古代农业机械发明史》，8 页。
[5]　胡厚宣：《卜辞中所见之殷代农业》。

图56　东汉武氏祠画像石上所刻的古代圣人所握之耒
　　　（引自容庚：《汉武梁祠画像录》。左：神农氏；右：夏禹）

是一个极好的例子：

> 王令众人曰：劦田，其受年。十一月。[1]

在这段卜辞中有两个字值得注意，其一是"劦"字，通常解释为"协同耕作"，[2]可能也包括用"耒"耕地过程中"推"与"拉"的协作，有时称之为"耦耕"。[3]这种协作行为明显

---

[1]　罗振玉：《殷墟书契续编》，No. 2. 28. 5。
[2]　于省吾：《从甲骨文看商代社会性质》，102—103页。
[3]　关于"耦耕"的资料，可参见汪宁生的《耦耕新解》、万国鼎的《耦耕考》和何兹全的《谈耦耕》。

图 57　对作为犁的早期形式的耦耕的可能性图示
　　（引自刘仙洲:《中国古代农业机械发明史》）

暗示出，商代农业的生产组织有一定的规模[1]和制度，并由商王和其政府控制。甲骨卜辞所记载的众多小臣中大概就有一部分是直接管理这些农业生产组织的[2]。

那么，谁是这些农业生产组织的主要成员呢？按照上述分析应是"众人"。"众人"或"众"[3]，通常指"一群人"。然而，部分学者认为，"众"是在集体组织中被监督下劳动，肯定指的是马克思所说的奴隶社会中的奴隶劳动者。[4]但是，其他大部分学者都引用商代文献《盘庚》，说盘庚不仅向"众人"宣布其将要迁都的决定，而且还向他们讲明迁都的原因，并尽力证明该举动的正确性，由此看来，这些"众人"应是自由农夫，是统治者自己的族内成员[5]——确切地说，是地位略低的族内成员。即使假设后者的观点是合理的，那么众农夫也没有完全意义上的"自由"可言。张政烺的解释对此做了极好的总结：

> "众人"是农夫，是当兵打仗的人。他们……经常处于卑下的地位，和奴隶主贵族相对立。他们对于土地没有所有权……被牢固地束缚在农业共同体中，受奴隶主统治者的支配，当兵、纳贡、服徭役。当兵被俘要变成奴隶，不当兵不卖命要一家人（父母妻子）立刻变成奴隶。他

---

[1] 张政烺：《卜辞裒田及其相关诸问题》，112 页。
[2] 胡厚宣：《卜辞中所见之殷代农业》，67 页；沈文倬：《𦤶与耤》，338 页。
[3] 陈梦家对"众"和"众人"的区分是缺乏说服力的，见他的《殷墟卜辞综述》，603—611 页；另外，还可参见束世澂：《夏代和商代的奴隶制》，42 页。
[4] 王玉哲：《试述殷代的奴隶制度和国家的形成》。
[5] 胡厚宣：《卜辞中所见之殷代农业》，71—72 页；束世澂：《夏代和商代的奴隶制》，42 页；于省吾：《从甲骨文看商代社会性质》，114—115 页。

们的生命财产都掌握在王和贵族手中，他们实质上是王和贵族的工具和财富。[1]

如上所述，这段陈述是当代最具说服力的证词。在第三章中我们就曾谈到，商代的基本社会组织是族，由于族内各成员组织不断地进行着分化，派生出许多不同的分支，因此说，无论是族内各分支之间还是各族之间都存在着等级区别，族是社会等级分化的胚胎。在每个族内，有地位较高的贵族，也有地位低下的成员；在众多的族之中地位也各不相同，有的族地位较高，有的则较低。"众人"可能就是每个族内地位较低的成员，尤其指的是商王国低级族内地位低下的成员。他们直接参与农业劳动（甲骨卜辞中有大量的此类记载）；如果不服从（盘庚）命令就会被斥责，甚至有被处死的危险；因此，他们的逃跑（"丧众"）是当时王室占卜问询的主要话题之一。[2] 无论"众人"的身份地位与奴隶社会的奴隶形象是否一致，并且，即使他们也没有被戴上脚镣赶到田间劳动，但有一点是可以肯定的，即众人是商王国农业劳动的主要力量，他们组成了一个完整的地位低下的经济阶层。

有充分的证据证明，这个地位低下的劳动阶层不断有新的成员补充进来，那就是战争俘虏。在一片卜辞中我们看到（图58）：

---

[1] 张政烺：《卜辞裒田及其相关诸问题》，117页。
[2] 胡厚宣：《卜辞中所见之殷代农业》，71—72页。

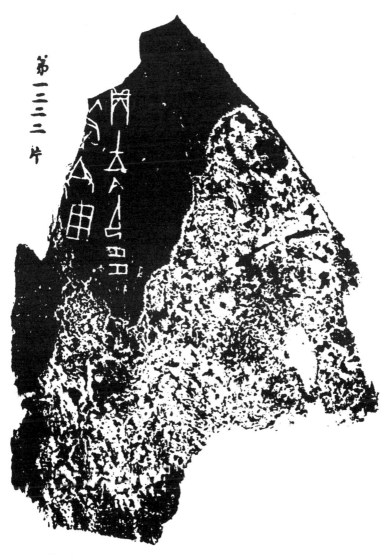

图 58 刻有命令羌人俘虏去垦新田的卜辞拓本
（引自郭沫若：《殷契粹编》第 1222 片）

贞：王令多羌衰田？[1]

这片卜辞中的一个关键词"羌"字残缺，但是将之释读为"多羌"仍是正确无误的，因为"多羌"一词在商代卜辞中极为常见[2]。"羌"，意为"羌方"之人。羌方可能是商王国的一个方国，东部与商王国相邻，是商人战争俘虏的主要来源地（图59）。据卜辞记载，这些羌人战争俘虏常在商人的祖祭中被用作牺牲而杀死，他们作为供品，意义与牛、绵羊和小山羊无异：

㞢于祖乙，十羌？二十羌？三十羌？[3]

甲午卜，贞：翌乙未，㞢于祖乙，羌十㞢五？卯宰㞢一牛？五月。[4]

卜贞：羌四百，祖□……？[5]

诸如此类的卜辞还有很多。据胡厚宣统计，在大批羌人被看作是牺牲的卜辞当中，被作为牺牲而处死的羌人个体就达7426个。[6]当然用于牺牲的战俘并非只有羌人，[7]但是只有他们是

---

[1] 郭沫若：《殷契粹编》第1222片。
[2] 赵锡元《对"试述殷代的奴隶制度和国家的形成"一文的意见》一文中将该词释读为"多羊"，是指"羊"族的众位成员。此种解释方法极为少见。李学勤（《殷代地理简论》，80页）声称，他研究过该片卜辞的实物，得出了一个极为不同的结论，其中基本没有"羌"字，而且也与农业耕作没有任何关系。
[3] 方法敛：《库方二氏所藏甲骨卜辞》第1535片。
[4] 商承祚：《殷契佚存》，第154片。
[5] 胡厚宣：《战后南北所见甲骨录》，师1.40；《甲骨续存》，上295。
[6] 胡厚宣：《中国奴隶社会的人殉和人祭》，57页。
[7] 王承祒：《试论殷代的"奚""妾""㚗"的社会身份》。

图 59　战争俘虏的陶塑形象（台北"中央研究院"藏品）

被作为牺牲使用的"外国人"。[1]并且有人可能会合理地推测，认为人牲是等待商人战争俘虏的可能的命运之一。上引甲骨卜辞表明，对战俘来说转为农夫无疑是他们更受欢迎的选择。在卜辞中还有关于"多羌"参与王室狩猎活动的记

---

[1] 见白川静：《羌族考》。岛邦男（《殷墟卜辞研究》）认为"羌"指的是"羽毛舞"，从而否定了羌人在祭祀中被作为牺牲的说法。他的观点没有强有力的证据。

载,[1]由此看来,羌人和"众人"一起参加农业劳动的活动——尽管可得到的此类卜辞较少——也不应该被看作是一件特殊的事件。

上述讨论表明,据他们所从事的农业生产和在农业生产中所扮演的角色来看,商代社会中的各类成员可分为地位不同的多个社会阶层,这些不同等级的社会阶层呈梯状结构。如图60所示。

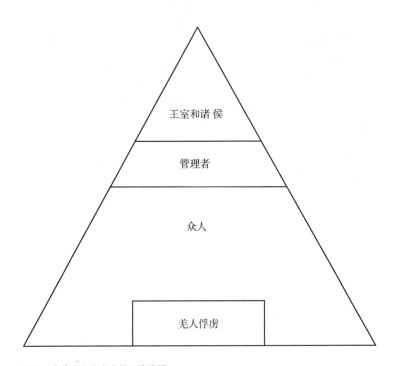

图60 商代农业生产中的经济阶层

---

[1] 岛邦男:《殷墟卜辞综类》,18页。

其他产品的生产和徭役

毫无疑问,农产品在商人的食物结构中占据中心地位,其产品可能包括谷物、蔬菜、水果和硬壳果实。肉食品部分依靠渔、猎业给以补充。但是,鉴于商人用于祭祀活动的大量动物牺牲都是家养动物(主要是牛和绵羊),因此,我们推测家养动物可能是商代肉食品的主要供应源。从一些与家畜有关的甲骨文字形可以看出,牛、羊和马等字都带有一个方形框,这说明牛、羊、马都是在一个方形圈中被喂养的。但是,至目前为止,这种饲养牛、羊、马的方形圈遗址在安阳或其他地区的考古遗存中还没有被辨认出来;我们对它们的结构、规模,尤其在居住遗址中的分布等问题都很感兴趣。这些可以为我们提供关于养殖模式和养殖与特定血缘组织之间的关系等资料。

各族群的职业明显趋向于专一化,有的从事生产各种手工业品,有的则从事某种特殊服务。很早以前,我们就发现《左传》中提到商人族众给建立周邑的贵族的赠礼,这些族的名称常与职业相关:陶(陶器)、施(旗帜)、锜(炊器)、长勺和尾勺(酒器)、索(绳索)、繁(马的羽状饰)、樊(防护围栏)。[1]我们在研究中发现,商代和西周早期的青铜器上常铸有许多图像符号,学术界普遍认为它们是氏族和家族的徽号。[2]毫无疑问,某些族徽实际上就是他们的族名,其中许多族名还可能体现着他们的某种特殊职业。我的合作者和我曾统计过有关青铜器上的族徽,[3]在我们统计表所列的铜器上

---

[1] 李亚农:《殷代社会生活》,50页。
[2] 郭沫若:《殷彝中图形文字之一解》。
[3] 《商周青铜器与铭文的综合研究》。

的可能的族徽当中，图61所包括的可能皆与他们本族所从事的职业有关。[1]这些族徽——虽不能说绝对没有问题——至少是比较容易看出的，其他没有被辨识出来的也许还有很多。由于商代手工业生产的技术复杂程度较高，当时作为专门化生产的行业可能还有很多，如石器制造、木器雕刻、皮革制造、漆器制造、马具生产、怀有各种专长的厨业，以及其他各种被考古发掘证实的或文献记载的工艺品的制作等，即使不是所有行业，也是商代各家族和其分支的专门职业。有人推测，这些行业中——即使不是全部——至少也是大部分集中在王都区，其他地方则相对少见。在第一章中，我们曾描述过安阳地区出土的部分手工作坊遗址。只有通过这些实物遗存，我们才能够体会到当年在这里或者其他地方存在着的某些生产活动的场景。

青铜器生产　如第一章所述，两座较大规模的青铜铸造作坊都发现于安阳殷墟，一座在小屯村中部，另一座位于苗圃北地/薛家庄。在苗圃北地铸铜遗址发掘了一座大型房子，面积约328米×4米，下有夯土台基，四周夯筑黄土围墙。在房基内出土有泥范和坩埚残片。[2]由于平地建筑和夯土建筑常常与地位较高的人联系在一起，因此，有人推测青铜器制作者，或者至少他们中地位较高者，享有代表上层阶级的这一夯土建筑。如果考虑到商代的大多冶铸者都是身怀绝技的话，这种推测就绝非无稽之谈。鉴于罗尔·巴纳德（Noel Barnard）对商代青铜冶铸已进行了综合研究，[3]因此，我们关于技术方面的详细资料除本人的一些观察外，主要参考了巴纳德的文章。在这

---

[1] 至于"册"，我们同意白川静的解释。见白川静：《作册考》。
[2] 《1958—1959年殷墟发掘简报》，《考古》1961年第2期。
[3] Noel Barnard and Sato Tamotsu, *Metallurgical Remains of Ancient China*; Barnard, *Bronze Casting and Bronze Alloys in Ancient China*.

图61 与职业有关的徽号
a. 牧者；b. 商人；c. 运输者；d. 厨师；e. 画工；f. 史官；g. 牧者；h. 屠夫；i. 卫士；j. 差使；k. 刀匠；l. 弓匠；m. 做箭者；n. 做箭服者；o. 制戟者；p. 制盾者；q. 弓手；r. 持戟者；s. 刽子手；t. 制旗者；u. 制车者；v. 制船者；w. 筑房者；x. 铸鼎者；y. 制甗者；z. 制鬲者；aa. 制爵杯者；bb. 酿酒者；cc. 制丝者；dd. 木匠；ee. 果园管理者；ff. 采坚果者（大部分采自考古学专刊《金文编》）

些铸铜遗址中几乎没有发现处于原始岩石状态的铜、锡矿石，这暗示着青铜不是在商都安阳生产的，而是在矿区被冶炼出来的。如果部分矿区在商的疆域之内，我们就有希望发现旧矿址和冶炼作坊；否则这些矿石和（或者）已经冶炼好的铜锡块就可能是从异域交换来的。但是，无论如何，为冶炼青铜所需要的合金的获得在整个铜器制造活动中肯定占有相当重要的地位，然而在现存的考古资料中还没有见到过关于这方面的资料。在安阳的铸铜遗址中，泥土被用于制作青铜礼器的模型和部分武器及工具的外范（单范和双范）。工匠们在内模上刻画出必需的装饰纹样；之后，以内模为依托分片制作外范（因此称为分范或块范）。这样他们就在外范的内表面压印出精美的纹饰。再后，将内模的外表面刮去一薄层，再把做好的外范和被削去一层的内模（这时的内模通常称之为内核）拼合在一起（图62），固定于地面之上，使单范和双范的聚拢和拆开处都完全吻合。这些恰当安置的单双范是可以自由拆合的。最后，选一吉祥之日，[1]将熔化的铜水倒入范内，就可以生产出青铜礼器。当然，制作青铜时的辅助合金要按比例加入（大约80%—95%的铜、5%—20%的锡、部分铅和其他金属）。但是，部分青铜礼器规模巨大（一个青铜方鼎长为180cm，宽为110cm，重达875公斤），冶铸这样的大型青铜器不但需要大量的劳动力，而且还要求有极为精湛的技术、统一的管理和共同的协作。

  陶器制造 尽管在考古学上找到了制陶作坊的具体位置，但是详细情况却无法了解，对陶工们的生活状况更是一无所知。陶器是殷墟考古的主要收获之一，甚至在安阳商都之内就

---

[1] 燕耘：《商代卜辞中的冶铸史料》，299页。

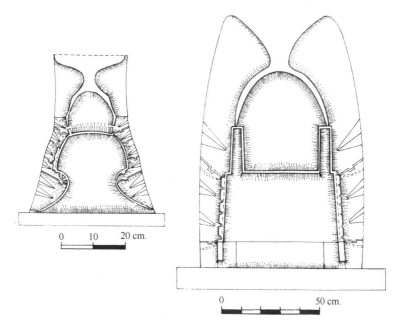

图 62　商代铸造青铜容器的陶范
（引自石璋如：《殷代的铸铜工艺》，第 113 和 117 页）

有许多陶器供应中心，并且从当时商人对陶土选择之精细、白陶纹饰雕刻之复杂、制陶轮盘之使用和釉陶之生产与推广等，皆可以看出安阳商都的某些陶器制作具有极其精湛的工艺水平。[1]然而，考古发现的绝大部分商代陶器都是简单的灰陶，体饰绳纹。安阳的陶器制作中心可能有较细致的分工，分别制作不同的陶器，在这些陶器制作中心的内部肯定也存在着不同的等级差别。

石器和玉器制作　在石器生产中，工艺技术之多，规模之大都足以证明当时石制品的使用非常普遍。生产石质工具

---

[1] 李济：《小屯陶器》；《殷墟出土的工业成绩——三例》。

（如板岩质的镰刀等）可能是专门做普通用品的手工作坊的专职工作，但玉器雕刻和大理石的雕塑肯定要求大规模的作坊和技术精湛的匠师。北京玉厂的熟练工人经过对部分商代玉雕制品的实验研究之后认为，这些玉器的制作要求工匠有极高的工艺技术，制玉作坊也要有相当大的规模，而且，当时肯定已经使用青铜刀和钻子作为制玉工具。[1]1997年，在小屯村发现了被认为是制玉、石作坊的房基遗存，它不仅使用了夯筑土墙和以熟石灰抹墙等筑造技术，而且在其夯土墙的内壁上还发现了黑红双色壁画。在房基里有一窖坑，内出一具被肢解的骨架和一件带铭的青铜器盖，这可能是一次祭祀活动的遗物。[2]这些遗存体现着相当高的社会地位，可能表明负责这个作坊的家庭或家族，或者至少是他们的首领拥有与其他行业的头领相似的社会地位。

经济资源的向上和向心流动

商王朝时期，当食品和手工业产品在乡村和遍布商王国的手工作坊中被生产出来以后流向何处呢？与其他一些古代文明（如，苏美尔文明）相比，商代唯独缺乏关于经济事务方面的文字记录。这是商文明的一个值得注意的重要特征（下文我们将对此做进一步讨论），而这一特征恰好影响了我们对上面提出的简单而又必须做出回答的问题做直接而又资料详实的解释。但是，我们肯定会尽量提出一个结论，尽管这一结论有时是建立在推测的基础之上，并且在许多方面还缺乏详细的资料。

---

[1]《对商代琢玉工艺的一些初步看法》，《考古》。
[2]《1975年安阳殷墟的新发现》，《考古》。

从安阳出土的实物资料来看（安阳殷墟保留有大量的甲骨卜辞资料和最佳的考古学证据），各种经济资源的输入量是相当庞大的，如谷物、野兽和家畜、手工业品和各种服役；而从商王国向外的输出却非常少见，主要是商王对地方诸侯的赏赐品、维护庞大军事保护的开支和商王为各地侯伯的福利的祝愿。

首先，看看各邑对商王国的输入。商王室最基本也是最重要的输入品可能是谷物，其中主要是粟。据卜辞记载，商王非常关心四方（东土、西土、北土、南土）的受年情况，而且对他的诸妇、诸子和诸侯的领土的受年状况也极为关心，但是对四周别国的受年情况却不重视。这些记载表明，各邑的受年情况与商王国的根本利益息息相关，商王可以分享王国内四土的谷物收成。[1]除此之外，商王还自国内诸侯收取其他的货物。在武丁统治时期，贡入的这些物品多被刻记于龟甲的甲桥、甲尾和肩胛骨的骨臼处。从这些记事刻辞，我们知道各地诸侯贡"入"或献"来"的物品有：龟甲、牛肩胛骨、（可能还有）贝壳、牛、马、象、战争俘虏、西方的羌人等。在西北岗出土的一件骨笲上刻有记辞，记辞内容表明该骨笲是由晷侯贡入，原为一对，此乃其中之一。[2]各地诸侯贡给商王室的珍贵物品数目相当庞大，像上述之类的礼品可能仅占其中的很小一部分。

然而，商王并不仅仅是在王都坐等各地侯伯源源不断地前来进贡，有时还亲自出去收取。我们以前提到的王室狩猎活动

---

[1] 胡厚宣：《卜辞中所见之殷代农业》；陈梦家：《殷墟卜辞综述》，313—316页。

[2] 胡厚宣：《武丁时五种记事刻辞考》。

常在王国内各处举行,这可能是除了娱乐以外还是商王向各地侯伯进行经济掠夺的一种方式,他们的收获有时候是相当可观的。除此之外,商王还经常到地方上举行各种田游活动,这还不算他对邻邦的征伐。[1] 在这些出行过程中,商王和他的大批随从无疑都要被他们所经过地区的臣民们"热情招待"。卜辞中有不少关于"取"马、牛和羊的记载,其中一部分"取"很可能就发生在这些行旅过程中。[2] 在每一次成功的战争之后,都会有或多或少的战争俘虏被带回,又当作劳动力与人牲而进一步增加首都的财富。

其次,看看商王国的支出情况。在支出的项目中,唯一有记录的重要项目就是关于商王给其地方诸侯们施舍礼品的记载。此类记载在甲骨卜辞中偶有出现,却极为少见;但是,当商王赏赐诸侯们贝壳和青铜时,他们常会做青铜重器以记之,由此在某些青铜礼器上常会留下诸如此类的赏赐记载。在一本包括4000多件有铭文的商周青铜器图录中,铸铭以纪念王室赏赐的商代青铜器就多达50件。[3] 显然,这些礼品的赏赐只能代表着国家财富在社会的顶层的"再分配"。

实际上,上述我们所做的收支对比,虽不是很全面,但已明确表明商王国的资产(谷物、肉食、手工产品和各种服役)流动极不平衡,一致地流向商代社会的上流阶层和聚落网中的大型城邑(尤其它们中规模最大的城邑,如国都)。在小屯发现的地面建筑和西北岗的王室大墓等考古遗存为上面的结论做了很好的注释。妇好墓的随葬品为此提供了一份极好的清

---

[1] 董作宾:《殷历谱》(下,第九卷,武丁日谱)。
[2] 陈梦家:《殷墟卜辞综述》,318页。
[3] 张光直:《商周青铜器与铭文的综合研究》。

单：[1]

木椁和漆绘木棺

16 个殉人

6 只殉狗

大约 7000 个子安贝壳

200 多件青铜礼器

5 件铜铙和 18 件小型铜铃

44 件青铜工具（其中有 27 把铜刀）

4 件铜镜

1 件铜勺

130 多件青铜武器

4 只青铜虎或虎头

20 余件其他种类的青铜制品

590 多件玉器和似玉器

100 多件玉珠、玉环和其他玉饰

20 多件玛瑙珠

2 件水晶制品

70 多件石雕制品和其他石制品

5 件骨器

20 件骨箭头

490 余件骨笄

3 件象牙雕刻品

4 件陶容器和 3 件陶埙

在一座墓中随葬如此多珍贵的遗物还不多见，这些遗物不仅来自商王国的四土，而且有的来自商王国以外的异域方国，

---

[1]《安阳殷墟五号墓的发掘》，《考古学报》1977 年 2 期。

它们是由商王国内外无数的手工作坊和无数工人的辛勤劳动创造出来的艺术结晶。由此看来,妇好的确是商代社会的中心人物,并已接近商代社会的顶端(武丁的法定配偶)。而与她相对应的社会最底层的成员则居住着半地穴式房子,墓葬规模极其狭小,这类遗存在殷墟的考古发掘中占有相当大的比例,但它们不过是一些简单的或者甚至是统计式的资料而已,而居于社会最底层的平民们所占有的财富与妇好相比显然不成比例。他们的生活根本不见于卜辞记载,但是《诗经》中部分西周时期的诗句则对此描绘得比较清楚,可以折射出商代平民阶层的真实生活状况:

> 坎坎伐檀兮,
> 置之河之干兮;
> 河水清且涟猗。
> 不稼不穑,
> 胡取禾三百廛兮?
> 不狩不猎,
> 胡瞻尔庭有悬貆兮?
> 彼君子兮,
> 不素餐兮!
>
> ——《诗经·魏风·伐檀》
>
> 硕鼠硕鼠!
> 无食我黍。
> 三岁贯女,
> 莫我肯顾。
> 逝将去女,
> 适彼乐土。

乐土乐土！
爰得我所？

——《诗经·魏风·硕鼠》

七月流火，
九月授衣。
一之日觱发，
二之日栗烈。
无衣无褐，
何以卒岁？
三之日于耜，
四之日举趾。
同我妇子，
馌彼南亩，
田畯至喜。

……

春日迟迟，
采蘩祁祁。
女心伤悲，
殆及公子同归！

七月流火，
八月萑苇。
蚕月条桑，
取彼斧斨，
以伐远扬，
猗彼女桑。
七月鸣鵙，

八月载绩。
载玄载黄,
我朱孔阳,
为公子裳。

四月秀葽,
五月鸣蜩。
八月其获,
十月陨萚。

一之日于貉,
取彼狐狸,
为公子裘。
二之日其同,
载缵武功。

言私其豵,
献豜于公。

五月斯螽动股,
六月莎鸡振羽。
七月在野,
八月在宇,
九月在户,
十月蟋蟀入我床下。
穹窒熏鼠,
塞向墐户。
嗟我妇子,
曰为改岁,

入此室处!

——《诗经·豳风·七月》

西周农夫们的生活状况可能与商代不同,可历史上没有留传下来有关商代农夫生活的诗歌;然而,我们通过对西周农夫生活的某些片段与妇好墓中随葬品之丰富程度相比较,极其形象地再现出这两个王朝共同存在的资源的向上和向心流动现象。

交通和运输

我们已经认识到,商王国是由数百个具有内在等级关系的城邑构成,它们的经济资源基本上是以一种向上和向心模式进行着不断的流动。随之而来的显然就是要求改进工具,至少要使资源的流动更为便利。那么,在商王国这个复杂网络中,尤其在商都和四方之间,首先要考虑的就是交通和运输。

由于在考古发掘中很少有关于运输方面的资料,这里我们首先对此问题做一讨论。上面所讨论的手工专业化和资源流动必然要具备的一个前提,就是要有一条有效的运输网络去长途运输原材料、谷物和其他食物以及手工业品。毫无疑问,如果商人用人力车队来运输矿石、成袋的谷物、大块的石料、陶土和其他或轻或重的货物的话,那么肯定会在邻近各个定居点的漫长征途中发现其踪迹。但是,商人还用什么样的非人力的运输工具来完成这么巨大的运输量呢?舟船无疑是可行的一种运输工具。那么,由人或其他牲畜(如马和牛)拖拉的二轮或四轮货车呢?是否还利用牲畜(如牛)来负载货物?所有这些都有可能。当然,我们都知道,轮式的运输工具就是马车,但是,在我们考古发掘出土的马车和商代甲骨金文中所记载的

"车"字形状的马车中,到底哪一种是用于运输的马车?现在还没有被彻底识别出来。《书经·酒诰》曰:"肇牵车牛",或者是否可以说,大车是由牛牵拉的呢?无论如何,正如王亥在商王国祭祀中的突出地位和他在驯化牛的过程中所扮演的传奇角色所表明的,牛在商代文明的形成过程中可能发挥着重要作用。[1]

关于谁从事运输货物这一职业的问题,目前我们还不太清楚。因为有些族是专职的"商人"(Professional traders),贝壳作为交换的货币参与流通,因此,"商人"在商代社会中无疑扮演着重要角色;事实上,商王国的臣民都精于商品贸易,他们的后人大多以商品贸易为职业,时至今日"商"字仍有"商人"(merchant)之意,和当时所指的商人(Shang people)为同一个词。遗憾的是,我们没有任何关于商代贸易和商代"商人"的可靠资料。

在商代,伴随着各种原材料、货物、信息、差使和命令不断地往来穿梭于各聚落之间,口头的和书面的语言交流就必然成为商代国家网络体系形成中的又一个前提。正是这种关系使得我们对中国文字起源的研究变得有意义起来——如果我们注意到了汉字的最早发明是为了记录这一文化特征的话,将有助于我们从整体上去把握这一文化。

尽管大批商代文字是以卜辞的形式被刻写在龟甲和牛肩胛骨上面,但是,最早的汉字却是发现于陶器上。中国古代的第一批陶文资料是1870年在山东、河北被发现的,尤其山东临

---

[1] 王国维:《殷卜辞中所见先公先王考》和《续考》;吴其昌:《卜辞所见殷先公先王三续考》;顾颉刚:《周易卦爻辞中的故事》;陈梦家:《商代的神话与巫术》;胡厚宣:《甲骨文商族鸟图腾的遗迹》;内藤虎次郎:《王亥》和《续王亥》。

淄地区发现最多。[1]据研究，这些陶器大部分是东周时期齐国和鲁国的遗物，其上的陶文记述了齐、鲁两国陶工的身份和籍贯。据说，20世纪20年代初30年代末，在山东城子崖遗址经科学发掘出土了与东周时期风格迥异的刻文陶器，刻文位置多在罐口，当时的报告说这些陶器都出土在史前龙山文化堆积层中。[2]与此同时，在安阳殷墟也发现了此类刻文陶器。[3]20世纪30年代，带有相似刻符的陶器也发现于中国最南部的广东沿海地区[4]和中国东部的杭州湾[5]。由此看来，陶文在解放前已为考古学界所熟知，不仅熟悉最早历史时期（商周时期）的陶文，而且对史前时期也有了深入的了解。但是相对来说对这些陶文符号的重视程度仍然不够。在这方面，商时期的陶文被大量的刻辞甲骨所冲淡，以致被学者们所忽视，史前时期的此类遗存不但太少，而且过于分散、简单，一时也没有引起学术界足够的重视。

近年来，有许多学者致力于古代中国陶文研究。自1949年以来，新的考古发现层出不穷，不仅在郑州[6]和偃师[7]两地更早的历史时期的遗址中发现了新的陶文资料，而且在时代非常早的史前遗址——半坡聚落，[8]碳十四测定年代为公元前

---

[1] 吴大澂：《说文古籀补》；刘鹗：《铁云藏陶》。
[2] 傅斯年、李济等：《城子崖》。
[3] 李济：《小屯陶器》。
[4] D. J. Finn, *Archaeological Finds on Lamma island near Hong Kong*, part Ⅱ; W. Schfield, *The Proto-historic Site of the Hong Kong Culture at Shek Pek*, Lantau, Hong Kong; R. Maglioni, *Archaeological Discovery in Eastern Kwangtung*.
[5] 何天行：《杭县良渚镇之石器与黑陶》；施昕更：《良渚》。
[6] 安志敏：《一九五二年秋季郑州二里冈发掘记》，77页；《郑州商代遗址的发掘》，《考古学报》，83页；《郑州二里冈》，考古学专刊，17页。
[7] 《河南偃师二里头遗址发掘简报》，《考古》，222页。
[8] 《西安半坡》，考古学专刊。

第五千纪的早期——出土的陶器上也发现了与之相似的刻符资料。最近，几位历史学家和考古学家就早期刻画符号发表研究文章，他们的注意力都集中在中国古代文字的起源上，[1]李孝定肯定地认为，半坡的陶器刻画符号已经是"文字"了，并将中国文字的起源定在半坡遗址所代表的文化时期。[2]何炳棣对此做了更深入的研究，认为半坡的某些刻符是数字，它们是"人类创造的最早的数字符号"。[3]

这些课题——中国文字的起源以及如何从中国与世界其他国家和地区文字的不同历史发展过程的角度对此两者进行比较——不是这里我们希望讨论的主题。我认为，有关中国古代陶文的甚至更具意义的课题是各地各时期陶文之间不同的风格和这些陶文在中国古代文化史上所占的重要地位。但是，首先让我们来看一下迄今为止所发现的史前时期和商代的陶文资料：

史前时期
陕西省西安市半坡村遗址（仰韶文化）[4]
陕西省西安市五楼遗址（仰韶文化）[5]
陕西省合阳县莘野村遗址（仰韶文化）[6]

---

[1] 李孝定：《从几种史前和有史早期陶文的观察蠡测中国文字的起源》；郭沫若：《古代文字之辩证的发展》；郑德坤：《中国上古数名的演变及其应用》；于省吾：《关于古文字研究的若干问题》；Ho Ping-ti, *The Cradle of the East*, Chapter 6。
[2] 李孝定：《中国文字的原始和演变》。
[3] Ho Ping-ti, *The Cradle of the East*, p. 223.
[4] 《西安半坡》，考古学专刊。
[5] 《丰镐一带考古调查简报》，《考古》，29页。
[6] 《黄河三门峡水库考古调查简报》，《考古》，1页，图1、2。

陕西省临潼姜寨遗址（仰韶文化）[1]
青海省乐都柳湾遗址（马厂文化）[2]
山东省莒县陵阳河遗址（龙山文化）[3]
山东省诸城前寨遗址（龙山文化）[4]
山东省龙山镇城子崖遗址（龙山文化）[5]
上海市青浦县崧泽遗址（崧泽文化）[6]

图63 青海柳湾遗址出土的马厂文化陶文
（引自《考古》所刊载的《青海乐都柳湾原始社会墓地反映出的主要问题》376页）

---

[1]《临潼姜寨新石器时代遗址的新发现》,《文物》,82页。
[2]《青海乐都柳湾原始社会墓地反映出的主要问题》,《考古》。
[3]《大汶口》,考古学专刊,117页。
[4] 同上。
[5] 傅斯年、李济等:《城子崖》。
[6]《上海市青浦县崧泽遗址的试掘》,《考古学报》,7页。

浙江省杭县良渚遗址（良渚文化）[1]

台湾高雄凤鼻头遗址（凤鼻头文化）[2]

广东省菝仔园遗址、宝楼遗址和海丰遗址（几何硬纹陶文化）[3]

香港拉玛岛大湾遗址（几何硬纹陶文化）[4]

香港大屿岛石壁遗址（几何硬纹陶文化）[5]

早期历史时期

河南省偃师市二里头遗址[6]

河南省郑州市二里岗遗址[7]

河南省郑州市南关外遗址[8]

河南省安阳市小屯遗址[9]

河北省藁城台西村遗址[10]

江西省青江吴城遗址[11]

关于上述遗址中出土的详细陶文资料在此我们不多赘述，因为我们这里所讨论的主要问题是：刻画这些陶文的目的是什

---

[1] 何天行：《杭县良渚镇之石器与黑陶》；施昕更：《良渚》。

[2] Chang Kwang-chih et al., *Fengpitou, Tapenkeng, and the Prehistory of Taiwan*, p. 100.

[3] R. Maglioni, *Archaeological Discovery in Eastern Kwangtung*.

[4] D. J. Finn, "Archaeological Finds on Lamma Island near Hong Kong, Part Ⅱ."

[5] W. Schofield, "The Proto-historic Site of the Hong Kong Culture at Shek Pik, Lantau, Hong Kong."

[6] 《河南偃师二里头遗址发掘简报》，《考古》。

[7] 安志敏：《一九五二年秋季郑州二里冈发掘记》，77页；《郑州商代遗址的发掘》，《考古学报》，83页；《郑州二里冈》，考古学专刊，17页。

[8] 《郑州南关外商代遗址的发掘》，《考古学报》，83页。

[9] 李济：《小屯陶器》。

[10] 《藁城台西商代遗址发现的陶器文字》，《文物》。

[11] 唐兰：《关于江西吴城文化遗址与文字的初步探索》。

么？我认为，无论是商代或是史前时期，压倒多数的陶符皆为某个家庭、家族、氏族或其中某个组织的分支等的标志物和徽号。若是，那么，以现在可识之文字与它们相匹并将它们诠译为有意义的句子的做法，在大多情况下是不可能有结果的。在上述看法的背后包含着两个值得考虑的问题：一是这些符号的用意如何？二是刻画者的社会地位如何？

首先，关于这些刻画符号的目的。中国考古学界的几位学者曾经认为，烧前刻画的符号可能是为了区分陶器的制作者，而烧后刻画的符号则是为了标识器主对该器的所有权。的确，临淄出土的许多陶文表示的都是私人陶工的姓名，或者该陶工所属的工场名称；[1]然而，这些陶器都是东周时期生产的，那时的陶工和其他手工业者都已成为专职工匠和交易人。我们差不多可以肯定，仰韶文化的陶器不是由专职工匠生产出来的；半坡村仰韶文化的陶器制作更像是以家庭为单位的个体生产。在半坡遗址，某些陶符趋向于集中出土：

> 我们发现多种类同的符号，出在同一窖穴或同一地区。例如，以数目最多的第一类符号的出土情况来分析，在我们统计的72件标本中，大部分集中出在六个地点，基本上是相连接的一个地区，面积也不过100多平方米。又如在H341中发现同类的标本两个。而5个"Z"形的符号都集中出于两个探方内。[2]

相似的现象还见于台湾凤鼻头遗址。在凤鼻头遗址，带有

---

[1] 顾廷龙：《古陶文𥕛录》。
[2] 《西安半坡》，考古学专刊，198页。

"X"刻画符号的贝壳都集中出土于村落南部边缘的一个独立区域。[1]这后一种现象还表明,以前学者们从史前陶符中识读出来的所谓"数字"可能仅仅是一种符号,这种符号在形状上恰好与中国早期历史时期的某些数字相一致。数字1、2、3和4实际上就是由1、2、3或4笔短笔画组成的简单字形,5即为"X",7则简单地写成一个"十"字交叉形。这些符号在许多遗址中都普遍存在。[2]其他的中国数字,如6、8、9等在数字体系中具有更强的随意性,至今没有发现与它们相应的陶文符号。至于小屯出土的陶文,正如李济所问的:"一些数字(7)出现频繁,其他数字(1、3、4)则罕见,另外一些数字(2、6、8、9)根本不见,这是为何?"[3]由于单笔画和多笔画、"十"字交叉、"X"等为众多遗址普遍用于辨识和区分的符号,因此,它们可能仅仅是为了标明某些陶器应属某人所有,这也有可能与某些社会的不同分支有关。当从这些符号文字中辨识出不同的姓名和徽号之后,再进一步研究就可以将这些刻符陶器回归于具体的有名有姓的组织中去;但是,从原则上来看,这些陶文符号和其他标识性符号没有什么区别。如果此观点可靠的话,它将有利于大部分小屯陶文的分类。至于小屯陶器上的"位置符号",董作宾指出,"左""中""右"

---

[1] Chang Kwang-chih et al., *Fengpitou, Tapenkeng, and the Prehistory of Taiwan*, p. 54.
[2] 事实上,在使用不同数字的世界其他地区也同样发现有与中国相似的陶文符号。我以前耶鲁大学的同事,哈维·韦斯教授(Prof. Harvey Weiss),友好地向我展示了数十片来自1977年发掘的伊朗西南部巴基斯坦境内的一个欧贝德晚期遗址(公元前4000年)的带有相似符号的陶器残片,其中与中国数字相似的符号有1、2、3、20(如"V")和30("V"加上另一只手臂状物),这些类似数字的符号和草纹一样都刻画于大型钵形器的底部。
[3] 李济:《小屯陶器》,124页。

等字可能也代表人。[1]正如我们在甲骨刻辞中所看到的那样，人名常常与社会组织和政治组织的名称没有区别。[2]

对一些或大部分史前时期和商代陶文的这种解释——是使用该陶器的社会组织的标示物或徽号——与商代青铜器上的许多铭文的使用方法极为一致。在我以前的文章中曾讨论过商代金文中有关族徽的详细情况，[3]我的研究成果之一就是许多青铜器铭文中的族徽都是由复合字组成，这些复合字代表着各个统治阶层的社会组织。[4]在刻画陶器上出现多个陶文的偶然现象也有可能从社会组织的等级关系方面得到解释，至少有一部分可以解释。

那么，按照这一观点，陶文形成了一种特殊的文字体系，我们不应该以同样的眼光来看待陶文和书写于其他媒体如龟甲、骨头、竹片、木块和丝绸等之上的文字。对此，罗振玉很早以前就已注意到："陶文为古文之异体，与古玺古货币文字并与习用之古文不同。愙斋与古彝器文并列，实未尽合其文，多省略变异，不可强为说解。"[5]在这里，我们不敢肯定罗氏对吴氏的批评是完全正确的，因为正如上面我们讨论中所暗示的，一些青铜铭文——如，徽号——可能与陶文属于同一文字系统。但是，他提出的陶文与封印和币铭的关系比与有规律的古体文的关系更为接近的观点还是值得接受的。

东周陶文与封印和币铭较为相似，原因可能是因为这些陶文是当时工匠和生意人使用的书写形式，他们与那些用毛笔在

---

[1]　李济：《小屯陶器》，147页。
[2]　张秉权：《甲骨文中所见人地同名考》。
[3]　张光直：《商周青铜器形装饰花纹与铭文综合研究初步报告》。
[4]　张光直：《谈王亥与伊尹的祭日并再论殷商王制》。
[5]　罗振玉：《梦庵藏陶》序。

丝绸和竹简上写字的文书人员和史官有着截然不同的身份和地位。史前时期和商代的陶工没有必要具有与东周陶工可比的社会地位，但是，他们的确比甲骨文的雕刻者和青铜器的铸造者更接近于普通民众。上文曾提到，学者们常以陶文资料来讨论中国文字的起源是多么的古老悠久，而我认为，陶文在讨论中国文字起源中的重要意义还在于：在中国古代文字的起源过程中，社会群体的辨识作用比经济事务更具推动力，普通陶工亦比社会英雄和天才（如仓颉）更具创造性。很显然，半坡聚落是一个没有贵贱之分、没有阶级差别的社会，它的文字符号只服务于普通百姓，而非任何统治者所专有。尽管到殷商时期不同社会阶层的人们为着不同的目的使用着更为复杂的文字系统，[1]但与半坡时期使用习俗相同的陶文系统一直延续到商代。不过这里有可能存在着这么一个事实：中国古代文字根源于为了社会群体辨识而创造的陶器刻符，它与植根于会计学的近东的文字相比在表达方法上存在着显著差异。[2]这一事实强烈暗示着古代中国文字的优先意识：某一血缘组织的成员资格是其官方文字记述的首要事项，因为它是维护古代中国社会秩序的关键。对于上文我们描述过的有关经济网络的运作机制来说是必不可少的那些信息，被传送到各个血缘家族的经济网络之中。当然，我们不能说在这样的框架下经济事务方面的记载是不必要的，但是，事实是我们可得到的有关商代文字方面的考古资料——我们希望发现的唯一的信息传播手段——是由成组的标志符号（陶文和青铜器上的徽号）、卜辞记录（甲骨刻

---

[1] 甚至在现代中国，不同社会地位的人们仍可能使用着稍微不同的书写体系，比如，所谓的数字和民间常用的一套数字系统（丨刂刂Ｘ８ㄥ丄丅亖夕十）恐怕在学术论文和官方文件中是不可能出现的。

[2] Denise Schmandt-Besserat, "The Earliest Precursor of Writing."

辞)、馈赠赏赐记录(大部分是长篇青铜铭文和从武丁统治时期开始的贡入记录)等组成。其中只有最后一项文字信息是有关经济方面的记录,但是,即便如此,它们的确切目的可能仍是为了政治;并且最为重要的文字记载——甲骨文——也完全是为了一种政治目的:商王与其先祖进行沟通的能力、成功预测未来的能力,以及被吉德炜阐明了的[1]使其统治合法化的手段和保障他的经济实力。

第三节 与其他方国的关系

我们对商王国与相邻方国之间的联系了解多少呢?在甲骨卜辞记载的"多方"之中,属于卜辞第一期的最多:据岛邦男统计,属于该期的方国名有33个;而属于卜辞第二期的有2个,属于第三期的13个,属于第四期的23个,属于第五期的8个。[2]在这些方国之中,"舌方"和"土方"出现最为频繁:舌方出现486次,土方出现92次;其次就是"人方",在卜辞第五期中出现28次。但是,一个方国的重要性并不总是反映在其于甲骨卜辞中的出现次数上。下面让我们简单看一下商王国较为重要的8个方国,以及甲骨学专家所推测的它们的大概地望。

1. 舌方(𠮷方)。大部分学者认为,舌方位于遥远的西北地区,可能在陕西北部,或者在更偏北的鄂尔多斯地区。[3]尽

---

[1] David N. Keightley, "Legitimation in Shang China."
[2] 岛邦男:《殷墟卜辞研究》,384—385页。
[3] 郭沫若:《卜辞通纂》;董作宾:《殷历谱》;胡厚宣:《舌方考》;岛邦男:《殷墟卜辞研究》,385—388页;陈梦家:《殷墟卜辞综述》,273—274页。

管商王国在武丁时期与舌方的联系较为频繁，但是舌方可能并不是一个非常强大的国家；他们对商王国的袭击和侵扰所造成的损失较小，而参与侵扰的军队最多不过6000人。[1]当然，商王国与舌方之间也有友好相处的时候，在商代甲骨文中，我们发现商人要求舌方为商王完成某些使命的记载，但是即使在友好相处之时，舌方仍多次发动对商的袭击。[2]舌方的名称在卜辞第一期之后出现较少。据董作宾研究，舌方之人是以游牧为生。[3]

2. 土方（Ωｻ）。土方是又一个属于卜辞第一期的方国。它的具体地望可能在山西北部。土方之名在卜辞第一期之后就完全消失，这可能与武丁对土方的征伐有关。[4]

3. 羌方（ｷｻ）。对商人来说，羌方是一个特殊的国家，因为羌方是卜辞中唯一提到其族人在商人祖祭中被当作牺牲的异邦，对羌方的战争也总是动用大批军队，有时一次就多达1.3万人。[5]羌方位于商的西部是没有问题的，但是对其具体地望的看法却有很大的分歧，有的说在河南西部；[6]有的说在山西最南部、陕西和河南的交界地区；[7]有的则说在陕西北部，与舌方南部接壤。[8]《说文》将"羌"字解释为"西戎牧羊人也"；而甲骨文中的"羌"字之上半部则表现为羊首形。羌方是与商人有着长期联系的方国之一，它的名字出现于卜辞

---

[1] 李学勤：《殷代地理简论》，64页。
[2] 张秉权：《殷墟文字丙编》下二，67—68页。
[3] 董作宾：《殷历谱》（武丁日谱），38页。
[4] 岛邦男：《殷墟卜辞研究》，388—389页。
[5] 陈梦家：《殷墟卜辞综述》。
[6] 白川静：《羌族考》，61页。
[7] 陈梦家：《殷墟卜辞综述》，282页。
[8] 岛邦男：《殷墟卜辞研究》，404—405页。

第一、三、四和五等期。羌方还是参与周人最后征商之战的众方国之一（见《尚书·牧誓》）。

4. 周方（囲 ヴ）。周方或周出现于卜辞第一、二和四期，而它不见于第五期卜辞却属偶然，因为它就是后来成为商人之敌并最终征服商人的周族。在商代卜辞中出现的众方国之中，周方是较为特殊的一个。尽管它的前王朝阶段没有足够的文献记载，它最早的起源地还有待于进一步讨论和考虑，但是在商代甲骨文所记载的众方国中唯有它有自己的文字记录。先周的活动中心通常被认定在陕西渭河流域，[1]但是，钱穆却认为，太王和王季之前的周族活动于山西南部的汾河一带。[2]目前存在的分歧还无法解决，[3]但是自太王起靠近岐山的渭水中下游地区成为周族的政治中心是没有问题的。如鲁诗《诗经·閟宫》曰：

> 后稷之孙，
> 实维大王。
> 居岐之阳，
> 实始翦商。

很显然，周人的实力在太王（即上面诗句中的"大王"）统治时期于渭水中游逐渐强大起来。据《古本竹书纪年》记载，商人与周族的主要联系和冲突都发生在季历——太王之子——统治时期：

---

[1] 丁山：《由三代都邑论其民族文化》；齐思和：《西周地理考》。
[2] 钱穆：《周初地理考》。
[3] 许倬云：《周人的兴起及周文化的基础》。

武乙三十四年：周王季历朝商。

大丁（文武丁）四年：大丁命季历为殷牧师。

文丁：杀季历。

季历之子——文王，在某些古书中号称"西伯昌"，或曰"昌"，为西伯，文王之子——武王在其十一年发动了征商战争。尽管岛邦男认为，通过甲骨卜辞可以认定周之地望在岐山附近，[1]但是所有这些文献资料在甲骨文中都不是很清楚。后来，在1977年的一个新闻报道中得知，在陕西岐山县京当公社发现一座"宫殿建筑基址"，其中一座房间里出土了一批刻辞甲骨，大约100多片。[2]据报道，这些甲骨的时代不早于文王时期，其中包括商周关系等方面的信息，对此我们将有详论。

5. 召方（ ）。属于卜辞第四期，为武乙统治时期的一个著名方国。武乙经常对召方发动战争，规模相当庞大，有时武乙还要亲征，王室成员都要补充入伍。[3]召方亦位于商王国之西，与羌方为邻，可能在陕西中部地区。[4]

6. 雷方（ ）。雷方的名字在商代甲骨文中仅出现了两次，其时代可能都不早于文武丁统治时期，亦即卜辞第四期。[5]有文献表明，雷方之地望在商之南土以南地区。陈梦家指出，这是仅有的可以将武丁卜辞（按照他的断代标准）中的南土与敌对方国联系起来的参考资料，陈氏并将雷方的具体位置认定在

---

[1] 岛邦男：《殷墟卜辞研究》，410页。
[2] 新华社1977年11月1日新闻。
[3] 陈梦家：《殷墟卜辞综述》，287页。
[4] 陈梦家：《殷墟卜辞综述》，287页；岛邦男：《殷墟卜辞研究》，404页。
[5] 董作宾：《殷墟文字甲编》，甲，第2902、2907片。

商丘南部的淮河流域。[1]但是，淮河流域与东土的联系，显然较南土更为密切。李学勤将雷方之地望认定在湖北省的汉水流域，似乎更具说服力。[2]

很久以前，就有人指出商之北方和西北方是方国侵扰最严重的地区，[3]但是商南土之两翼也决非息事宁人之所。《诗经·商颂·殷武》记载，商王武丁深入汉水流域进行征伐：

  挞彼殷武，
  奋伐荆楚。
  罙入其阻，
  裒荆之旅。
  有截有所，
  汤孙之绪！

  维女荆楚，
  居国南乡。
  昔有成汤：
  自彼氐羌，
  莫敢不来享，
  莫敢不来王，
  曰商是常！

由于对商代南部方国以前的确很少提及，而在这里记录了商王

---

[1] 陈梦家：《殷墟卜辞综述》，289页。
[2] 江鸿：《盘龙城与商朝的南土》，45页。
[3] 郭沫若：《卜辞通纂》，第549号；陈梦家：《殷墟卜辞综述》，267页。

对荆楚之地的征伐，作为征服者的傲慢溢于言表，这可能与他们辉煌的战果有关。虽然商王国在记述其他事务时也不断提到南方，[1]但是雩方却极少在卜辞中出现。我们讨论汉水流域的考古材料时将对此问题进行重新研究。

7. 人方（𠂤𠂤）。人方在商代自早到晚的甲骨卜辞中都有提及，但是，愈到晚期变得愈为重要。帝辛曾两次亲征人方，第一次是帝辛八年，第二次是帝辛十年。在我们讨论"商"邑之地望时曾提到过帝辛对人方的第二次征伐。目前，学术界普遍认为，这些征伐战争削弱了商王国的政治力量，同时也给武王征商提供了机会。[2]并且，大部分学者都认为，人方居住在淮河中下游地区，位于今天的江苏省和山东南部地区。

8. 盂方（𠂤𠂤）。盂方也是一个重要的政治单位。位于安阳地区东北不远处，可能在今天的河北中部一带。[3]商王经常在盂方境内举行王室田猎活动，盂方的统治者也许可以被看作是商王朝的一位"侯伯"。但是到卜辞第五期时，他们明显叛商，导致帝辛时期对盂方发动了大规模的军事征讨。[4]

上述 8 个方国仅是见于记载的所有方国[5]中的一小部分，但是，它们已足够廓清商王国的大致疆域范围：北至豫北冀南、东至山东西部、东南到安徽最北端和江苏西北部地区。其周边为众方国所环绕，北（山西北部）有土方，西北（陕西

---

[1] 江鸿：《盘龙城与商朝的南土》，42—46 页。
[2] 岛邦男：《殷墟卜辞研究》，391 页；陈梦家：《殷墟卜辞综述》，304 页。
[3] 岛邦男：《殷墟卜辞研究》，374—375 页。
[4] 董作宾：《殷历谱》下，第 2 卷，45—46 页。陈梦家：《殷墟卜辞综述》，309—310 页。
[5] 岛邦男：《殷墟卜辞研究》，第 384—424 页；陈梦家：《殷墟卜辞综述》，269—310 页；李学勤：《殷代地理简论》。

北部）有舌方，陕西中部以西及其附近地区有羌方、周方和召方，汉水中游以南地区有霍方，淮河流域以东和江苏、山东两省的海滨地区有人方，冀中的东北部地区有盂方。

我们上面对商王国疆域范围的界定不仅只是个大致的、含有很大推测成分的初步意见，而且还是动态的和可变通的。如果要讨论国与国的关系，我们必须考虑这么几个问题。首先，国家是一个政治单位，而非文化上的或种族上的组织。有时候，历史学家们会感情用事，把古代中国划分成各个地域单位或地方行政单位，过度地或无限度地夸大这些政治实体的文化、种族和语言差别。比如，丁山将夏、商、周三代界定为三个独立种族的政治表现形式；[1] 沃尔夫拉姆（Wolfram Eberhard）则认为夏商周三代不仅是文化上的区别，而且还存在着语言上的差异。[2] 但是，很显然，文化分类必然要以文化——而不是政治——差异为基础。我们发现，依据商时期各方国的考古材料所进行的文化分类研究结果与各方国的政治渊源并不一致，这在下一章中我们将依据考古材料进行详细探讨。

其次，不仅各国人民在文化上具有相似性，而且国与国之间有时也保持着极为亲密的关系，不同国家的成员也有可能结成固定的姻亲关系，白川静在《羌族考》中就曾谈到，周王室姬姓的一个著名姻亲伙伴姜姓就有可能源自商之羌方。[3] 当你把青铜铭文中单个族徽的分布搞清楚以后，你就会发现它们的分布与其政治边界根本不相符合。比如，带有"䭸"铭的青铜器的出土地点相当分散，西至岐山、东到山东、北自河

---

[1] 丁山：《由三代都邑论其民族文化》。
[2] W. Eberhard, *Lokalkulturen im alten China*.
[3] 白川静：《羌族考》。

南、南至湖南的广大地区都有此类器的出土。[1] 很显然，古代中国血缘组织的不断分裂有一个过程，这一过程并不局限于一个国家之内。

甚至仅从这个角度，你也会发现，商王朝时期各国的国界是不断变化的，国与国之间的关系也很少有永久不变的现象。据充分资料表明，至少在某些时候商王国对外扩张的原动力就是为了吞并土地，或者甚至是吞并相邻的小国。这一过程在张政烺的文章中曾有描述：

> 古代中国土地广大，社会经济发展不平衡，夏商时期还有许多落后地区停留在采集渔猎或牧畜生活，随着生产斗争的发展，农业经济显示出其优越性，逐渐取得了主要地位。殷代耕田和打猎本来是两回事，在焚山烧泽这一点上统一了，许多猎区终于不免变成农田。前引卜辞有：
>
> 癸□（卜），□，贞：□□令戛衷（田）于先侯。……（《前编》6·14·6）
>
> ……今日衷田（于）先侯。……（《殷墟卜辞》620）
>
> 先侯自然是古代的诸侯，既为侯国当有封疆，为什么要等殷王派人去衷田呢？又：
>
> 癸巳卜宾，贞：令众人□入羊方衷田。……（《甲编》3510）……羊方有自己的疆界，所以这里说"入羊方"。殷王国到其他方国去开荒种田，这种事有些奇怪，但也不难理解。古代的许多方国，经济生活不一样，社会发展不平衡，农业的先进国人口增多了，有了开垦的要求，四出找荒地，把邻近的猎区和牧区变成农田。这在古

---

[1] 张光直：《商周青铜器器形装饰花纹与铭文综合研究初步报告》，269页。

代有个词叫寄田。……所谓"寄田"就是到"旁国"种田。这样开垦的田地,耕种久了,自然不肯放弃,殷人所衰田必然要变成殷王疆土之一部分。《孟子·滕文公下》根据《尚书》叙述商代开国的历史:汤居亳,与葛为邻。葛伯放而不祀,汤使人问之曰:"何为不祀? 曰:无以供牺牲也。汤使遗之牛羊,葛伯食之,又不以祀。汤又使人问之曰:何为不祀? 曰:无以供粢盛也。汤使亳众往为之耕,老弱馈食。葛伯率其民,要其有酒食黍稻者夺之。不授者杀之。有童子以黍肉饷,杀而夺之。……为其杀是童子而征之,四海之内皆曰:非富天下也,为匹夫匹妇复仇也。"[1]

葛是夏代的诸侯,是东夷嬴姓之国。大约是渔猎生活,缺少牛羊黍稻。渔猎民族和农耕民族经济生活不同,风俗习惯不同,宗教信仰也会不同……汤使从往为之耕,……其结果是汤灭了葛,很清楚"为其杀是童子"只不过是一个借口。卜辞"入羊方衰田"的羊方,不知是现在的什么地方,推测也许其是牧区,是一些牧羊的人。……第一期记载"入羊方衰田"外,还有"羊入五(龟甲)"(《乙编》4512),……可见这时殷和羊方也许是不平等的,但是相安无事。第三期卜辞:

今秋……惟□告,戍羊。……(《甲编》1792)……第四期卜辞又有:

甲子,贞:于下夷刖衰田。

甲子,贞:于□方衰田。(《粹编》1223)

这是武乙时卜辞。羊不称方,大约已被殷灭了,或部分土地被殷夺取,变成了殷王国的一部分,殷王命令多尹

---

[1] 摘自 D. C. Lau 翻译的《孟子》,109—110 页。

率众到这里袁田。总起来看，殷和羊方的关系，先是袁田，后是征伐，终于把羊变成殷王疆土的一部分。[1]

上述所描述的袁田过程可能会被推翻，商人可能也有土地被邻邦方国占去，或者至少是牲畜和谷物被邻近方国——比如，以放牧为其主要生存方式的方国——的侵扰所掠走，下面武丁时期的两段卜辞就是很好的证据：

癸子卜，㱿贞：旬亡囚。王固曰：屮希其屮来𡧛，三至。五日，丁酉，允屮来𡧛自西，沚馘告曰：土方正于我东啚，𢦏二邑；舌方亦牦我西啚田。[2]（图64）

王固曰：屮希其屮来𡧛三至。七日，己子，允屮来𡧛西，𡈼友角告曰：舌方出，牦我示𤲮田，七十五人。[3]

诸如此类的边境冲突恐怕是国与国之间爆发战争的主要根源之一，当然除此之外，可能还有其他的经济原因。商代卜辞中经常有关于收麦的记录。于省吾认为，这些记录真实地反映了商人为掠夺邻国而进行的准备，商人和部分邻国一样也没有种植那么多的小麦，只好靠对邻国麦子的抢收来补充其对麦子的超额需要。[4]

就商人在西北地区所进行的战争来说，其经济方面的考虑可能也被战争所掩盖。在上面我们界定商之边界时避开了晋南

---

[1] 张政烺：《卜辞袁田及其相关诸问题》，107—108页。在我对张氏文章的翻译过程中，将"殷"改称为"商"。
[2] 罗振玉：《殷墟书契菁华》，No.2。
[3] 同上。
[4] 于省吾：《从甲骨文看商代社会性质》，104页。

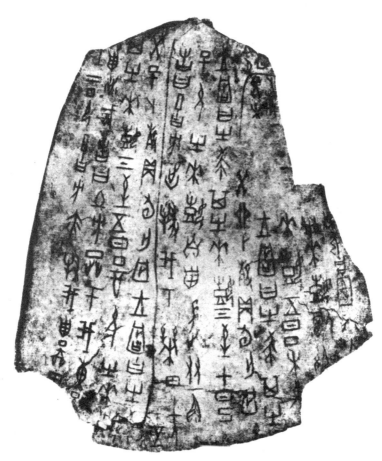

图 64　刻有舌方和土方侵扰商王朝的卜辞拓片
　　　　（引自罗振玉：《殷墟书契菁华》，No. 2）

地区，这是因为位居晋南的政治集团与商王国的关系最是叛服无常：有时它们看起来像是商之盟国，有时又像是商之臣属。陈梦家将周、缶、犬、串、郭、罙、旨、沚、雀皆看作是"武丁时代的晋南诸国";[1]其实"周"的位置应在陕西，而"犬"的位置应在河南西部。它们实际上就是商人与其他更遥远的方国（如舌方）之间的"缓冲器"。商代卜辞明显表明，商人非常关注这些缓冲国与其他方国的矛盾冲突。我们还必须对山西南部给予高度重视，因为晋南地区是商王国最大的经济资源输入区。在石璋如、罗尔·巴纳德（Noel Barnard）和佐藤保（Sato Tamotsu）等[2]所列举的位于距商都安阳300—400公里环形带内的28个铜矿点中，有13个或者将近一半的铜矿点在山西境内，大部分集中在晋南，大致范围约占山西省的三分之一；而17个锡矿中则有6个在山西省。由于晋南地区还是传说中创造中国第一个成熟青铜文明（见第七章）的夏王朝的起源地，而晋南所富蕴的铜锡矿在推动这一文明的进步过程中发挥着比我们通常想象的更为重要的作用。

　　晋南地区还是一个重要的盐业生产中心。山西南部芦村附近的盐池是邻近陕西的华北中部地区仅有的一个盐矿，由于距安阳较近的几个省，如河南、河北、安徽、湖北等都没有盐类储备（盐矿和盐水），[3]因此芦村盐池也就成为西部地区距安阳最近的产盐区。甚至在最近几年，芦村盐池生产的盐量仍可满足西至陕西、东至河南广大地区的需求。[4]

---

[1] 陈梦家：《殷墟卜辞综述》，291—298页。
[2] 石璋如：《殷代的铸铜工艺》；Noel Barnard and Sato Tamotsu, *Metallurgical Remains of Ancient China*.
[3] 胡翔云：《全国最近盐场录》；章鸿钊：《石雅》，185页。
[4] 黄著勋：《中国矿产》，11页。

如果晋南地区确为商人铜、锡、盐等资源的主要供应地，那么它在商王国与西方和北方各方国的相互关系中扮演着一个如此活跃的角色也就不足为怪了。对此陈梦家的论述极为精辟。他认为，商代晚期太行山以西（如山西南部）诸国的叛服是决定商、周兴衰的关键。[1]

无论如何，我们都可以十分自信地说，在国与国之间紧张状态是占主导地位的因素。虽说战争不是连续发生，却也是商代甲骨卜辞中的常客。以前我们曾谈到过，捕获俘虏是爆发战争的原因之一，或者说，这些战争俘虏有时刺激着战争的爆发。于省吾认为，有些卜辞还记载着战争中敌对方的伤亡人数：有时，一次战争的伤亡人数就多达2656人。[2]在战争胜利结束后，敌方首领常常被杀死，其首级作为战利品被带回商都，有些还在其上刻辞。据胡厚宣统计，迄今所见带有刻辞的人骨有11件。[3]当然，商都被周人攻陷之时，同样的命运也降落在帝辛的身上。

因为在某些情况下异邦和商自己的臣属都是存在于某些不断变化的环境之中，因此，吉德炜（David N. Keightley）为衡量国内各邑之间的向心力而提出的"等级分数"标准仍然适用于讨论国与国之间的关系问题，至少在商王国与异邦之间没有战事时是如此。商王就像为自己的臣属占卜一样，也为这些异邦的"无祸"而问询，他们则为商干"周王事"，国与国之间和平相处，互入领域而不伤。

---

[1] 陈梦家：《殷墟卜辞综述》，312页。
[2] 于省吾：《从甲骨文看商代社会性质》，111页。
[3] 胡厚宣：《中国奴隶社会的人殉和人祭》，60、63页。

第二部分　安阳之外的商文明

第五章　郑州商城

安阳殷墟在商代历史学上占有重要的地位，这一方面是因为这里出土了极为丰富的商文化遗存，另一方面，这里也是唯一出有大量文字资料的遗址。这些文字资料为我们描绘了一个安阳以外的商人的视野及文化交往所及的世界。但是从自身的文化遗存看，这个世界又是怎样一种情形呢？过去三十年的商代考古为我们描绘这个世界的图景提供了一些可靠的资料。1950年在郑州发现了一个安阳以外商代最早——至今仍是——的重要遗址。

第一节　二里冈阶段的商文明

郑州位于黄河南岸，安阳以南150公里。1954年郑州成为河南省的省会，是一个拥有100多万人口的繁荣的工业城市。这座城市之所以重要，一定程度上在于它优越的地理位置。中国北部分为两大部分，西部为高原，东部为平原。黄河流出河南北部的黄土高原后，进入东部平原，在历史上形成了几条河道。郑州恰好位于黄河出黄土高原的河口，成为东部与西部的交汇处。同时它也是全国两大铁路干线的枢纽，一条是南北向的京广线，一条是东西向的陇海线。

郑州这座现代城市地处三条小河——发源于西侧和西南侧嵩山东部余脉的金水河、贾鲁河及熊耳河——的冲积平原上。在城市的中心部位有一座古老的城址，城墙东西长1.5公里，南北宽1公里。郑州商城遗址的商文化遗存——1950年秋最早发现于郑州上述古城址之东南1公里的小山岗，即二里冈——与现代郑州市几乎完全重合，不过现代的郑州市比商城要大得多。由于郑州商城的发掘史在本书的开始已作了简要的介绍，这里仅就目前所知的商文化遗存作一叙述，但不涉及争议性的问题。这里需要强调的是，由于这座商代城址压在现代城市之下（安阳殷墟则不同，它的商文化遗存埋藏在麦地与棉花地的下面），因此考古工作相当困难而缓慢，我们对于商城的认识仍是支离破碎的。

从1950年以后，在郑州发现了史前与历史时代早期的若干时期的遗产。不过，我们现在所要关心的是以二里冈遗址为代表的遗存，也就是二里冈期。首先我们介绍一下这一时期的文化特征，然后讨论我们为什么称它为商。人们一般认为，二里冈期要早于安阳商文化。这一点在下文中将得到清楚的说明。

1. 二里冈期商代遗存最为丰富也最具特征的是它的陶器。陶器呈灰色，泥质或夹砂，一般为手制，但常见模制并以转轮修整，外表拍印绳纹。大部分为实用器皿。最为常见并最有特色的器物是鬲、大口尊盆、圜底或平底罐（图65）。其中鬲为长袋足，尖足根。还有一些带有或合或分的顶部的甗、鼎、爵、斝、簋、豆及其他。[1]所有这些器物都与小屯期的灰陶相

---

[1] 考古学专刊《郑州二里冈》，16—30页；安志敏：《一九五二年秋季郑州二里冈发掘记》，《考古学报》。

似,过去人们也将它们视为后者的来源。与二里冈期相似的陶器在安阳南部的梅园庄也有发现。

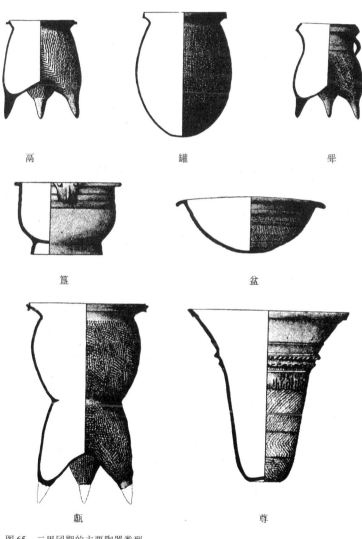

图 65　二里冈期的主要陶器类型

其他陶器还有红陶、硬陶和釉陶。硬陶表面往往拍印几何形纹样,与所谓的长江下游[1]和东南沿海[2]的几何纹硬陶相似。釉陶的釉为黄绿色,胎为棕色或灰色,表面拍印席纹或篮纹。这两种陶器数量很少,似乎都是这里的高级陶器。与安阳白陶相似的同类器,在发掘报告中曾经提到,[3]但没有详细的描述。

2. 二里冈期制作的石器与骨角器主要为工具,其形制与安阳的同类器相似。

3. 二里冈期的青铜器很有特色(图66)。尽管出土数量不多,并且大部分发现于墓葬中,[4]但青铜礼器的铸法、形制与安阳的同类器接近。不过,这些青铜器质薄而轻,它们的纹饰,虽然也是传统风格的动物主题纹样,但是要简单一些。装饰花纹,大部分以宽带纹为界,动物纹样并未与地纹分离。[5]按照罗越的说法,这里发现的是Ⅰ—Ⅲ式,而没有Ⅳ、Ⅴ式。这些青铜器中没有一件可以确切无误地判定有铭文刻辞[6],虽然同时期的青铜武器上发现有刻画符号。

二里冈期铜器理所当然地成为学术界广泛关注的对象。按照罗越的风格演变图,这些青铜器似乎要早于安阳的Ⅳ、Ⅴ式。小屯的4座前王朝时期墓葬出土的铜器与二里冈期很是相

---

[1] 《江西地区陶瓷几何形拍印纹样综述》。
[2] Clarence Shangrow,"Early Chinese Ceramics and Kilns";《郑州市铭功路西侧的两座商代墓》,《考古》,503页。
[3] 安金槐:《郑州地区的古代遗存介绍》,19页;《试论郑州商代城址——敖都》,78页。
[4] 《郑州市白家庄商代墓葬发掘简报》,《文物》;《郑州市铭功路西侧的两座商代墓》,《考古》;《郑州新出土的商代前期大铜鼎》,《文物》。
[5] 唐兰:《从河南郑州出土的商代前期青铜器说起》,6页。
[6] 唐兰在青铜器上发现一个龟形徽号。

图 66　郑州二里冈期的主要青铜容器类型
　　　（引自中华人民共和国考古发现展览委员会编：《中华人民共和国考古发现展览》）

似，这点在前文中已作了说明，不过把这些青铜器定为前王朝时期还有疑问，因为其年代的断定几乎完全依赖于类型学。不过还有一些理由可以使我们相信二里冈期要早于小屯与西北冈。同时这里出土的青铜器形成了一整套礼器，我们相信它们也早于安阳青铜器。长期以来安阳青铜器的来源和早期铜器的发展史是中国考古学的一个悬案，[1]现在总算有了眉目，不过，这些青铜器虽然年代早，但绝非最原始的产品。此外，由于它们的发现证实了上层阶级在郑州的存在，所以它们对于研究商代的政治以及艺术、工艺史都提了重要的资料。

4. 二里冈期的社会复杂性和社会分化并不仅仅表现在铜器上。引人注目的是，这个商代遗址发现一座夯土城址。城址略呈方形，周长达7公里，每面城墙长1690—1870米。这种夯筑技术，我们已经很熟悉，安阳的许多房基和墓葬填土都是夯筑的，但迄今安阳地区尚未发现一座商代城址。夯土城址，在中国北部各个历史时期都有发现，二里冈城址是其中最早的一座。不过比它早的还有山东城子崖、[2]安阳后冈的龙山村落[3]以及属于二里头文化的夏县城址。[4]郑州商城在建筑上非常重要。但作为一项浩大的社会工程[5]以及军事设施，它敏感地反映出了这座商城内社会结构的复杂程度。

在城址的东北部，是一片二里冈期的居住区。这里有夯筑的房基，并有成排的柱洞，可能是"宫殿"规模的遗迹。[6]

---

[1] A. C. Soper, "Early, Middle, and Late Shang: A Note."
[2] 傅斯年、李济等：《城子崖》。
[3] 石璋如：《河南安阳后冈的殷墓》。
[4] 胡厚宣私人通信，1978年。
[5] 安金槐：《试论郑州商代城址——隞都》。
[6] 《郑州商代城址试掘简报》，《文物》，25—27页。

更为详细的内容将在下节中介绍，这里作简要的叙述，目的是为了进一步证实二里冈期的郑州是座商代城址，城内社会尖锐分化，政治上可能占有重要的地位。

但二里冈期郑州在商代历史上到底占有什么样的地位呢？是一个重镇，还是一个地方城市，或者是一座都城？除了上面提到的铜器上的符号，我们还可以从两种文字材料得到线索。一种是陶工们的刻画符号，主要见于大口尊的内侧口沿上，[1]另外一些文字发现于三片卜骨上[2]（一片肋骨，一片肢骨和一片小碎骨）。在这三片字骨中，有两片仅见一个字，但在肋骨上发现有十个字（图67），包括"贞""羊""受""土"等。[3]陈梦家认为这片肋骨是练习刻字用的而且这些文字看上去是"晚商"的字体风格。[4]因为字骨原物无法看到，而且发表的图片并不清晰，我们只能接受陈的意见（或者没有什么含义，如陈所说的那样），虽然人们力图找出它们的含义。至于它的年代为晚商，陈说是严重错误的。这片刻字肋骨是在二里冈发现的，尽管它的确切层位已不清楚，由于二里冈还没有发现晚于二里冈期的商文化遗存，没有理由认为这片刻字肋骨不属于二里冈文化，也就是说它的年代相当于小屯的前王朝时期。这两个问题意义重大，因为如果这片字骨确实属于二里冈期，并且其中确有一字带有官方占卜行为的含义——贞，那么郑州二里冈城址为都城所在的可能性就更大了。

---

[1] 考古学专刊《郑州二里冈》，17页；安志敏：《一九五二年秋季郑州二里冈发掘记》，77页；《郑州南关外商代遗址的发掘》，《考古学报》，83页。
[2] 陈梦家：《殷墟卜辞综述》，27页。
[3] 考古学专刊《郑州二里冈》，38页。
[4] 陈梦家：《殷墟卜辞综述》。也参李学勤：《谈安阳小屯以外出土的有字甲骨》，17页。

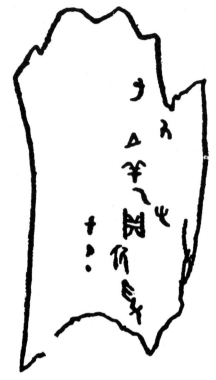

图 67 郑州二里冈遗址发现的一片肋骨上的刻辞
（引自考古学专刊《郑州二里冈》，第 38 页）

正如本书开始所论，根据文献记载，商代继汤亳之后的第二个都城是嚣或隞，仲丁和外壬在此居住了 26 年，直至河亶甲时迁都至相。按照唐兰的说法，嚣或隞的地望在郑州：

> 北魏郦道元（6 世纪）注《水经·济水》说：“济水又东径敖山北，……其山上有城，即殷帝仲丁之所迁也。”这个在北魏时代还能看到的殷代古城，是在郑州市

附近一带。

　　文献上的隞都是在丘陵地带的，最早是皇甫谧说的"或云河南敖仓是"。……现在郑州市地区，从历史上看，则是周初管叔所封的管。……那末可以认为仲丁所迁的隞虽以敖山得名，可以包括东面的管国的故地，等于殷墟在文献是包括朝歌的。[1]

　　唐兰将二里冈商城划入地域广义的隞都是有一定道理的，正如我们在探讨安阳地区时所划定的广义的都城区域一样。更具体或更确切的指认是无效的，也是不必要的，因为我们所依据的文献是支离破碎的，而且抵牾之处颇多。最近，邹衡提出一种与传统学说极不一致的看法，认为郑州商城是汤亳，是最早的商代都城。[2]不过，郑州地区没有关于汤亳的传说，不能支持他的看法，同时历史文献所指认的汤亳地望中没有一处落在郑州地区。其唯一的证据，是二里冈期商城不仅规模宏大，而且延续时间较长。隞作为都城仅使用了26年，而亳曾为9个商王的都城——按照董作宾的说法[3]——前后延续193年。

　　二里冈商城是否为都城，它究竟是文献中的哪个都城，还有待于新的材料加以探索，尤其是新的文献材料。但有两点是问题不大的，一是这座商城确实属于商代，二是它的主要使用期即二里冈期，要早于安阳殷墟。

----

[1]《从河南郑州出土的商代前期青铜器谈起》，7—8页；《关于二里冈遗址及其性质》，参见安金槐：《试论郑州商代城址——敖都》；刘启益：《"敖都"质疑》。
[2] 邹衡：《郑州商城即汤都亳说》。
[3]《殷历谱》第一部分，卷4。

判定一种考古遗存是否为"商",在过去看来是很简单的事情,只须把新发现的遗存与安阳一类的遗址做个比较就行了。现在看来,文化性质的判定是越来越难,也越来越没有把握。大量的考古发现,把商一类遗存的时间拉长了,把它的分布地域也扩大了。就后者而言,与商相似的遗存在地域上分布得相当广泛。从北方的辽宁到南方的湖南,从西部的陕西至东部沿海。即使按照最高的估计,有商一代的直接统治地域也不可能有这么大。"商"这个字眼,含义很宽泛。既表示一种文明,也代表一个历史时期。就时期而言,中国古代文明的发展,至少在三代,更多地显示出延续性而不是断裂性。这一点周人早就认识到了;他们说"二代之礼一也"(《礼记》),"殷因于夏礼,所损益可知也,周因于殷礼,所损益可知也"(《论语》)。商文明上可追溯至夏,下可延续至周,其分界仅仅是由于政治变革造成的,而文化和社会的发展是不间断的。当我们在中国北部的一个地方发现一个遗址,如果仅仅依据文化特征,我们再也不能把它定为夏、商或周文化了。

这一点我们将在后面作详细的讨论,我们把古代中国视为一个整体,然后力图找出一些在考古学上划分夏、商、周的标志。在那种情景下我认为二里冈期属于商是确定无疑的。不过最为有力的标志是年代和地域。我们认为郑州二里冈期正好位于传统的商人统治地域的中心,这一点可以从考古资料和这一地氏的仲丁迁隞的传说得到证明。在年代上,二里冈期可定在传统商代纪年的前半个时期内。人们也许注意到文献和传说已成为有力的证据。这在目前缺乏强有力的证据以及人们力图寻找综合性的解决途径——而不是纯粹的考古学方法——的情况下是必然的。

二里冈期的年代可以从几个方面去探讨。在这里，二里冈郑州商城有两个放射性碳素年代数据可供使用：[1]

ZK-177　3215±90B.P.（树轮校正：1560±160B.C.）

ZK-178　3235±90B.P.（树轮校正：1590±160B.C.）

这两个数据都在商代纪年的早期范围之内。在第七章之前，我们不再讨论商文明的绝对年代问题。不过，这两个数据已充分表明，它们所属的阶段，完全早于安阳小屯的王朝时期。二里冈期早于安阳王朝时期，还可以从有关年代的每个重要方面得到支持。从地层上说，郑州二里冈期的遗存压在另一个时期的遗存下面。这个时期就是人民公园期，它与小屯的王朝时期完全相当。[2]在器形方面，二里冈介于小屯的王朝和河南龙山文化之间，这在青铜器和陶器上表现得尤为突出。关于这个问题，再谈下去就显得多余了。

第二节　二里冈期郑州商城

郑州商城在规模与布局上与安阳殷墟都很接近。在金水河与熊耳河冲积而成的大约25平方公里的土地上，一批二里冈期的聚落形成了一个聚落网，包括一座城址和其周围的几个特殊功能的聚落（图68）。城址内还没有做充分的发掘，因为它正好与现代郑州市相重合。不过有资料表明，它与安阳聚落网中的小屯和西北冈是相当的。

---

[1] 夏鼐：《碳-14测定年代和中国史前考古学》，229页。
[2] 《郑州市殷商遗址地层关系介绍》；邹衡：《试论郑州新发现的殷商文化遗址》，《考古学报》。

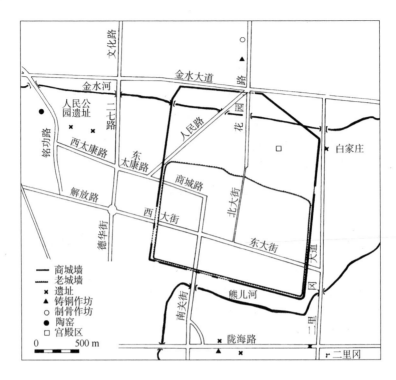

图68　郑州商代遗迹分布图

城址

城址发现于1955年，1956—1973年做了发掘。发掘表明，这座夯筑城址[1]周长约7公里，平面大致呈方形，唯北城墙略为弯曲。四面的城墙长度为：北墙，1690米；东墙与南墙1700米；西墙，1870米。大部分城墙被压在现代地面下，只有部分地段暴露在地面上。城墙上大区有11处缺口，

---

[1]《郑州商代城址试掘简报》，《文物》；安金槐：《试论郑州商代城址——隞都》，《文物》；《郑州商城遗址内发现商代夯土台基和奴隶头骨》，《文物》。

其中至少有几个可能是原来城门的遗留。

城墙是以夯土筑成的，其方法是，在墙两边夹板，在夹板中间倒土，然后用沉重的夯杵夯打结实。如此往上一层接一层夯筑。大部分夯层厚8—10厘米，不过有的夯层厚度为3厘米或20厘米。在每层夯土的表面上，都可以看到密密麻麻的夯窝（直径2—4厘米，深1—2厘米），夯窝圆底或尖底（图69）。城墙的横截面为梯形，夯层中间水平，但两端的夯层略为翘起。中间的夯土（从里到外10.5米，夯筑的夹板长约2.5—3.3米，宽0.15—0.30米）是城墙的主体，分段筑成，每段长约3.8米。墙的内侧和外侧根部均有斜坡状的护坡，宽5米。在护坡的表面铺了一层石子。城墙的原有高度已不得而知，现存城墙，从墙根算起最高达9.10米。

城墙的第一次发掘，报道得很粗略，人们对城墙的确切年代提出了质疑。[1]此后在城墙上大规模的发掘表明城墙是在早于二里冈期的居址上建立的，二里冈期和更晚的居址、墓葬和废墟打破了城墙的护坡。这些遗迹证明了城墙的修筑是在二里冈期的最早居住时期完成的。[2]

城墙以内发现了各种零星的遗存。最值得注意的是1974年在东北部发现的一片夯土基址群。其中一座夯土基址，已残，南北长34米，东西宽10.2米。基址以夯土筑成，上面有七排排列整齐的柱洞。基址被一条南北向的壕沟破坏，沟内堆满了各种垃圾和许多人头骨（图70）。部分头骨被锯成两半。这些头骨大部分属于年轻的成年男性。因此整个这一片很可能是属于政治和宗教性的建筑群。

---

[1] 安志敏：《关于郑州"商城"的几个问题》；刘启益：《"敖都"质疑》。
[2] 《郑州商代城址试掘简报》，《文物》，23—24页。

图 69 郑州商城城墙剖面
（作者摄于 1975 年）

图70　郑州商代宫殿区一条灰沟中发现的人头骨
　　　（作者摄于1975年）

城内其他地方的情况，只能通过几条探沟作些了解。城内东北及西北角发现了许多房基；其中一些保存较好的房基呈长方形或方形，地面上铺一层细黄泥或白灰面，并保存一些墙基。其中有些房基的南墙设门，北墙根中央有高起的土台。沿城墙的部分地段发现有居住废弃物，包括陶片、石制工具、蚌骨质工具和卜骨。在窖穴中也发现了一些垃圾，沿东、北、西墙发现了二十九座墓葬，随葬有成组的陶器，包括爵、斝等酒器。在东北角和西北角的两个地点发现有狗坑，里面埋有狗的骨架。这种狗坑在东北角有8座，成三排排列，内埋许多狗骨，最少的一座6具，最多的一座23具。其中的一座狗坑中，两具人骨架压在狗骨架的下面，在另一座狗坑中，出土了一些细小的金片。

上述各种遗存，还不足以清楚地提示城内的聚落布局。不过，这里的情形是相当复杂的。如果说城内有"宫殿"区，那么也应有平民的居住区和墓葬以及可能是祭祀性的建筑。这种几类遗迹共存的情形在小屯也同样存在。因此现在还不能得出什么结论，但有一点是明确的，城内部分还有待于深入的研究。

城址以北

北城墙以北约200米处，是一处与铸铜有关的遗址，即紫荆山北。在275平方米的区域内发现有4座房基，房基之间的间距为10米。房基为长方形，中轴线为东西向。每座房基被隔成两间，一间或两间有一个向南的门，北墙墙根与门相对处有一个土台。地面和土台均抹白灰面。房基地面建在地面以下0.2—0.5米处，墙以夯土筑成。在一座房基的地面或房外附近发现有圆锥形坑，坑内有青铜的残迹，184块青铜武器和容器的范块、熔铜坩埚碎片和铸造青铜容器足根的范芯。同出的陶器表明这个遗址属于二里冈期。[1]青铜作坊与夯土房基一起出现颇为重要，也与安阳的情形相似。

由此向北100米发现一个商代坑，里面除少量陶片外，还出土许多骨制品，作为原材料的锯骨和磨光骨、废骨料、半成品、骨锥和骨笄。这里也有磨石。这些骨头系牛、鹿和人骨。这些发现清楚地说明附近有制骨作坊，但有待于进一步的发掘。[2]

---

[1] 廖永民:《郑州市发现的一处商代居住与铸造铜器遗址简介》。
[2] 《郑州市古遗址、墓葬的重要发现》,《考古》,18—19页;《郑州商代遗址的发掘》,《考古学报》,57—58页。

城址以东

离城址东北角不远处，是白家庄村。1954—1955 年在这里作了考古发掘，发现有居住遗迹和铜器墓。居住遗迹有抹白灰面的房基和墙基、窖穴、夯土建筑、一条沟和灰坑。[1]村西部有一个小山丘，这里发掘出 4 座墓葬。二号墓，长方形墓室，出土 5 件青铜容器（罍、爵、盘、斝和鼎），一件玉器和一件象牙器。三号墓，也是长方形墓室，长 2.9 米，宽 1.17 米，深 2.13 米。四壁有土二层台。墓底中央有腰坑，坑内埋一具狗骨架。墓内发现两具人骨架。一具埋于椁内的棺中，另一具可能是殉人，埋于西侧的二层台上。二层台上放置了九件青铜容器（三鼎、二斝、一罍、二觚、一爵）、两件玉器、一件象牙器和少量其他遗物，大部分出现在西南角。所有这些铜器都可以归入罗越的Ⅰ式和Ⅱ式。[2]引人注目的是，三号墓的结构与安阳墓葬是一脉相承的，同时这些墓葬也反映出这里是社会地位较高的人们的墓地。

城址东南角附近，杨庄村旁，是另一处墓地。详细情况还不得而知。[3]

城址以南

在南关外（属于郑州老城）东南约 500 米处，1954 年发现了另一处制铜作坊，面积约 1050 平方米。这里出土了三种熔铜坩埚，包括大口尊，1000 余件镞、刀、锛和鬲、

---

[1]《郑州白家庄遗址发掘简报》，《文物参考资料》。
[2]《郑州市白家庄商代墓葬发掘简报》，《文物》。
[3]《郑州市古遗址、墓葬的重要发现》，《考古》，17 页。

斝、爵等青铜器的陶范碎块、小件青铜工具、灰炭以及无数的铜渣。[1]

再往东,在陇海路和二里冈大道交叉处(郑通)是一处居住遗迹群,包括窖穴、灰坑、陶片、石制工具、卜骨和龟甲、小件青铜工具和其他日用物品。在部分灰坑中还发现人骨架,他们显然没有墓坑和随葬品。[2]

由此再往东,郑州老城东南角方向约1公里处,是二里冈。这是一座山岗,东西1500米,南北600米,高出周围地面约5—10米。很显然,这是一处居住区,遗迹有窖穴、灰坑,灰层中的墓葬常常仅随葬几件陶器,一座墓葬还出土了一件石戈。遗迹里发现的遗物有陶器、石器、骨器和小件青铜器。其中的青铜凿,人们一般认为是用于卜骨刻槽、钻孔的工具。所有这些发现都表明这里是平民的居住区,但前面提到的刻字肋骨就是这里发现的。[3]

城址以西

1974年,在城址西墙以西300米处,发现两件并列放置的方鼎。它们距现代地面6米,每件距坑边60余厘米;一件较高(100厘米),较重(86.4公斤),另一件87厘米高,64.25公斤重。在个体小的方鼎内还发现一件铜鬲。这件鬲仅饰弦纹,但两件方鼎饰典型的I式花纹。[4]发掘者曾认为这可

---

[1]《郑州商代遗址的发掘》,《考古学报》,56—57页。
[2]《郑州第五文物区第一小区发掘简报》,《文物》;《郑州南关外商代遗址的发掘》,《考古学报》。
[3] 考古学专刊《郑州二里冈》;安志敏:《一九五二年秋季郑州二里冈发掘记》。
[4]《郑州新出土的商代前期大铜鼎》,《文物》。

能是墓葬或窖藏，不过这些铜器也可能是一次重要祭祀仪式的遗物。

再往西，距商城西墙 1 公里处，是重要的人民公园墓地。不过，大部分墓葬的年代晚于二里冈期，约与小屯的王朝时期相当。[1] 但这处墓地最早是二里冈期开始使用的，其中发表的一座早期墓中出土了釉陶尊、一件铜爵、一件青铜刀、一件玉器以及其他遗物。[2]

从这里再往西，铭功路西侧，是一处大型的考古地点。这里发现了房址、窖穴、青铜器（图 71）墓以及制陶作坊。其北部是一处白灰面房基群。最大的一座为东西长 16.2 米，南北宽 7.6 米。房基周围有许多窖穴和墓葬。一些墓葬有腰坑并埋以狗骨架，随葬品包括陶器、少量玉器和一件青铜容器。一座墓葬（有腰坑）出土一件陶罐，里面放置一些烧骨。（这是迄今发现的唯一一例商代火葬墓，因此这件陶罐系外地引入的可能还不能排除。）[3]

此处最大的房基以南，是一片 1250 平方米的陶窑群。这些窑均为圆形，并有进火口、窑膛，上有窑箅，可以放置陶器。在旁边的许多灰坑中出有未烧的陶器、烧坏的陶器、陶拍和印拍。旁边的白灰面房基可能与陶窑有关。[4]

陶窑群以南几米远的地方是另一处墓地，发掘于 1965 年。

---

[1] 安志敏：《郑州市人民公园附近的殷代遗存》。
[2] 《郑州市人民公园第二十五号商代墓葬清理简报》，《文物》。
[3] 《郑州市铭功路西侧发现商代制陶工场房基等遗址》，《文物》，64 页；马全：《郑州市铭功路西侧的商代遗存》。
[4] 《郑州市铭功路西侧发现商代制陶工场房基等遗址》，《文物》，64 页；《郑州发现的商代制陶遗迹》，《文物》；《郑州商代遗址的发掘》，《考古学报》，57 页。

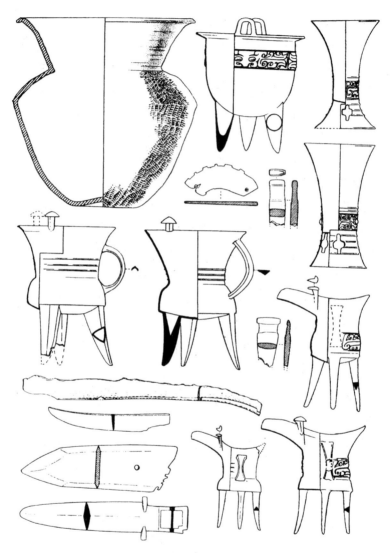

图 71 郑州铭功路西侧商代墓葬出土的青铜器
（引自《考古》，《郑州市铭功路西侧的两座商代墓》）

发掘的墓葬有五座，但只有两座随葬品较多的墓葬被发表。[1]两座均为土坑墓，没有二层台，随葬有青铜容器、青铜武器、玉器、釉陶尊、骨器、贝壳。墓主显然是有一定社会地位的人，与白家庄铜器墓的情形相同。

小结

上述各种遗存[2]仅仅是所有资料的一小部分，现有的资料显然不止这些。即使是这些现有的资料，也主要来自抢救性发掘。这些粗略的资料反映出二里冈城址的面貌与我们在安阳——考古资料更为丰富，发掘工作更好，发表的资料更为翔实——所见的相同。人们再次看到，这里不仅是高度分化和专业化的社会，而且是一个不同阶级和不同手工业分布于不同地点的聚落格局。其中心是一座城市，是统治者和官僚贵族居住的地方。各种手工业作坊分布在四面城墙之外，其中一些作坊还发现夯土或没有夯土的房基和墙，可能反映出类似于安阳的情形：部分工匠附属于上层阶级，而不是下层阶级。北郊的墓葬相当复杂，发现有二层台、腰坑、殉狗和青铜礼器，同时发现一些上层贵族的居住区。而南郊则发现了大量的平民的房屋和灰坑墓葬（图72）。

上述商代聚落的布局，仅仅是我们根据粗略的资料所能总结出来的。我们满怀兴趣地期待着，将来的研究会带来更多的资料，尤其是城内和西南郊。

---

[1]《郑州市铭功路西侧的两座商代墓》。
[2]《郑州商代遗址的发掘》，《考古学报》；Hsia Nai, "Workshop of China's Oldest Civilization"；安金槐：《试论郑州商代城址——隞都》；《郑州商代城址试掘简报》，《文物》；《郑州商代遗址》，《文物》。

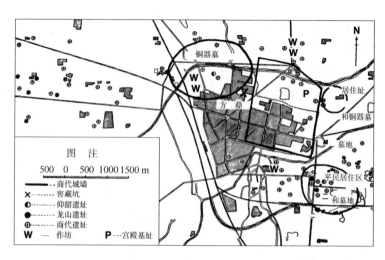

图 72 郑州商城的城市结构

第三节 二里冈期在河南北部文化序列中的位置

现在简要地讨论一下商代二里冈期以及后来的安阳时期在河南北部古代文化整个序列中的位置。有关的一些问题在这里不能作详细的讨论，我们将在介绍中国其他地方的商代考古资料并讨论中国古代历史和考古学的一些宏观问题时再作讨论。

河南北部的古代文化序列见表 3。关于此表的全面分析将放本书后面，但在这里需要作些简单的说明。

表 3 河南北部文化序列

文化	年代	典型遗址	放射性碳素树轮校正年代
9. 商	安阳王朝时期	安阳	1210 ± 160 1280 ± 160
8. 商	二里冈	郑州	1560 ± 160 1590 ± 160

续

文化	年代	典型遗址	放射性碳素树轮校正年代
7. 夏	洛达庙	郑州洛达庙	1470±190
6. 龙山		安阳后冈	2340±140
5. 仰韶	大司空村	安阳大司空村	3070±190 3130±190
		郑州大河村	3425±130 3685±125
4. 仰韶	后冈	安阳后冈	4185±200 4390±140
3. 新石器时代早期		新郑裴李岗	5935±480
2. 中石器时代		许昌灵井	（未校正）
1. 旧石器时代		安阳小南海	10760±220

旧石器时代和中石器时代文化（1、2）。河南北部最晚从旧石器时代晚期开始就有人居住。安阳西南部的小南海山洞[1]和郑州以南的许昌灵井[2]附近沙丘出土的石器即为明证。这两处遗址都以石片和细石片工具为特征，其年代在更新世和全新世之交，不过根据动物群小南海的年代被认为更早一些。这些石器意味着人类和文化在中原地区一直延续不衰，也正是在这些古人类中发生了向农业生活的转变，不过这一过程尚需要用考古资料进行充分揭示。

新石器时代（3）。中国北部仅有几个遗址可以真正确定为新石器时代早期。其中一个是新郑裴李岗。遗址位于郑州以南，1974年发现并作了发掘。这里出土有磨制石器，包括铲、镰刀和石磨器，表明人们已种植谷物。这里的陶器为红色，大

---

[1] 安志敏：《河南安阳小南海旧石器时代洞穴堆积的试掘》。
[2] 周国兴：《河南许昌灵井的石器时代遗存》。

部分素面，少量施篦纹或压印纹。器类有杯、罐、碗和鼎[1]。这个遗址的地层无法说明文化的年代如此之早，但它的一个放射性碳素年代为7885±480（半衰期5730±40）提供了有力的依据。另一个已发表的出土类似陶器的遗址是河北南部的武安磁山。[2]其放射性碳素年代（7355±100和7330±105）与裴李岗接近，证实了这一类遗存属于新石器时代早期。磁山遗址发现有碳化的谷物和可能是家畜如猪、狗、牛和羊的骨骼。对这一新发现的文化做进一步的研究，人们自然会更加了解中国北部的古代居民开始食物生产的情形。河南北部肯定属于发生这一革命的地区。

仰韶文化（4、5）。到了著名的出土彩陶的仰韶文化时期（5000—3000B.C.），[3]河南北部地区的人口有所增多。这一文化的最早遗址可能是安阳的后冈，[4]但在公元前4000年，这一文化已分布得很普遍。在安阳地区，大司空村的仰韶遗址是最有名的，[5]在郑州地区有两个经过很好发掘的遗址，一处是林山砦，[6]一处是大河村。[7]

龙山文化（6）。龙山文化时期，大约在公元前3000年，河南北部已经人烟稠密，这可以从大量发现的龙山遗址看得出来。上面所述的安阳和郑州的许多商代遗址都有商代以前的文

---

[1] 《河南新郑裴李岗新石器时代遗址》，《考古》。
[2] 《河北磁山新石器遗址试掘》，《考古》。
[3] 年代的断定，根据夏鼐：《碳-14测定年代和中国史前考古学》，222页；张光直：《中国考古学上的放射性碳素年代及其意义》，38页。
[4] 《1971年安阳后冈发掘简报》《1972年春安阳后冈发掘简报》，《考古》。
[5] 《1958—1959年殷墟发掘简报》，《考古》。
[6] 毛宝亮：《郑州西郊仰韶文化遗址发掘简报》；赵青云：《1957年郑州西郊发掘纪要》；安金槐：《郑州地区的古代遗存介绍》，16页。
[7] 《郑州大河村仰韶文化的房基遗址》，《考古》。

化层。此文化层以龙山形式的灰陶与黑陶为特征。在陶器、石骨器、用牛胛骨占卜和文化面貌上,龙山文化为商文化或类似的早期历史时期文化的兴起打下了基础。关于这一问题我们将在最后一章作更为详细的讨论。

夏文明(7)。这一文化阶段介于龙山文化和二里冈期文化之间,地层与类型学都证明了这一点。根据三个曾经被视为该文化的典型遗址的洛达庙、[1]上街、[2]南关外下层,[3]人们可以注意到这一文化具有以下的突出特征:陶器花纹中最多的是深而清晰的绳纹,与龙山文化相似,方格纹也经常使用,这也是龙山文化的特点。鼎很常见,一或二种罐很有特色。一种内壁刻槽的陶盆是特色器物,有时称"研磨盆""刻槽盆";它们也用牛胛骨占卜,但灼前很少整治。龟甲极少见甚至没有。所有这些特征都表明这一时期即文献所谓的洛达庙期比二里冈期要早(尽管洛达庙唯一的放射性碳素年代晚于二里冈的年代数据),但它们之间的亲缘关系是确信无疑的。由于这些原因,长期以来,这一文化被认为是早商。早商遗存的范围发现于洛阳地区,在那里以二里头遗址为代表。因此,60年代初期"早商时期"(以二里头和洛达庙为代表)曾被用来描述商文明的最早阶段。[4]

到70年代晚期,情况发生了变化。早商这个术语(又称二里头或洛达庙期),受到了人们仔细的反思,人们主张它是历史上的夏文明。这一问题的详细论述将放在最后一章,不过

---

[1]《郑州洛达庙商代遗址试掘简报》,《文物》。
[2]《郑州上街商代遗址的发掘》,《考古》。
[3]《郑州南关外商代遗址发掘简报》,《考古》;《郑州南关外商代遗址的发掘》,《考古学报》。
[4] 参见 Kwang-chih Chang, *The Archaeology of Antient China*, pp. 269–271。

这里允许我预先作一点说明，河南北部在龙山文化晚期就是夏文明分布范围的东部，而后者的中心则更往西，位于洛河盆地和山西的汾河下游。

商（8）。洛达庙期向二里冈期的转变，包含了一次重大的政治变革，不过文化基本上延续了下来。在新时期中，河南北部出现了新的统治者商人。其最好的证明就是郑州商城，但也可以从其他类似风格和年代的遗址中反映出来，如安阳梅园庄（下层）和小屯前王朝时期、[1]辉县的琉璃阁、[2]新乡的潞王坟[3]和汤阴的朝歌。[4]人们所说的大都城区域，实际上在二里冈期就已被商人所占据，因为这一时期的遗存已发现于磁县、[5]邯郸[6]和邢台。[7]

商（9）。最后，在安阳王朝时期，河南北部的前王朝时期遗址继续为商人所占据，但活动中心已从郑州转移到安阳。在安阳，如我们在第一章所说，在王朝时期之前有一些规模相对较小的村落，可能有少数上层阶级的贵族居住，他们的墓葬在小屯已发现（但那时至多是小型政治中心）。之后转变为繁荣兴盛的城市。而郑州商文化在下一个时期即人民公园期相当于小屯前王朝时期急剧衰落。发现有这个时期遗存的地点是大

---

[1]《1958—1959年殷墟发掘简报》，《考古》，65、73页。
[2] 郭宝钧、夏鼐等：《辉县发掘报告》。
[3]《河南新乡潞王坟商代遗址发掘报告》，《考古学报》。
[4] 安金槐：《汤阴朝歌镇发现龙山和商代等文化遗址》。
[5]《磁县界段营发掘简报》，《考古》；《磁县下潘汪遗址发掘报告》，《考古学报》。
[6]《1957年邯郸发掘简报》，《考古》；《河北邯郸涧沟村古遗址发掘简报》，《考古》。
[7]《邢台曹演庄遗址发掘报告》，《考古学报》。

约距商城[1]（此时可能已废弃）1公里的人民公园和商城以西约6.5公里的旭旮王村[2]。人民公园墓地发现有殉人、青铜容器，表明此地仍属上层贵族的领地。无论这座商城是亳还是隞，商王肯定没有直接迁移到安阳，因此说到都城，这两座城市之间还存在缺环，尽管从文化阶段上看，这一缺环并不明显。

---

[1] 安志敏:《郑州市人民公园附近的殷代遗存》。
[2] 《郑州旭旮王村遗址发掘报告》,《考古学报》。

第六章　安阳和郑州以外的商代考古

在这一章，我们论述中国北部和邻近地区文化的现有商代考古资料。这些文化的年代与安阳或郑州的年代同时，也就是说，其年代在公元前1700—前1100年的六百年内。[1]考古学家对于他们发现的文化和遗存，往往要先确定它们的性质，在发表他们的发现时，他们称它们为商文化或地方文化或混合文化遗址。我们既不可能也无必要拆开考古学文化并对其进行重新划分。不过我们暂时采用现有命名，并在叙述下面的材料时，随时作必要的讨论。

同时期的邻境文化现分两部分叙述，人们认为与二里冈期同时的文化和人们认为与小屯商王朝同时的文化。判定是否同时，如果不是全部，也主要是依据陶器和铜器的类型学，偶尔也利用铭文、放射性碳素年代和其他已有的有用的资料。河南北部，我们在上一章结尾作了论述，这里不再赘述。

第一节　二里冈期的主要遗址

在1962年发表的一篇重要的商代考古综述文章中，人们

---

[1] 关于绝对年代的讨论，见第四章第一节。

对于这一时期商文明的总体特征作如下归纳：

> 商代早期文化是1953年在郑州二里冈发掘后被认识的。嗣后河南的许多地方乃至安阳殷墟以及河北的邯郸等地都发现了同样的文化遗存。……商代早期文化的特征在陶器上表现为：陶胎比较薄；纹饰以细绳纹为主，也有与铜器花纹相同的饕餮、云雷纹及各种印纹；器形有鬲、甗、豆、罐、瓮、大口尊以及晚期遗址中不常见的斝等，三足器与晚期遗址所出的有显著的区别，例如足部细高成尖锥状，口沿外卷或内折等。青铜容器的特征表现为：多平底、质薄、花纹也较粗疏。[1]

由于此后十六年的发掘，有不少新发现，上面归纳的特征，现在可以大为丰富和扩展了，不过上面归纳的陶器和铜器的基本特征并没有什么变化（参前一章的开头）。现已发现和发表的考古遗址，其文化内涵合乎上述特征的，分布范围东到山东中部，西至山西，甚至可能到陕西中东部，北部抵达北京，南达长江中游。根据考古类型学，人们把这个区域内发现的文化遗存称作商。但实际上这一时期没有历史文献，对于统治地域的范围我们只能作一点推测。

北部

考古资料表明，二里冈类型的遗存普遍分布于商代晚期都城所在的地区，包括磁县、邯郸和邢台。再往北，在石家庄附近的藁城台西村发现了一处重要的商代遗址。该遗址在

---

[1] 考古学专刊《新中国的考古收获》，45—46页。

1965、[1]1972[2]和1973[3]年作过发掘。这里出土的丰富遗存可以确定为商文明，年代早于小屯王朝时期——用妇好墓代表武丁之世的文化。但它们显然晚于典型的二里冈期，可能属于二里冈期的较晚阶段。

台西村遗址的面积为十分之一平方公里，集中分布于三个土台，当地人称为西台、南台和北台。土台都呈长方形，长宽各为100米、60—80米，高6—7米。大部分遗存发现于北台的东、西、南部和附近地区，包括房基、一口水井和一些墓葬。房基（已发掘的有十一座）为地面式（除一座为半地穴式外），上面有若干道墙，墙下部为夯土，上部为未烧的土坯。房子为一间或二至三间。最大的房子为三开间，南北长14.2米，东西宽4—4.35米。柱洞以及石块和陶片柱础都表明房子有规模大而复杂的梁架结构。房子周围、门旁、房基下以及柱洞下埋有动物和人（包括砍去头颅的成年男性和年轻女性），显然是祭礼仪式的牺牲。这座房基被视为贵族的住宅，地位与小屯的宫殿和墓葬相当。其中一座房子附近有一口水井（直径3米）深达6米。井底以木框架支撑，出有许多陶罐，可能是提水时从绳子上掉到井里去的。

在西台至少发现有58座墓葬。它们全部为长方形土坑墓，一般长2米，宽1米。它们可以分为两组，其中5座墓大于其他墓，有殉人、青铜礼器和武器，以及其他随葬品，包括卜骨、金器、玉器、骨器和漆器。殉人一般一墓埋一人，捆绑着

---

[1]《河北藁城县商代遗址和墓葬的调查》，《考古》。
[2]《河北藁城台西村的商代遗址》，《考古》。
[3]《河北藁城县台西村商代遗址1973年的重要发现》《藁城台西商代遗址发现的陶器文字》，《文物》；耿鉴庭、刘亮：《藁城商代遗址中出土的桃仁和郁李仁》；河北省博物馆：《藁城台西商代遗址》。

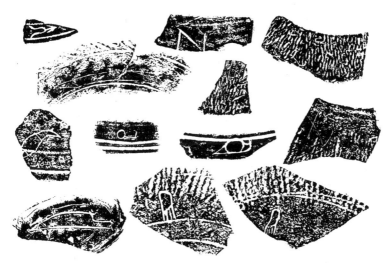

图 73　藁城商代遗址出土陶文
　　　（引自《文物》,《藁城台西商代遗址发现的陶器文字》）

放在二层台上。其他墓随葬品较少：一或二件陶器，偶尔出有一二件铜戈或镞或二者兼备。死者大部分为单人，仰身，置于棺内，下有腰坑。在两座墓中，两个死者同置一棺，一座是两个男性，一座是一男一女，但其中的一个男性和女性可能是殉人，与他们的主人一起埋葬。不过，富人和穷人埋在同一墓地并相混杂的现象很清楚地反映出他们是同一家族的成员，只是他们的社会地位已经严重分化。总而言之，这一现象与我们根据卜辞和古史文献所得到的商代家族结构是完全一致的。

　　从台西村的居址和墓葬，可以看到许多有意思而重要的现象。在十几个灰坑中，发现有三种以上的桃和李（Prunas persica P. tomentose, and P. japonica），可能是采集起来作药用的。在十二块陶片上刻画有类似于文字的符号（图73），同样可能是家庭徽号。发现的还有少量的白陶、大量的施釉硬陶。这里出土的一件铜钺带有铁刃，曾引发了人们对商代冶铁的激烈争论，但最后的结论说是陨铁。[1]最后还发现许多青铜礼器（图74）。一些爵、斝的圜底，厚胎以及附件，都与小屯王朝

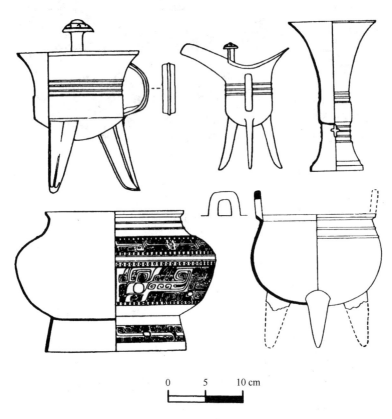

图74　藁城商代遗址出土的青铜容器
　　　（引自《考古》，《河北藁城县商代遗址和墓葬的调查》）

---

[1] 唐云明：《藁城台西商代铁刃铜钺问题的探讨》；李众：《关于藁城商代铜钺铁刃的分析》。

时期的器物相近，但发现的动物主题花纹属于罗越的Ⅱ式和Ⅲ式，没有发现Ⅳ式和Ⅵ式，虽然根据铜器的形式，该遗址可能包含了小屯王朝时期，但我们也必须指出，根据现有的材料，最早的居住期可能与小屯前王朝时期相同，也就是说二里冈期。不过，从类型学上讲，台西村（早期居住）和小屯前王朝时期都可以归入二里冈期的较晚阶段。

再往北，在北京东郊，人们发掘了一个类似的遗址，即平谷刘家河遗址。这里发现一座土坑墓，墓内出土了十六件青铜礼器、另一件铁刃青铜钺、青铜车马器、一些金饰（两件臂环，一件耳环，一件发笄和一些小金片）、部分玉器、九件绿松石串珠和麻布印纹。这些青铜礼器显然属于二里冈期晚段的形式。[1]

北京地区是商文明与同时期北方的文化即夏家店下层文化交界的地方，至少在二里冈期是如此。夏家店下层文化是以它的典型遗址——辽河上游的赤峰夏家店命名的，1959—1960年在其下层发出了该文化的典型遗存。[2] 其中心位于滦河流域的承德盆地，向南延伸至唐山，向西至张家口。[3] 在京津地区，夏家店下层文化的遗址是相当普遍的。[4] 其器物群与商文化非常接近，特别是以鬲和甗为代表的绳纹灰陶。但器物类型上的差别也是很大的。这里没有青铜礼器、三足陶器爵和斝，而有独特的装饰风格如鬲和甗上的提手和上有压印纹的扉棱，红陶在陶器中占有很高的比例，以及独特的组合石器包括细石

---

[1]《北京市平谷县发现商代墓葬》，《文物》。
[2]《赤峰药王庙、夏家店遗址试掘报告》，《考古学报》。
[3] 郑绍宗：《有关河北长城区域原始文化类型的讨论》，664页。
[4]《河北大厂回族自治县大坨头遗址试掘简报》《北京琉璃河夏家店下层文化墓葬，《考古》。

器。这些都表明它有别于商，可以另立一支文化。

夏家店下层文化，尽管可能并不属于商文化范围，我们需要密切关注将来的发现，特别是它与商文化的关系。该文化现有三个放射性碳素年代数据：2410±140B.C.、1890±130B.C.、1690±160B.C.，[1]使得该文化，至少是一部分，远远早于二里冈期商文明。它也使夏家店下层文化遗址出土的红铜器成为中国考古学上最早的金属器。[2]不止于此，考古学上最早的卜骨（鹿和可能是羊的肩胛骨）即发现于辽河上游，但它出土于更早的文化层，年代为3350B.C.。[3]究竟商文化如何吸收夏家店文化，以及前者怎样给予后者什么文化影响，是研究商文化起源中的重要课题。这一问题我们留到后面再说。

东部

河南东部及邻近地区，是卜辞中大邑商的所在地，应是早商考古的重要地区。这一点在殷墟发掘一开始人们就已认识到了。最早发掘殷墟的参加者李景聃这样说：

> 在河南东部与江苏山东交界的地方有一县名商丘，单就这个名词说，已经够吸引人们的注意。这里靠旧黄河，很可能是商代发祥之地……那末，殷墟的前身在商丘一带

---

[1] 最早的两个年代数据取自夏鼐：《碳-14测定年代和中国史前考古学》，231页；第3个数据取自《放射性碳素测定年代报告（五）》，《考古》，285页。
[2] 夏家店下层：《赤峰药王庙、夏家店遗址试掘报告》，《考古学报》，127页；宁城小榆树林子：郑绍宗：《有关河北长城区域原始文化类型的讨论》，666页；唐山大城山：《河北唐山市大城山遗址发掘报告》，《考古学报》；刘晋祥：《敖汉旗大甸子遗址1974年试掘简报》，《考古》，99页。
[3] 《内蒙古巴林左旗富河沟门遗址发掘简报》，《考古》。关于其年代，见夏鼐：《碳-14测定年代和中国史前考古学》，231页。

很有找着的希望。因为上面所述的原因,傅、李、梁、董、郭诸先生在决定河南古迹研究会二十五年下半季工作的时候,就指定豫东商丘一带的调查。[1]

因此李景聃,加上韩维周和孟章禄,做了为期一个多月的考古调查。调查结果令人沮丧,在一些地势较高的崮堆上仅发现了一些龙山遗址,但看不到商文化遗址。这个地区的田野工作极为困难,由于历史上屡次泛滥,在广袤的平原上覆盖着很厚的淤泥。根据李景聃统计,从971至1699年的730年间,有十七次黄河决堤造成的严重洪灾。"普通地面淤土深约五尺,其下即为黄沙……无怪乎汉代陶片都见不着,更谈不到史前遗址了!"[2]

40年以后,在中国科学院考古研究所洛阳发掘队的敦促下,1976年人们组成了一支调查团,开始他们在商丘地区的调查工作。此行的目的是"为了解豫东原始社会末期夏商时期文化的有关问题"。[3]他们遇到了同样的困难。史前遗存有时出现在地面以下7或8米处。[4]他们发掘了一处地势较高的崮堆上的龙山晚期遗址。[5]但至今没有其他发现见诸报道。不过,早商遗存在这一地区的存在,是受了一件爵的诱发。这件爵薄胎,平底,总体看上去粗糙。这件爵现藏于天津博物馆,据说来自商丘地区。[6]

---

[1] 《豫东商丘永城调查及造律台、黑孤堆、曹桥三处小发掘》,84页。
[2] 同上,88页。
[3] 《1977年河南永城王油坊遗址发掘概况》,《考古》。
[4] 夏鼐私人通信,1977年。
[5] 同注[3]。
[6] 《天津市新收集的商周青铜器》,《文物》,33页。

由此再往东的山东，是商文化遗址发现较多的省份。但二里冈期的遗存仅有1970年在山东中部的济南大辛庄发现的几件青铜容器。[1]类似的发现发生于1935年，出土了青铜工具和石器骨器。[2]这些青铜容器的形式和花纹与二里冈期晚段相似，也与藁城的器物群相似。

南部

在南方，发现一组四件青铜容器（图75）。发现地点为嘉山，位于安徽东北部，地处淮河流域中部。这组青铜器都表现出与二里冈期较晚阶段相近的形式和花纹特征（对应于上述二里冈期器物特征）。[3]但最近长江流域的两处发现更为著名也更引人注目。它们是盘龙城和吴城遗址。

盘龙城是一座城址，南北长290米，东西宽200米。它位于湖北省武汉市以北5公里的黄陂县滠口乡。城址以南是长江的一条小支流府河，其北部是一座小山脉。其东部是一个小湖，盘龙湖，在水位较高的季节湖面会沿着城址以南的低地延伸至城址以西。商代遗存最早发现于1954年，[4]分布于建在这些小山上的城址以内和城址周围，范围东西约1.1公里，南北1公里。20世纪50[5]、60[6]年代做了发掘，但直到1974年[7]才有大规模的发掘，这一遗址的重要性才得以揭示出来。

---

[1] 齐文涛：《概述近年来山东出土的商周青铜器》。
[2] F. S. Drake, "Shang Dynasty Find at Ta-hsin-chuang"; "Ta-hsin-chuang Again."
[3] 《安徽嘉山县泊岗引河出土的四件商代铜器》，《文物》。
[4] 蓝蔚：《湖北黄陂盘龙城发现古城遗址及石器等》。
[5] 郭冰廉：《湖北黄陂杨家湾的古遗址调查》。
[6] 郭德维、陈贤一：《湖北黄陂盘龙城商代遗址和墓葬》，420—421页；《一九六三年湖北黄陂盘龙城商代遗址的发掘》，《文物》。
[7] 《盘龙城一九七四年度田野考古纪要》，《文物》。

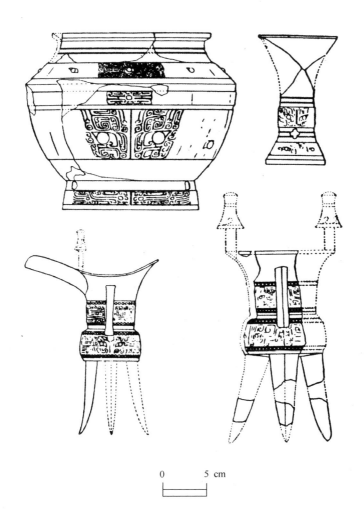

图 75 嘉山商代遗址出土的青铜容器

这处商代遗址，根据迄今所揭露的情况，包括中央的盘龙城和三个墓地，即西部的楼子湾、北部的杨家湾和东部的李家嘴（图76）。

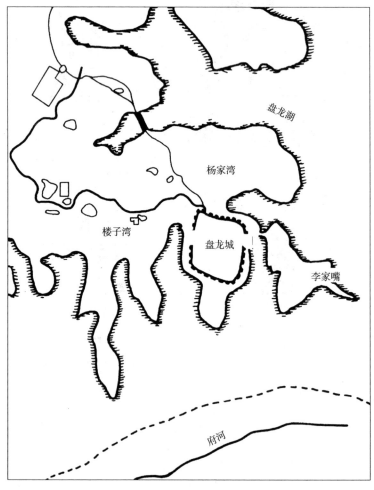

图76 盘龙城商代遗址
（采自《文物》，《盘龙城一九七四年度田野考古纪要》图1）

城址偏东北，方向20度，由夯土筑成，夯层厚约8—10厘米。仅墙基部分保存下来，一条宽达10米的护城壕环绕整个城址。东北部是城内地势最高的地带，而西南部则最低。这里发现了一座规模很大的夯土基址，东西宽60米，南北至少10米，其北缘距北城墙仅10米。在基址面上，建造了一些长方形的房屋（"宫殿"）。它们相互毗邻，均与北城墙平行。迄今已发现三座这样的房屋，但只有北数第一座做了全部发掘（图77）。主体为殿堂（34米×6米），四开间，四面有相连的廊庑。四面廊庑之外有43个柱洞，其原来的柱子是用来支撑房檐的。整个房屋坐落于一个长方形台基上（东西40米，南北12米），高于夯土基址面约20厘米（图78）。这些房屋的总体布局和用途要等到整个遗址都发掘并发表后才能知晓。它显然与安阳的小屯和郑州的宫殿区（也位于城址的东北部）相同。

城址以外经过发掘的三个墓地中，杨家湾墓地最为贫穷（小型土坑墓，随葬品仅有几件陶器或者一件青铜容器。这可能是一座自由平民的墓地）。[1] 楼子湾墓地发掘于1963年，发现有居住址和五座墓。这些墓均为土坑墓，带有腰坑和二层台，每座墓均随葬几件青铜礼器、青铜武器和工具、玉器和陶器（有些上过釉）。[2] 最富有的墓葬发现于李家嘴墓地，见于发表的有4座。它们也是土坑墓，有椁和棺。椁为两重，表面经过精细的雕刻和绘画，底部也有腰坑。随葬品有青铜器、玉器、木器和陶器。22件礼容器出土于一号墓，63件青铜容器、武器和工具出土于二号墓。后者还有三个殉人，显然原来是放在椁顶上的（图79）。

---

[1]《盘龙城一九七四年度田野考古纪要》，《文物》。
[2]《一九六三年湖北黄陂盘龙城商代遗址的发掘》，《文物》。

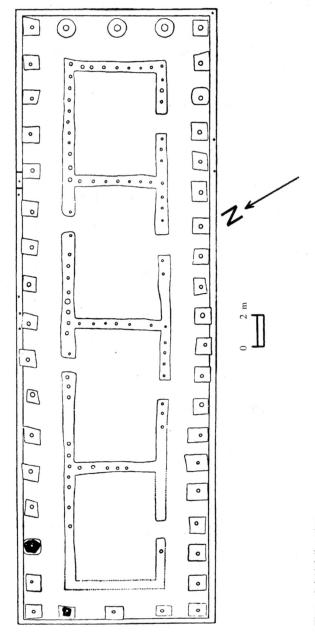

图77 盘龙城商代F1遗址
(采自《文物》,《盘龙城一九七四年度田野考古纪要》图9)

图78　盘龙城F1基址复原图

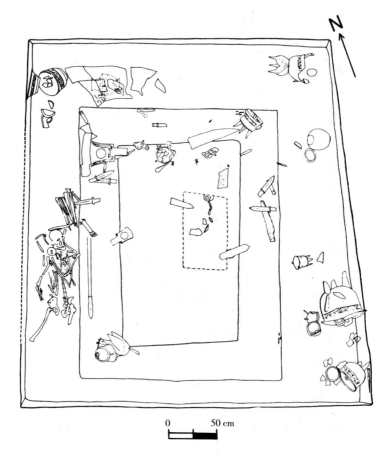

图79　盘龙城李家嘴商代墓葬 M2

盘龙城遗址总共出土了159件青铜器,包括18件工具、51件武器、1件马面具和68件礼器。[1]总的来说它们胎薄易碎。4件经过测试的标本的各种成分的比例是:铜,81.82、88.68、71.59、70.56;锡,8.41、5.54、3.92、6.16;铅,

---

[1]《盘龙城商代二里冈期的青铜器》,《文物》。

6.78、1.38、24.45、21.76。在遗址的许多地点中还发现,熔炉碎块、铜矿、石、木炭和烧土,表明这些青铜器不仅是在本地铸造,也是本地熔炼的。可以说,这里的容器采用了块范铸造技术,只是发表的资料中没有块范。两种不同的合金配方产生了不同的青铜色泽,含铅量低的合金呈绿色,含铅量高的合金呈灰色。根据它们的形式和装饰花纹盘龙城青铜器可以肯定地说与郑州和辉县的青铜器是一致的(图80、81)。

毋庸置疑,盘龙城遗址在商代考古中占有极重要的地位。[1]正如发掘者指出的,盘龙城完全是郑州商城在500公里外的一个翻版。它们具有相同的城墙夯筑技术、宫殿建造技术、葬俗和青铜、玉、陶器制造工艺。[2]我们再补充一点,盘龙城的聚落形态也是郑州的微缩版。它们都有一座城址,宫殿区均位于城内东北部,居址和墓葬均分布于城外。但盘龙城的规模要小得多。正因为规模小,这座城市的社会结构更为引人注目。墓葬的等级差别明显地表现在三座墓地上。其大型青铜钺使人想起安阳的王室徽号(图82)。而相当丰富的青铜工具也值得注意。

盘龙城南临长江,根据现有考古资料或可视为严格意义上的二里冈期商文明的南限。长江以南的与商代二里冈期同时的文化还不十分清楚,但江西的考古材料较为丰富,完全可以确立为一支或几支文化。这类文化具有浓厚的地方特色,当然也不能抹杀它与商文化的密切关系。这种地方文化带有商文化因素的情形,在江西清江吴城的商代遗址得到充分的体现。1973年,在4平方公里的地域内人们发现许多成

---

[1] Robert W. Bagley 有精彩的简述和评论,见 "P'an-lung-ch'eng: A Shang City in Hupei"。

[2] 《盘龙城一九七四年度田野考古纪要》,《文物》,14—15页。

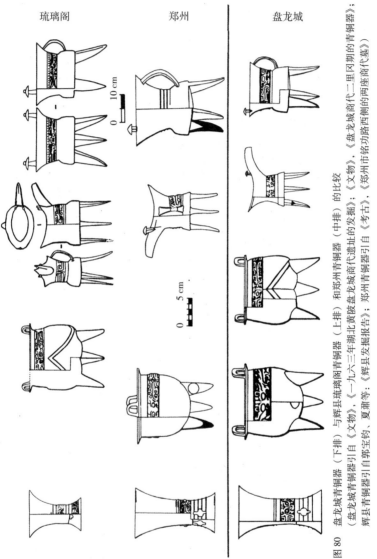

图 80 盘龙城青铜器（下排）与辉县琉璃阁青铜器（上排）和郑州青铜器（中排）的比较

盘龙城青铜器引自《文物》，《一九六三年湖北黄陂盘龙城商代遗址的发掘》；《盘龙城商代二里冈期的青铜器》；郑州青铜器引自《考古》，《郑州市铭功路西侧的两座商代墓》；辉县青铜器引自郭宝钧、夏鼐等：《辉县发掘报告》

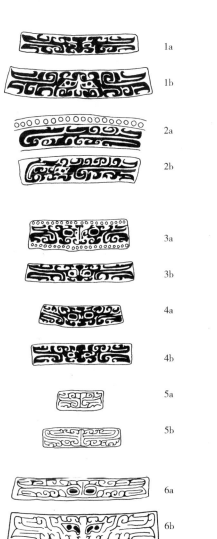

图 81 盘龙城青铜器纹样（1b—6b）与辉县（2a, 3a, 6a）、郑州（1a, 4a, 5a）同类纹样的比较
（引文同图 80）

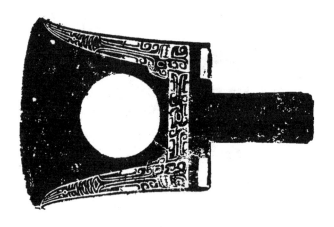

图 82　盘龙城商代遗址发现的青铜钺

片的遗存，说明其年代属于商代。同时也说明这里的居址相当密集。1973—1974 年在遗址中心的上城（吴城）城内和城外附近进行了发掘，发现 1 座房基、48 座灰坑、13 座墓葬和 1 座陶窑。在出土的五百余件遗物中有青铜武器戈、刀和工具斧；武器戈、刀和工具斧、锛、凿的石范；1 件出于墓葬的斝；石制工具斧有肩锛、凿、刀、镰；武器戈、矛头；陶质工具刀、纺轮、网坠和砧。陶器中最常见的器类是：鬲、罐、甗、豆、大口尊、钵和可能属于爵、斝的足根。[1] 许多陶器和石范上都刻有符号。一些遗物上带有许多文字，其中一件多达 12 个。这些文字的基本特征与商文字相仿，但至今还不能释读。[2]

人们可以清楚地看到吴城遗址的许多遗物都与二里冈期和更晚阶段的商文明相仿。一些陶器如鬲、豆和大口尊让人想起北方的同类器，唯一的一件青铜容器平底斝也是二里冈的常见

---

[1]《江西清江吴城商代遗址发掘简报》，《文物》。
[2] 唐兰：《关于江西吴城文化遗址与文字的初步探索》。

式样。一些文字也很相似[1]。另一方面，该遗址又有别于商文明，具有许多地方特征：一件器盖上（地面采集）的由云雷纹组成的动物面具主题；陶器装饰普遍采用联珠纹；陶刀广泛使用；硬陶和釉陶的使用也极为普遍，以及铸铜用的石范。[2] 除上述特征外，还可以加上文字，它的与中国北部同时期的文字存在许多重要的差别。实际上，几何印纹硬陶（有时带釉）的广泛使用——与郑州的印纹相似，后者可能来源于南方——使我们自然地将吴城遗址划入地方文化系统，因为以几何纹硬陶为特征的新石器时代文化早已被视为东南沿海地区[3]特别是江西地区[4]的特有产品。有可能这一地方文化与商文明跨越长江，保持着密切而持续的文化交流，因此许多文化因素发生了交换。釉陶从南方向北方传播，而北方一些陶器和青铜礼器流向南方。[5]

西方

二里冈期商文明向西延伸的情形最不清楚。郑州以西的河南地区曾经是二里头期的分布地域。二里头文化最初被认为是早商，但现在越来越多的人认为是夏。这一问题放在后文中详细去谈。整个这一地区的二里冈期商遗存还没有充分地发表。有资料显示，二里冈类型的遗存在山西中部的太

---

[1] 不过一片陶片上的字释读为商王上甲还缺乏说服力；也见赵峰：《清江陶文及其所反映的殷代农业和祭祀》。
[2] 《江西清江吴城商代遗址发掘简报》，《文物》，58—59页。
[3] 曾昭燏、尹焕章：《古代江苏历史上的两个问题》，15—16页。
[4] 《江西地区陶瓷几何形拍印纹样综述》，《文物》。
[5] 《二里冈期青铜容器的其他发现》，见《近年江西出土的商代青铜器》，《文物》。

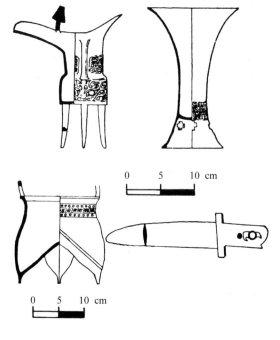

图 83　岐山京当商代遗址出土的青铜器
（引自《文物》,《陕西省岐山县发现商代铜器》）

原[1]和南部的夏县[2]曾有发现，但这些发现的详细资料还未见到。陕西渭河流域腹地的扶风县，曾发现一组陶器，包括鬲、豆和罐等器物，被视为与藁城和小屯前王朝的同类器相近。[3]这个看法缺乏说服力。不过，同在渭河流域的岐山京当出土的一组青铜礼器（图83），令人信服地说明了二里冈期晚段商文化的存在。[4]

---

[1]《山西省十年来的文物考古新收获》,《文物》, 2 页。
[2] 最近发表的放射性碳素年代数据包括夏县二里冈期的标本；见《碳十四年代测定报告，续一》,《文物》。
[3]《扶风白家窑水库出土的商周文化》,《文物》。
[4]《陕西省岐山县发现商代铜器》,《文物》。

再往西，二里冈期商文化的西界没有越过渭河流域中部。渭河上游和甘肃东部的洮河流域是齐家文化的分布地域，其活动年代从公元前三千年末延续到公元前二千年初。齐家文化之后这一地区为几支青铜文化所占据。这些文化已另文论述，[1]不过还值得重复一下，齐家文化已使用红铜工具和卜骨，年代略早于二里冈期商文化。

小结

现有考古资料表明，商文明二里冈期可以分为两个阶段，二里冈期和晚二里冈期（郑州二里冈期一般分为上、下层，这里均归入二里冈期），这样划分是依据青铜礼器的型式和装饰花纹。二里冈期青铜器的特征是爵、斝均为平底，筒形腰，没有形成两段，其花纹大部分为罗越所分的Ⅰ式和Ⅱ式。晚二里冈期的青铜爵、斝底部微鼓，腹部分为上下两段，花纹大部分属于罗越的Ⅲ式。

二里冈期的遗址分布地域不大，北部为郑州和辉县，南部为盘龙城，如果天津博物馆的爵确实来自于商丘，那么河南东部也属其分布范围。而晚二里冈期的遗址分布要广得多。北部为北京，东部为山东中部，东南部为淮河流域，西部至渭河流域。在商文明分布地域之外，北部与夏家店下层文化相接，南部隔长江与几何纹陶文化相望，西部与齐家文化及后起的文化在渭河上游紧邻。在这样勾画出来的商文明圈（图84）内，东部的商代考古资料比西部要多。由于夏家店下层和齐家文化都使用红铜工具，人们一直认为南方有可能在早期即使用了红铜和青铜器。

---

[1] K. C. Chang, *The Archaeology of Ancient China*, pp. 195–199, 379–409.

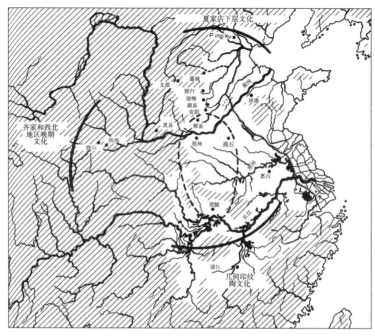

图84 二里冈期遗址的分布地域
（椭圆形虚线圈表示二里冈期遗址大致的分布地域；三个实线弧圈表示晚二里冈阶段遗址大致的分布地域；斜线部分表示200米以上的高地）

第二节 安阳期商王朝的主要遗址

如前所述，我们利用小屯妇好墓出土铜器的形式和装饰风格作为安阳商文明王朝时期开始的标志。从大都城区（安阳为其中心）向外看，我们发现安阳王朝的铜器和陶器的分布范围与我们前面所说的二里冈期大致相同，并且各个区域的商文化遗址更为密集。不过南部边缘的情形还不十分清楚。商王朝与南方的互动似乎有所加强，更为频繁，更为深入。但现有的考古资料中仍然缺乏商文化的聚落。

北方

　　大致与小屯和西北冈同时期的商文化遗址发现于行山沿线北部的磁县、邯郸、邢台、藁城、灵寿[1]和曲阳[2]。更往北的保定据说曾出土"三件商代戈"。[3]再往北，从北京[4]到滦河和辽宁西部的辽河上游[5]发现了许多青铜容器，上有已知的商王室徽号。尽管关于它们的年代曾经有过不同的看法，但现在人们似乎已达成共识：这些青铜器属于西周初期，是河北北部和辽宁西部成为燕公的领地时遗留下来的。[6]由于晚二里冈期风格的青铜器已传播到北京地区，因此我们推测北京地区的商文明在商代晚期延续下去，并进一步侵入夏家店下层文化的地域，恐怕不会过于牵强。周人占领后，武王封召公于北燕，意图是接管商朝领土和商人后裔。这些铜器，即使它们属于西周早期，也能够说明商人曾占领了这一地区。

东方

　　安阳商王朝时期形态的铜器和陶器遍布于山东全省[7]。但该省最重要的考古发现应是益都苏埠屯大墓。这些墓葬位于

---

[1]　《河北灵寿县北宅村商代遗址调查》，《考古》。
[2]　安志敏：《河北曲阳调查记》。
[3]　罗振玉：《梦郼草堂吉金图》，卷2，1—3页。
[4]　《北京附近发现的西周奴隶殉葬墓》，《考古》。
[5]　《热河凌源县海岛营子村发现的古代青铜器》《文物》；《辽宁喀左县北洞村发现殷代青铜器》《辽宁喀左县北洞村出土的殷周青铜器》，《考古》。
[6]　晏琬：《北京辽宁出土铜器与周初的燕》。
[7]　F. S. Drake, "Shang Dynasty site at Li-ch'eng Wang-she-jen-chuang, Shantung"；《山东长清出土的青铜器》、《山东苍山县出土青铜器》；齐文涛：《概述近年来山东出土的商周青铜器》、《山东邹县又发现商代铜器》，《文物》；《山东惠民县发现商代青铜器》，《考古》。

山东中部，离海仅70公里左右。这些墓葬因其青铜器闻名于世。一批刚于1931年盗劫的铜器，1936年即流传到祁延霈手中研究。[1]但是这些大墓，一直到1965—1966年才开始发掘；见于发表的只有一座[2]，不过极引人注目（图85）。墓室南北15米，东西10.7米；它有四条墓道，南边的一条，长26米，是最长也是唯一通向墓底的墓道。而其他几条只通向二层台，墓室中央是一具亚字形木椁，里面置棺。棺底原先有腰坑，坑内埋一具殉狗和一具殉人。墓内其他部位共埋有47个殉人和5条狗。随葬品为一些青铜容器和武器、玉器，但大部分已被盗走。椁内残留有近四千枚玛瑙贝壳。根据墓葬的规模和结构、殉人数量和两件青铜钺，发掘者认为这座安阳以外最大的墓属于一个商人贵族，墓主可能是商的与国薄姑的君主。[3]

南方

淮河流域，如前所述，已发现有二里冈期商人居住的线索。这里也有许多商代晚期的遗址见于报道，但唯一值得注意的是江苏西北部徐州丘湾的居址和墓葬。该遗址发现于1959年，1959、1960和1965年做了发掘。[4]居住区发现有居住面（铺有夯土）、柱洞、灶和灰坑，出土有石质工具、陶器、1件青铜刀和1件铜凿。陶器，遗址上层出土的为殷墟晚期特征，下层出土的属于殷墟早期，占卜原料有肩胛骨和龟甲，有的还有凿出的槽。居住区以南，在大约75平方米的范围内，

---

[1] 祁延霈:《山东益都苏埠屯出土铜器调查记》。
[2] 《山东益都苏埠屯第一号奴隶殉葬墓》,《文物》。
[3] 殷之彝:《山东益都苏埠屯墓地和"亚醜"铜器》。
[4] 《1959年冬徐州地区考古调查》,25页;《江苏铜山丘湾古遗址的发掘》,《考古》。

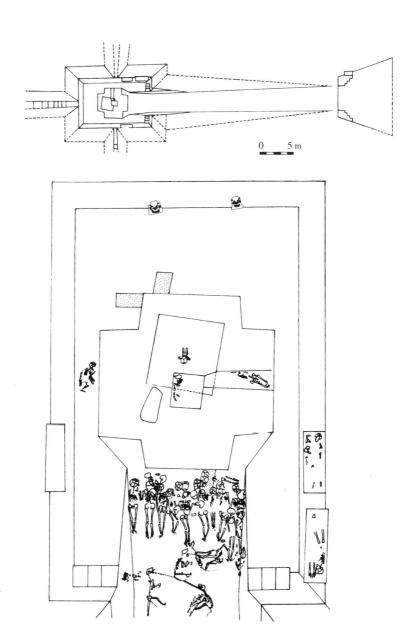

图 85　山东益都苏埠屯商代大墓

发现了20具人骨架、2具头骨和12具狗骨架（图86）。四块巨石竖立于埋葬区的中央，墓葬和狗葬似乎环绕它们而置（图87）。所有人都面向下，曲膝，上肢捆在背后。这里没有发现墓坑、棺和随葬品。这个埋葬区已被认为是社祀遗址，殉人和殉狗即为社祀所用的牺牲。[1]有人认为徐州以及周围区域是大彭或彭国所在。在传统文献和卜辞中，与商朝保持着时敌时友的关系。[2]

徐州以南，在淮河流域更南和长江流域只是开始出现一点晚商聚落遗址的迹象。[3]不过这里已经有大量青铜容器见于报道。从铜器形态来看，它们属于晚商，但它们的出土地点没有或仅有很少线索。这些青铜器包括：安徽阜南至少13件；[4]安徽肥西至少2件；[5]湖北南部崇阳1件大铜鼓；[6]湖南宁乡至少10件（包括著名的人面方鼎）；[7]湖南醴陵1件象尊；[8]湖南常宁至少1件；[9]江西都昌1件铜瓿；[10]四川彭县3件铜

---

[1] 俞伟超：《铜山丘湾商代社祀遗迹的推定》。
[2] 王宇信和陈绍棣：《关于江苏铜山丘湾商代祭祀遗址》。
[3] 周世荣：《湖南石门县皂市发现商殷遗址》；《安徽含山县孙家岗商代遗址调查与试掘》，《考古》。
[4] 葛介屏：《安徽阜南发现殷商时代的青铜器》；石志廉：《谈谈龙虎尊的几个问题》。
[5] Foreign Language Press, *Historical Relics Unearthed in New China*, No. 40; Committee of the Exhibition of Archaeological Finds in the People's Republic of China: *The Exhibition of Archaeological Finds in the People's Republic of China*, No. 90.
[6] 《湖北崇阳出土一件铜鼓》，《文物》。
[7] 高至喜：《商代人面方鼎》；高至喜：《湖南宁乡黄材发现商代铜器和遗址》。
[8] 熊传新：《湖南醴陵发现商代铜象尊》。
[9] Committee of the Exhibition of Archaeological Finds in the People's Republic of China（见注[5]），No. 91.
[10] 唐昌朴：《江西都昌出土商代铜器》；《近年江西出土的商代青铜器》，《文物》，60页。

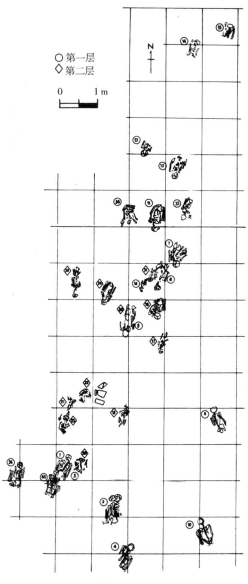

图 86 江苏徐州丘湾商代墓地
（引自《考古》,《江苏铜山丘湾古遗址的发掘》）

图 87　丘湾商代墓地中央的立石
（引自《考古》,《江苏铜山丘湾古遗址的发掘》）

器和一些青铜武器。[1]这些青铜器毫无疑问地表明，晚商文明在长江中游的存在已相当显著，但居住的详细情形只能说一无所有，因为没有发现聚落、墓地，也没有发现铸造这些铜器的作坊。人们看到，青铜器的形制及装饰花纹与安阳的同类器相似，甚至完全一致，但同时也存在一些明显的南方特征。弗吉利亚·凯恩在阜南青铜器上看到，它们同时具有安阳早、晚期的特征，"它出自当地工匠之手，他可能很熟悉这一器类（尊）的早期和晚期的产品，但不知正确地融合所有的因素，结果造成设计上的前后不一致"。[2]她也从湖南青铜器上看到："这些铜器模仿引进的安阳同类器制造，但也往往勇敢地进行创

---

[1] 王家祐:《记四川彭县竹瓦街出土的铜器》；徐中舒:《四川彭县濛阳镇出土的殷代二觯》。
[2] "The Independent Bronze Industries in the South of China Contemporary with the Shang and Western Chou Dynasties", p. 80.

新。"[1]因此她说这些安徽和湖南出土的晚商铜器包含有本地青铜手工业的产品,这些铜器虽然模仿了安阳的同类产品,但是吸收南方本地的因素。这个结论我们可以基本接受。

西方

在西方,与安阳晚商王朝同时的诸文化的考古资料主要包括两组重要的遗址。第一组的资料包括山西中部及西北部和陕西境内的邻近地区出土的许多青铜容器与武器(部分出土于墓葬)。[2]许多器物上带有徽号,与安阳附近地区出土的相同。第二组包括在陕西中部岐山京当乡新发现的西周"宫殿"。尽管关于后者的科学报告还未问世,但简短的新闻通讯中包含许多重要的信息,值得我们全部摘录下来(《美洲华侨日报》)[3]:

> 周原位于陕西关中西部,岐山在其北,渭水在其南,相传是周的老家。周原考古的范围,刚好与周在周原时期的首都相仿佛(包括现在扶风县的法门乡、黄堆乡和岐山县的京当乡)。在京当乡凤雏村发现的第一组宫殿西边的一个房屋内,发现了甲骨的窖藏坑。

---

[1] 同上页注[2],85页。
[2] 《山西石楼县二郎坡出土商周铜器》、《石楼县发现古代铜器》;谢青山和杨绍舜:《山西吕梁县石楼镇又发现铜器》;郭勇:《石楼后兰家沟发现商代青铜器简报》,《文物》;《山西石楼义牒发现商代铜器》,《考古》;《山西石楼义牒会坪发现商代兵器》、《山西石楼新征集到的几件商代青铜器》;沈振中:《忻县连寺沟出土的青铜器》;吴振录:《保德县新发现的殷代青铜器》;《陕西绥德墕头村发现一批窖藏商代铜器》,《文物》。
[3] 发自西安的新华社快讯,见《美洲华侨日报》,New York City, 1 November 1977。

这组珍贵的甲骨数量多达 1.5 万余片，包括 1.48 万多片龟甲和 120 余片肩胛骨。部分龟甲已经清洗和研究，其中 127 片龟甲发现有刻文。初步的研究显示，占卜记录包括祭献、告祖、来往、狩猎、战争、收获和其他活动。其中一片有字龟甲记录了周文王祭祀商王帝乙的事情。另外一片提到了商王在陕西的巡游。还有一些提到"殷王的狩猎""奉献给文武帝乙""成汤""太甲"和"周方之伯"等等。这些甲骨文字把这组建筑的年代推到周文王的时代，同时也显示周在武王伐纣之前只是商的一个属国。

这一发现证实了古代文献和安阳卜辞中有关周的记载（参见第四章）。我们怀着急切的心情等待着这个重要发现的科学报告早日问世。[1]

总　结

实际上，本章和前一章论述的考古资料全部是 1950 年以后发表的。在 1950 年以前，关于商文明的认识仅限于安阳的发现，现在知道这是商文明的最后阶段。过去 28 年发表的新

---

[1] 在最近发表的北京大学碳十四实验室放射性年代数据《碳十四测定年代报告，续一》中，有三个标本采自岐山县的凤雏和京当。它们是（半衰期为 573040）：
BK 77011 1080 ± 90 B.C. 校正 1210 ± 150
BK 76018 1040 ± 90 B.C. 校正 1180 ± 150
BK 77012 890 ± 110 B.C. 校正 1000 ± 170
校正表依据 P. E. Damon, C. W. Ferguson, A. Long, and E. I. Wallick, "Dendrochronologic Calibration of the Radiocarbon Time Scale", *American Antiquity*.

资料，不仅给我们提供了安阳商文明的文化渊源，而且描绘了一幅更大的商文明和同时期其他文明的图画。但这幅图画远远没有完整。我们从过去30年中国考古工作的发现中，得到一个最重要的启发，我认为就是那句古训：事实胜于雄辩。我们以前对于商文化发展的许多设想在新发现面前崩溃了。"资料主义"（绪论第五节）的错误并不在于资料本身。资料主义是为资料而史料，但资料对于历史研究肯定不是完全没有意义的。

以此为戒，现在让我们看看究竟如何看待商代考古及其对商代历史学的贡献。在本书中我们认识了商文明发展的两个主要阶段：二里冈和安阳王朝时期。许多遗址似乎要早于安阳王朝时期，而晚于郑州典型二里冈期（本身可分为上、下两个阶段）。这些遗址我们归入晚二里冈期，这样能够明确表示它们早于安阳王朝时期，如果后者的开始可以用妇好墓作为标志的话。这样就形成了下面的年代序列：

安阳王朝时期（典型遗址：王朝时期安阳）

晚二里冈期（安阳前王朝时期）

二里冈期（郑州二里冈）

这三个时期和阶段已知的分布地域是：二里冈期商文化，据目前所知，仅分布于河南中部和湖北北部（也可能是干涉区域），可能还包括河南东部。在晚二里冈期，商文化的分布地域达到极点：北抵北京，南达淮河和汉水下游，东至山东，西方可能到山西和陕西东部。同时期的文化，北部是夏家店下层文化，南部是几何印纹陶文化，西部是齐家文化和后起文化。商文明安阳王朝时期的中心占据了大致同样的地域，但其北部稍稍侵入夏家店下层文化的地域。南部越过长江出现许多带有地方特色的商文化，西部明显向西扩张到陕西中部和西北部（图88）。

由于这幅分布图是根据不到30年的时间里积累起来的资料勾画的，在衡量它的价值时，我们必须十分清楚，应强调何为是，而非何为不是。近几年研究的最重要成果是，我们勾画了一幅商文明在其两期或三期中的地域范围和扩张情形。这强有力地证实了二里冈期属于商的看法，因为王朝时期安阳属于商是确定无疑的。第二点是，商文化的大规模扩张，是在较晚时期进行的，不过这场扩张表现在更为密集的遗址和更加频

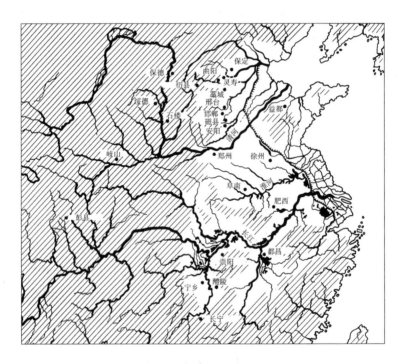

图88 安阳期商代遗址的分布地域
（斜线表示200米以上的高地）

繁的文化交流而不是纯粹的地域扩张。

第三，将上述标以商文化的考古遗址的分布范围（与必须标以其他文化如夏家店、几何印纹陶和齐家文化的遗址相区别）与第四章所论商代诸侯和方国的分布地域作比较，我们发现安阳卜辞中的大部分——如果不是全部的话——同盟或敌对政治势力的地望都落在考古学上的商文明圈内。如果我们把考古学上的地域范围同岛邦男所作的商朝地图作比较，那么安阳卜辞中的一些方国不在考古学商文明圈内，但是这与其说是必然，倒不如说是例外。看来商王朝只与或主要与同等发展水平的人民交往，无论他们是友好的还是敌对的，这个显然的事实引发了一些很有意思的问题。这些问题我们将在下章再谈。

第四，将二里冈期和安阳王朝时期的商文化遗址作比较之后可以看到一些有意思的现象。在较早的时期里，商文明肯定已进入到长江流域的盘龙城遗址，这里的文化完全是郑州的翻版。在较晚的时期，长江以南出现了更多的商文化遗址，但这里的商文化表现出更多的创造性和多样性，与此同时，商文化长驱直入到山西北部。罗伯特·巴格雷认为这种现象反映了"地方文明中心的兴起"，以及"商王朝直接统治的削弱。在南方这种现象明显表现在，都城从郑州北移到安阳的同时，实际上放弃了盘龙城。卜辞中常常提到武丁时期商王在湖北境内的汉水流域活动，这表明该地区不再是商王的稳固地盘了。起码到目前为止，在湖北极少发现有安阳时期的商文化遗址"。因此他提出"商王朝早期的扩张刺激了地方青铜文化的兴起，在安阳时期初这些文化反过来迫使商朝的退缩"。[1]

---

[1] "P'an-lung-ch'eng: A Shang City in Hupei", p. 212.

这个看法也许很有意思，但这个退缩说的依据是湖北现在缺乏安阳时期的商文化遗址。我们最好还是多考虑一些可能性，以迎接将来的考古发现。一种可能是长江以南地方风格的兴起反映了商文化与本地起源的各种文化的逐渐增强或已经增强的文化交流，因而使得商文化铜器数量更多，风格更为多样。另一种可能是一些边境地区的商文化聚落属于殖民地，带有特别的使命。盘龙城的废弃在年代上不仅与商代从郑州迁都安阳（经过短暂的移都他地），而且与山西南部的开发同时，这里不仅有很大的铜锡矿，而且有盐池。卜辞中少见武丁时期征伐南方的战争记录以及南方继续为商王朝提供贵重物产，都说明商与南方的关系是相当稳固的。因此，这些设想要求我们密切注意商代考古的进展。甚至它们可能为回答商都为什么从一个靠南的地方迁往靠北的地方这个问题提供线索。

第七章　关于商文明的几个主要问题

在前几章里，我们依据安阳和其他地方的考古资料论述了商文化和社会的历史。在这最后一章中，我们将探讨整个商文明的其他问题，即商文明发展的绝对年代资料和商文明的体质人类学和语言资料，然后是它们的起源问题上。

第一节　有关绝对年代的资料

我们在绪论中已说明，文献记载过于简略，不能提供可靠的公元前841年以前中国历史的绝对年代。考古学，包括文字学，各方面的资料为断定各种风格的遗存、器物群和社会变革的相对年代创造了条件。表4列出了一些主要的时期。现在我们恐怕只能谈到这一步。因为科学资料还不十分精确，还解决不了文献中的不确定性。不过让我们回顾一下科学资料，看我们如何取舍。

科学资料中有两类与商文明的绝对年代有关。第一类包括商文化遗址的放射性碳素年代，第二类指卜辞中的日月食记录。

商文化遗址的放射性碳素年代数据只有五个：郑州二里冈

2个,晚二里冈期遗址1个,安阳王朝时期2个。[1]现列表如下(经树轮校正):

二里冈期
  郑州(ZK-178) 1590 ± 160 B.C.
  郑州(ZK-177) 1560 ± 160 B.C.

晚二里冈期
  藁城(BK-75007) 1500 ± 170 B.C.

安阳王朝时期
  小屯(ZK-86) 1280 ± 150 B.C.
  武官村大墓(ZK-5) 1210 ± 160 B.C.

表4　商文明的相对年代

考古分期	王世	董Ⅰ	董Ⅱ	陶器	铜器型式
安阳王朝时期	帝辛			殷墟4	Ⅳ、Ⅴ
	帝乙	5	新		
	文武丁	4	旧		
	武乙				
	康丁			殷墟3	
	廪辛	3	新		
	祖甲	2		殷墟2	
	祖庚				
	武丁	1	旧	殷墟1	
	盘庚—小乙				
晚二里冈期				上层	Ⅰ、Ⅱ、Ⅲ
二里冈期				下层	Ⅰ、Ⅱ、Ⅲ(极少)

---

[1] 见附录:放射性碳素测定年代。

安阳的年代数据太少，起不了决定性的作用，但三个二里冈期的数据是非常重要的。它们之间相互吻合，都集中在公元前1600到前1500年之间，哪个也不可能晚于公元前1300年。由于最晚的藁城样品的年代接近于盘庚迁殷以前的商代前期末段即公元前1300年，所以可能是安阳这一商代晚期都城建造年代的下限。如果郑州的确为隞，那么商汤建国的年代要比二里冈遗址的最早年代早许多。也就是说，商代历史上仲丁（此王迁都于隞）与盘庚之间的年代，根据上述极少的几个放射性碳素数据，不可能晚于公元前1300—前1000年，也不能早出它许多。这样就推算出商汤建国（至仲丁历九位商王）之年要早于公元前1700年。

从盘庚至帝辛，目前只有两个数据。它们似乎有利于董作宾的"长纪年"说，而不利于陈梦家的"短纪年"说，就像罗尔·巴纳德所说的那样。[1]不过，要想取得令人信服的结论显然需要更多的年代证据。另一方面，武丁之世的卜辞中，至少有五条关于月食的记录。它们是：

1. 壬申日（9）月食

    旬，壬申夕，月㞢食[2]

2. 癸未日（20）月食

    ……争贞翌甲申昜日？之夕月有食。甲雾不雨[3]

3. 乙酉日（22）月食

    癸未卜，争贞：旬亡囚？三日乙酉夕月有食。闻。八

---

[1] 中国第一批放射性碳素测定年代，30页。
[2] 王襄：《簠室殷契徵文》，2页。
[3] 张秉权：《卜辞癸未月食的新证据》。

月[1]

4. 甲午日（31）月食

（乙）丑卜，宾贞："翌乙（未）酒，黍登于祖乙？"王固曰："有祟。（不）其雨？"六日（甲）午夕，月㞢食。[2]

5. 庚申日（57）月食

癸丑卜，贞：旬亡𦏰？王占曰："有祟。"七日己未祟，噩，庚申月有食

癸亥卜，贞：旬亡𦏰？

癸酉卜，贞：旬亡𦏰？

癸未卜，争贞：旬亡𦏰？王占曰："有祟。"三日乙酉夕噩，丙戌允有来入齿。

十三月。[3]

最后一条月食日有不同的解释，这是因为对"噩"字的理解不同。董作宾理解为一种祭礼。他在该字后标了句号。这样使日名位于词组"月食"之前，也就是说，庚申就是发生月食的当天。[4]但德效骞把该字解释为"持续"，他认为商代以午夜作为一天的开始和结束（"罗马历"），这样月食发生的日子就是己未，并持续到庚申日。[5]董氏主张商纪日是"巴比伦历"，即以黎明作为一天的开始和结束。[6]根据"噩"字用

---

[1] 董作宾：《卜辞中八月乙酉月食考》；严一萍：《八月乙酉月食腹甲的拼合与考证的经过》。
[2] 董作宾：《殷墟文字乙编》，3317号。
[3] 方法敛：《库方二氏所藏甲骨卜辞》，1595；也见方法敛：《金璋所藏甲骨卜辞》，594。
[4] 《殷代月食考》，140—142页。
[5] "The Date of the Shang Period"；"The Date of the Shang Period：A Postscript."
[6] "On the Method of Recording the Day in the Yin Dynasty."

法的一致性和最近关于此字的研究,[1] 我倾向于巴比伦历,即每一个纪日包括从日出到日落和日落到日出的时间。不过,我们暂且不作定论,先从两方面来看这条材料,看是否有差别。

这五条月食记录包含下面一个"难题",月食是安阳的商人在下面五天中看到的。

9—壬申

20—癸未

22—乙酉(此日在 8 月份)

31—甲午

56—己未或 57—庚申(此日在 13 月份)

由于公元前二千纪后五百年安阳地区能观察到的月食是可以科学计算出来的天文现象,我们所要做的是把上述五次月食与月食出现的实际月份和日期进行对比。在中国北部公元前1500—前 1000 年间,上述可观察到的月食实际上都见于天文学家所作的"月食表",如最初由德效骞所作,后由刘宝林扩展和修订的。[2]

不过,在我们入手查对刘氏的月食表之前,我们必须提出两三个假设。首先,我们假设干支纪年法的使用从商代始一直没有中断,这是我们推算每个干支日对应的公历日的前提。其次,我们假设商代的月份与太阳年的对应与公历相似,即卜辞的第 8 月相当于 7、8、9 月,第 13 月(闰月)可能相当于11、12、1 月份。[3]

---

[1] 龙宇纯:《释甲骨文 㝵 字兼解牺尊》。
[2] Homer H. Dubs, "A Canon of Lunar Eclipses for Anyang and China, -1400 to -1000";刘宝林:《公元前 1500 年至公元前 1000 年月食表》。
[3] 董作宾:《殷历谱》。

上述假设如能成立，并假设卜辞记录本身确切无误我们就可以开始查对这五次月食记录了。它们肯定发生在大约59年（传统的武丁的在位年数）之内。下面是两个表，第一个（表5）是月食表中前述干支日次日的12小时内，发生的所有月食的年份和月份。第二张表是关于前述日期的前夜的后半夜和次夜的前半夜。例如，第一张表（表5，巴比伦历）中第九天下，我们摘下了所有发生于月食表中第9天晚上的月食以及发生于月食表中第10天清晨（午夜至日出）的月食。但第二张表(表6，罗马历)，我们列举刘氏月食表中第9天即以第8天午夜至第9天午夜）发生的所有月食。

细看这两张表，我们发现我们上述无法将五次月食与对照，又满足所有条件的。拿我们所看重的巴比伦历表来说，在第22日下，下月份正确的年份只有1278。在第57日下，月份正确的有两年：-1310和-1217。我们无法选取一组，它们既要月份正确，其跨越的年数又不至于与武丁之世的59年差得太多。包括-1310和1228的一组，年代跨度为82年，包括-1278和1217的另一组，必须始于-1281或止于-1182年，这同样是太长了。在第二张表即罗马历表中，第56—57日下唯一可能的年份只有1191，这一年份必须是我们推算的起点。同样我们无法找到一组能兼顾各个方面的五个年份。实际上，第22日下，没有一年的月食发生在正确月份。

表5　商代五次月食的巴比伦历年份

第9日	第20日	第22日 （8月份）	第31日	第56—57日 （13月份）
-1379.8				
	-1376.12			
				-1356.5
				-1310.11

续

第9日	第20日	第22日 (8月份)	第31日	第56—57日 (13月份)
−1281.11				
	−1277.2	−1278.9		
				−1263.5
				−1258.8
	−1231.8			
		−1226.5	−1228.12	
				−1217.11
				−1211.2
	−1200.7			
			−1197.11	
−1188.10				
	−1184.2			
−1182.1			−1180.11	
	−1179.5			

表6 商代五次月食的罗马历（午夜至午夜）年份

第9日	第20日	第22日 (8月份)	第31日	第56—57日 (13月份)
	−1376.12			
			−1367.6	
−1358.6				
		−1345.10		
	−1324.8			
			−1321.12	
−1306.3				
		−1303.1		
	−1231.8			
	−1226.11		−1226.5	
		−1205.4		
	−1200.7			
			−1197.11	
				−1191.12
−1188.10				
	−1184.2			
		−1180.11		
	−1179.5			

刘氏月食历是否有误，只能由天文学家去判断。如果它们没错，那我们只能说，我们的一个或几个假设错了。但错在哪个？如果取消上述假设中的任何一个，就会出现一组以上的数据。例如，我们不考虑月份，将会有好几种可能性出现，我们将会为如何取舍而头痛。许多学者选择这种或那种可能性，但因为他们必须舍弃这个或那个方面的条件，他们的选择在科学上可以说是不完美的。[1]

新材料的出现，也许能够帮助我们消除月食记录带来的烦扰。但在此之前，我想尝试另一种解决办法，就是撇开第57日月食不管，13月份，就因为它出现在一条很长的卜辞中。将巴比伦历表的这一个难题排除，我们就能得到一组满足其他所有条件的五次月食的年份，或者始于1281，止于1228（跨度为53年），或始于1226，止于1185（跨度为38年）。前面我们曾说，依据放射性碳素年代数据，商代迁都安阳不可能晚于公元前1300年，因此，1281年的月食肯定发现在武丁之世相当早的时期内。反过来也就是说武丁之世，可能早不到董作宾所说的公元前1339—前1281年，但也不可能晚至陈梦家所说的公元前1238—前1180年。

这个将武丁之世月食定在较早时期的尝试，还得到了卜辞中日食资料的支持。按照南京紫金山天文台张培瑜的说法，第4期卜辞的日食发生在下面六天中：庚辰、壬子、癸酉、辛巳、戊申、乙巳。合于上述六天的只有一组6次日食，发生年份是公元前1198、前1177、前1176、前1172年各1次，前

---

[1] 董作宾：《殷代月食考》。Homer H. Dubs, "The Date of the Shang Period"; "The Date of the Shang Period—A Postscript"; 陈梦家：《殷墟卜辞综述》；Chou Fa-kao, "Certain Dates of the Shang Period"; "On the Dating of a Lunar Eclipse in the Shang Period"; P'an Wu-su, "The Dates of Wu Ting's Reign".

1161年2次（3月7日和10月30日）。[1]如果第4期的时间段为公元前1198—前1161年，那么五代以前的武丁之世，可以很自然地提前到公元前13世纪的前50年，同时迁都安阳的年代也早于公元前1300年。

作为本书的目的，根据我们手头的各种材料，我们认为下列数据可以作为商代历史的绝对年代：

商汤建国　　早于公元前1700

迁都安阳　　早于公元前1300

商朝灭亡　　大约公元前1100

第二节　语言和人种

关于商人的语言，我们无须多谈它的归属，我们只能说卜辞语言是迄今所知汉语的最早形式。道布森说得很清楚："古代汉语是后代汉语形式的祖型……而它的来源则是商代贞人使用的语言。保存在甲骨上刻写的贞问和回答中。"[2]由于商代的陶文，如我们在第四章所说，其文字风格与卜辞相同，这一现存最早的汉语，显然是上层和下层阶级共同使用的语言。同时商人的阶级分化更多地表现在家族内部和家族之间，而不是征服者和被征服者之间，因此现在还没有什么证据说明商文明的语言比较单纯，并没有分化。

关于商人的体质形态，现在有两种资料，一种是艺术品中出现的人面。图89列出了一部分人面，其颧骨很高，内眼角清楚地显示出蒙古人种的特征。这些艺术品中有一件青铜面具，它

---

[1]　张培瑜：《甲骨文日月食纪事的整理研究》。
[2]　W. A. C. H. Dobson, *Early Archaic Chinese*, p. 1.

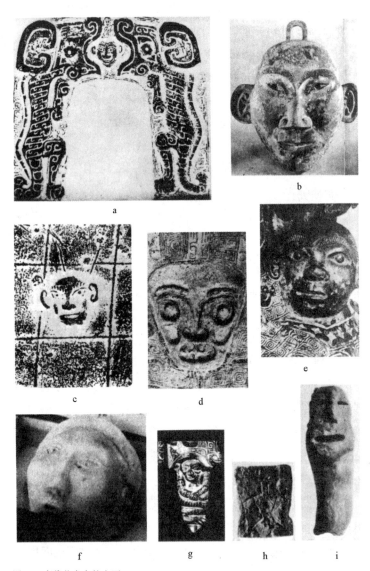

图 89　商代艺术中的人面
（引自 K. C. Chang, *The Archaeology of Antient China*, Fig. 133）

代表的应是统治者而不是平民。也有一件小陶人头,它更接近于平民而不是统治者。这些给我们揭示了商代社会不同阶层的人面像。

另一种资料,属于一个或几个社会阶层为墓葬和祭祖所供献的人牲。我们所用的材料包括安阳的西北冈大墓和祭祀坑出土的人骨架和头骨,以及辉县琉璃阁商墓出土的数量少得多的人骨架。所有这些人骨架的头骨都可以说是人牲,没有一个是上层阶级的墓主,因为所有大墓已在现代考古之前被盗掘一空,其墓椁的中央都遭到了破坏。

根据李济的说法:"安阳十五次发掘采集的人骨架累积达几千具……历史语言研究所为此设立了一个专门的部门,并邀请了生物测量学家吴定良这个曾受训于伦敦卡尔·波森博士生物测量实验室的博士来负责做这些珍贵人骨架的科学研究。但由于日本侵华战争……中断了这个计划……这种资料也大部分散失了。"[1]最后,在台湾一位训练有素的生物学家杨希枚,承担起研究和发表这批资料——最后的统计数为410个头骨,大部分(398)出土于西北岗,剩余的(12)出自小屯和侯家小庄——的任务。这些头骨大部分,如果不是全部的话,出土于头骨坑,砍去头颅的身躯没有同出。[2]杨希枚和他的同事们的一些研究成果已经发表[3]。几个美国人类学家对部分头骨

---

[1] *Anyang*, p. 255.
[2] 杨希枚:《河南安阳殷墟墓葬中人体骨骼的整理和研究》,235页。
[3] Yang Hsi-mei, "A Preliminary Report of Human Crania Excavated from Hou-chia-chuang and Other Shang Dynasty Sites at Anyang, Honan, North China"; Li Chi, "Notes on Some Metrical Characters of Calvaria of the Shang Dynasty Excavated from Houchiachuang, Anyang";许泽民:《殷墟西北岗组头骨与现代台湾海南系列头骨的颅间间骨的研究》;林纯玉:《河南安阳殷墟头骨脑容量的研究》;臧振华:《安阳殷墟头骨箕形门齿的研究》。

也作了测量。我们所知道的有 C. S. 库恩、W. W. 豪威尔、罗林·布雷奇和克里斯·特纳,但他们的研究成果的系列报道还是粗略而零散的。[1]

安阳人骨属于蒙古人种,关于此学者们意见基本相同,主要的分歧发生在两个问题上:商人和新石器时代的中国有多大差别,哪些也属于蒙古人种,商人属于同种族还是不同种族。

说到商人与新石器时代头骨的比较,李济曾查阅了步达生发表的商代和新石器时代颅骨标本的测量数据,发现它们之间存在着显著的差别,为此他提出这样的假想:"上述显著的差别,是因为商王朝在中国北方建立时发生了宽颧骨人种的入侵,在中国北部建立了殷帝国。"[2]但是,威廉·W. 豪威尔利用中国考古遗址中新近发现的新石器时代人骨,得出了另一种结论:

> 我注意到,在如此单薄的可供比较的测量数据中,安阳人骨与新石器时代根本之间似乎看不出明显的差别。步达生很早以前就根据当时已有的材料,得出结论说,新石器时代和现代中国人并不存在本质的差别。[3]

接着豪威尔提了一个新问题,安阳人(大部分是人牲)是混合人种还是混血人种?李济发现侯家庄男性人群的头骨指

---

[1] C. Turner, "Dental Evidence on the Origins of the Ainu and Japanese"; W. W. Howells, "Origins of the Chinese People: Interpretations of the Recent Evidence"; C. S. Coon, "An Anthropogeographic Excursion around the World."
[2] Li Chi, 见上页注[3], 555 页。
[3] Howells, 见注[1], 15 页。

数的变化幅度"可能意味着……侯家庄头骨并非同族"。[1] C. S. 库恩认为,他所看到人骨中混合有北欧和一类或几类蒙古人种的因素。[2]在他的《活着的人种》一书中,库恩写道:

> 在这批人骨中,至少有两个女性头骨的眼窝和鼻骨具有高加索人种的特征。另外几个是短头颅并具有夸张的蒙古人种特征,就像现代布里亚特人的头骨。其余的标本都是常见的中国北部类型,具有中等头型的脑壳和较长而平的脸。[3]

由侯家庄人群(图90)混合人种族说更进一步,杨希枚根据他所称的头骨"整体形态结构",将这组人群细分为五个小组:

小组Ⅰ—典型蒙古人种

小组Ⅱ—大洋洲棕色人种

小组Ⅲ—高加索人种

小组Ⅳ—爱斯基摩人种

小组Ⅴ—不知名人种[4]

在侯家庄头骨标本中,杨希枚选出70个标本归属两个蒙古人种小组(Ⅰ和Ⅳ),40个归属棕色人种小组(Ⅱ)的标本,只有两个标本属于高加索小组(Ⅲ),大约有50个标本归入不能分组的第5小组中。

---

[1] Li Chi,见363页注[3],558页。
[2] C. S. Coon,见上页注[1]。
[3] 见上页注[1],133页。
[4] 杨希枚:《河南安阳殷墟墓葬中人体骨骼的整理和研究》。

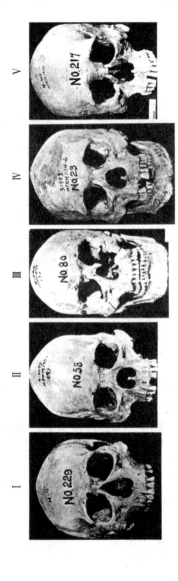

图90 杨希枚所分的五组商人头骨

根据这个结论，豪威尔再次提出尖锐的问题。利用判定式分析法，豪威尔发现，在所有头盖骨特征中，安阳人种与海南岛的现代中国人和北海道、琉球的日本人最接近，而不是欧洲人、美国印第安人或波利尼西亚人。他进一步从杨希枚的Ⅱ、Ⅲ、Ⅳ、Ⅴ小组中抽出4个标本，利用判定式对它们进行划类，发现"其中两个人种标本与安阳人群最接近，另外两个与海南的最接近；每个标本可能性第二大的才是其他种族"[1]。他总结道，虽然这些人种标本在表面与某些细部特征上都与这个或那个其他人种的同类标本接近，但是"当我们采用多种方法，也就是要求全面符合，各种方法得出的结论实际上相互抵牾，因此这些人种类型，显然不能成立"。

在一定程度上，这些观点反映出术语使用上的分歧。可以肯定的是，侯家庄的人口存在着一定幅度的差异。问题是这个幅度是否正常，是否不够大，不足以说明混合有不同种族的人。也有一研究强调这些人口总体上的蒙古人种特征。许泽民发现，在侯家庄376个完整头骨中，26个（6.91%）带有明显的印加骨迹象，其比例更接近于现代的南方中国人（5.7%）。[2]在一项侯家庄头骨容量的比较研究中，林纯玉声称可以证实杨希枚的Ⅰ和Ⅲ人种，但不能证实他的Ⅱ和Ⅳ人种。[3]最后臧振华"考察了每个人种的铲形门牙"，发现这种门牙在上述所有人种中出现的频率都"很高"（图91）。由此他得出结论："就箕形门齿的出现频率而言，这五个小组的人种基本上都属于蒙古人种。"[4]他的发现也见于1950—1953年安阳和辉县出土的头

---

[1] Howells，见364页注[1]，21页。
[2] 许泽民，见363页注[3]。
[3] 林纯玉，见363页注[3]，48页。
[4] 臧振华，见363页注[3]，82页。

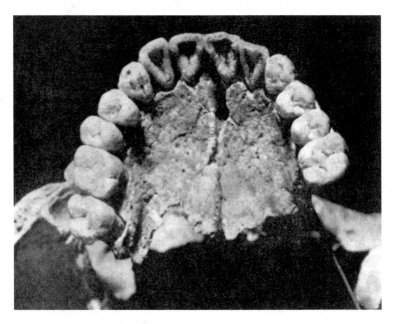

图91　商代人的箕形门齿
（引自臧振华：《安阳殷墟头骨箕形门齿的研究》）

骨上，这两处发现的头骨经鉴定的铲形门牙占80%—90%。[1]总的来说，我们倾向于同意豪威尔的意见，"目前最保险的说法似乎是这个北方地区的人口在形态上相当稳定，起码颅骨形态是如此，而且从新石器时代开始，就表现出令人吃惊的统一性"。[2]

第三节　早商、夏和商人起源问题

商文明起源对许多人来说是一个终极问题，对中国早期具有

---

[1]　毛燮均和颜誾：《安阳辉县殷代人牙的研究报告》，85页。
[2]　Howells，见364页注[1]，22页。

学术兴趣的人如此，对那些受到商艺术或商文明其他方面的吸引的人们也是如此。由于商人起源在很大程度上就是中国文明的起源，我们有理由认为商人起源问题不只有一般的重要性。但是"起源"这个字包括了许多复杂又互相纠缠的问题。在商人起源标题下起码有下列几个问题：商人从何处来？是原来就生活在他们现在的活动地区还是从别的地方迁来？其间是否曾有过一次征服，导致入侵的贵族统治了土著居民？这个复杂的阶级分化的商代社会是征服的结果还是社会进化——过程或长或短——的产物？归根结底，从考古资料来看，商文化是如何发展的，各种文明标志如文字、国家、阶级、城市、艺术等各自又如何发展，各种文明标志在发展过程中又如何互相影响？最后，是什么"推动"了商文明的发展并决定了商文明的发展道路？

我们无法简单明了地回答下面一类问题，即商人是单族还是多族，是土著的还是外来的，或部分土著部分外来？不过，我们可以努力细心地考察商代，包括二里冈期和安阳王朝时期以前的考古资料，看看哪些是现在可以明确说的，哪些是我们进一步研究的方向。在这简短的讨论中，我们不应重温这些问题的研究史，也无须费力回顾近代有关商人起源的研究。大家都知道，过去提出的许多学说，以后都被考古新发现和古文字研究推翻了。我们所要做的，是根据现有的资料，以现在的眼光去看这些问题。

在商人起源研究中，我们首先可以说明的是，商文明诞生（其年代在公元前18世纪）之前，有一个很长的文化与社会的发展过程。河南北部地区的文化序列，在第五章已作了简要的总结。当我们把眼光扩展到整个黄河流域，甚至更广的地域，以寻求商人出现的更大文化背景时，我们发现有同样的文化序列，但情形更为复杂一些。[1]

1. 新石器时代早期　中国北部最早发现有陶器，并可能有农业的文化遗存，目前仅见于几个零星的遗址。在其中的几个遗址中，这些遗存的地层出现在另一个文化，即仰韶文化之下。其特征是陶器制作粗糙，夹砂，并拍印有绳纹、篦或篮纹，没有彩绘。这一时期已知的遗址——部分遗址的放射性碳素年代为公元前 8000 年——发现于西部（陕西和河南西北部）和东部（河南新郑和河北武安）。西部遗址的发掘资料，至今尚未发表，其特征是绳纹陶；东部的遗址，发表的较多，特征是篦纹陶。这些遗址到目前还知之甚少，但它们为研究由旧石器时代的渔猎采集经济向农业经济过渡这一关键性的过渡问题提供了最早的资料，同时这些遗址的陶器群也出现了仰韶文化特征的器形和作风（如鼎和绳纹）。

2. 仰韶文化和山东境内的同时期文化　仰韶文化是以 1921 年发掘的河南西部渑池县的仰韶遗址命名的。它是中国第一个也是人们最为熟悉的发展成熟的村落农民的文化。利用放射性碳素可以将其年代准确地定在公元前 6000 年末与公元前 3000 年初之间。仰韶文化居民种粟和养猪，制作红陶，并拍印绳纹或绘以种类丰富的动物和几何纹主题。这种氏族和家族聚居的农业村落，显然是基本的社会单元，村落以上的政治组织还没有出现，也没有出现战争或社会分化的迹象。

目前所知的仰韶文化遗址发现于中国北部广大地区内，但主要分布于西部高原上的大小河流域。它们出现在陕西的渭河流域，并向西延伸到甘肃东部和青海，向东沿黄河流域扩展至

---

[1] 见 K. C. Chang, *The Archaeology of Antient China* 和他的 "The Continuing Quest for China's Origins"。

山西和河南西部，向北进入河北太行山东麓和邻近的平原地区，南部至汉水上游。

仰韶文化分布地以东，在山东半岛中央是几个属于所谓的青莲岗文化遗存的遗址。当时的河南中部和山东中部之间的平原地区可能是沼泽地，部分还可能是水面，泰山和附近的丘陵可能是华北沿海地区的一座岛屿。青莲岗文化遗址发现于山东这个岛的边缘，发现于山东、江苏北部以及淮河平原的部分地区。该文化的遗址发现的还很少，经过发掘的更少。我们知道该文化的陶器是红陶，有的绘彩或刻以平行线，器类包括碗和鼎。同时，这一地区以南是另一个以稻作农业为特征的早期农业中心，一些学者把山东青莲岗遗址和这些南部的遗址，都划入青莲岗文化。这个划法可能不妥。山东陶器在重要方面与仰韶陶器，特别是河南北部类型相近。我们至今还不知道该文化居民的生存方式，其核心是小米，如仰韶文化，还是水稻，如同时期的南方文化。很有可能山东青莲岗文化基本上是仰韶文化的一个分支。

3. 龙山类文化　大约公元前 3000 年至公元前 2000 年之间，大致属于龙山类的文化可以分为以下几组：

河南：庙底沟二期文化——河南龙山文化

山东：大汶口文化——山东龙山文化

无论何者是山东、江苏北部青莲岗文化的来源，河南和山东境内龙山文化的发展道路各不相同。河南龙山文化的主要特征为鬲、斝和灰陶罐并饰以绳纹，而山东龙山文化盛行鼎和高足杯（许多器物的周壁上镂孔），灰陶和红陶，没有拍印绳纹。不过，在社会发展上，内地和沿海地区的龙山类文化呈现出相似的发展趋势。河南方面,河南龙山文化几个遗址[1]中发现的陶祖是男性祖先崇拜的很好证明,而剥头皮的习俗说明此时宗教信仰和政治组织的存在。快轮制陶显示了手工生产高度专业化。[2]1957年秋北京大学考古教研室邯郸考古发掘队在河北邯郸涧沟村发现一座房基和两口枯井。"在房基内发现人头骨4具,有砍伤痕与剥皮痕,显系砍死后又经剥皮的……水井被废弃后而埋有五层人骨架,其中也有男有女,有老有少,或者身首分离,或挣扎状。由此推测:死者可能有被杀死,或被活埋的。"[3]这个墓葬可能反映了村落之间的战争,也表明在河南龙山文化时期,中国北部的社会形态已经发展到了"内刑外伐"的阶段(《商君书》中黄帝时代的社会特征)。安阳后冈发现的龙山文化遗址外围的土城,[4]也说明了这个问题。

类似的文化发展也见于山东境内。关于龙山时代社会形态的背景,前几年发表的许多文章形成了以下的共识:大汶口社会分化出了富人和穷人(根据墓葬中随葬品的种类和数量);制陶业出现了专业化(轮制),婚姻可能是一夫一妻制(男女合葬墓)。[5]至山东龙山时代,出现了新的文化因素——剥头皮习俗、更多更精美的轮制陶器、夯土村落城墙和金属器,表

---

[1] J. G. Andersson, "Researches into the Prehistory of the Chinese", pl. 30:1; J. G. Andersson, "Prehistoric Sites in Honan", pl. 31:3.
[2] 考古学专刊《庙底沟与三里桥》,92页。
[3] 《1957年邯郸发掘简报》,《考古》,531—532页。
[4] 石璋如:《河南安阳后冈的殷墓》。
[5] 魏勤:《从大汶口文化墓葬看私有制的起源》;单达和史兵:《从大汶口文化遗存看我国古代私有制的孕育和萌芽》;中航:《大汶口文化和原始社会的解体》;鲁波:《从大汶口文化看我国私有制的起源》;唐兰:《从大汶口文化的陶器文字看我国最早文化的年代》。

明这里的社会发展水平更高。

说到这里，可以肯定地说河南和山东的龙山文化为商文明的最终建立创造了坚实的基础。不过，同样清楚的是，龙山文化并没有直接发展为商文明。在龙山与商之间的变化过程中既有连续性，也有创新。

龙山与商之间的连续性主要表现在"大众"的文化因素。最有特征的商式陶器绳纹灰陶鬲，也是河南龙山文化的标志器物。其他绳纹灰陶的商文化陶器——平民日常使用的器类——也可以追溯至龙山文化，大部分属于河南，但也有少量山东的。商文化的石、骨和蚌质制品，主要属于普通村民的生产工具，同样来源于龙山。唯一能将商文化区别于新石器时代文化的石器是扁平石镰，商遗址中石镰的出土数量要远远大于龙山遗址。这表明商代拥有更高的生产力而不是更新的技术。商文化的房屋为半地穴式，地面有时涂以白灰面，它们与构梁架、木骨混墙也带有龙山传统，它们的夯土技术早已发现于龙山村落的围墙。食物方面，商人的主要作物小米，和主要的纺织作物麻，同样是新石器时代的遗产。人们可以肯定地说，就商代农民而言，他们的基本生活用品与他们的龙山时代的祖先相比，并没有太大的变化，他们所必须经受的变化是根本上的经济、政治方面。

商代的创新主要表现在上层阶级的生活方面。李济在他的《中国文明起源》的讲座中，列举了下面几条商人区别于其新石器时代祖先的标志：

1. 制陶业的新发展
2. 利用青铜铸造工具、武器和礼器
3. 出现高度发达的文字
4. 椁墓和人牲

5. 使用马车
6. 先进的石雕工艺

制陶业的新发展指的是白陶和釉陶,数量同样很少,可能是价值很高的器物,供上层阶级专门使用。因此,在一定程度上,探讨商的起源就是探讨商王朝统治阶级的起源。他们从哪里来?他们又如何聚集那些象征统治地位并可能赋予他们统治地位的上层文化特征的器物?

安阳和二里冈期代表了商文明的两个连续发展阶段,但不是最早阶段。把商文明历史再往前追溯,越过考古学已知最早的商文化,我们就碰到了二里头类型的文化,其年代正好介于龙山和二里冈期之间:

安阳王朝时期
二里冈
──→二里头
河南龙山
庙底沟二期
仰韶

二里头是河南西部洛阳以东偃师附近的一个村庄,1959年发现了该文化的典型遗址。[1]不过,这一文化的遗存最早是1956年在郑州洛达庙发现的。[2]从郑州上街、洛阳东干沟、陕县七里铺以及洛达庙与二里头遗址的考古资料看,这个新文化的特征是:

> 它既包含有较多的商代早期特点,又有"河南龙山

---

[1] 徐旭生,见《1959年豫西调查"夏墟"的初步报告》,《考古》。
[2] 《郑州洛达庙商代遗址试掘简报》,《文物》。

文化"的若干因素。例如陶器的纹饰以细绳纹为最多，篮纹次之，也有方格纹和附加堆纹。陶器的器形有鼎、罐、盆、瓮、豆、爵、短颈大口尊等。鼎是这种文化中的典型器皿，数量较多，通常都是利用圜底罐或盆做器身，器足都是扁平或三角形的。有的鼎周身有附加堆纹。盆的特点也很显著，一般为深腹圜底，口沿两侧有一对横的鸡冠状的器耳。生产工具主要是石器和骨器，蚌器很少。值得注意的是发现了数量很少的青铜小刀，此外，还发现有只带灼痕的卜骨。[1]

显然这种以绳纹灰陶为特色的新文化，正好把河南龙山文化和二里冈期商文化连接起来。因此不久它被视为早商。而二里冈期代表中商，安阳代表晚商。

1959年，中国科学院考古研究所的徐炳昶（旭生）和几位同事到豫西和晋南进行调查，目的是寻找中国传统历史中商代以前的夏文化遗址。他选择这个地区是因为："对我们最有用的仅只不到三十条关于夏后氏都邑的记载，绝大部分是在《左传》《国语》《竹书纪年》里面……有两个区域应该特别注意：第一是河南中部的洛阳平原及其附近，尤其是颍水谷的上游登封、禹县地带；第二是山西西南部汾水下游（大约自霍山以南）一带。"[2]二里头，位于偃师以西9公里，洛河南岸，是徐和他的同事们调查中发现的一个遗址。不过，因为"这一遗物与郑州洛达庙、洛阳东干沟的遗物性质相类似，大

---

[1] 考古学专刊《新中国的考古收获》，44页。
[2] 徐旭生，见374页注[1]文，594页。

约属于商代早期"。[1]徐接着认定二里头遗址为汤都亳：

> 偃师为商汤都城的说法最早见的大约为《汉书·地理志》河南郡偃师县班固自注说："尸乡，殷汤所都。"……徐旭生在此调查前颇疑西亳的说法，但因为它是汉人的旧说，未敢抹杀。又由于乾隆偃师志对于地点指的很清楚，所以想此次顺路调查它是否确实。此次我们看见此遗址颇广大，但未求四至。如果乡人所说不虚，那在当时实为一大都会，为商汤都城的可能性很不小。[2]

这个探索性的看法随着每一次新发现而得到更多的支持。在1965年的简报中，我们看到这样的观点："二里头遗址是商汤都西亳的可能性是很大的。"[3]在1974年一座宫殿基址的发掘简报[4]以及1975年Ⅲ区、Ⅷ区的发掘简报[5]中，发掘者进一步阐述了他们的观点，认为新的考古资料证实了二里头遗址为汤都亳的看法。

这些二里头遗址的新发现实际上所能证明的是，它是一个重要的历史古城，但不能证明这座古城是亳。随着70年代的考古学新进展很多学者开始怀疑西亳说，揭开了夏文明探索的序幕。他们提出了两个方面的论据：

第一，有关二里头属于夏的一部分或早商的讨论最终归结

---

[1] 徐旭生：《1959年豫西调查"夏墟"的初步报告》，《考古》，598页。
[2] 同上，598—600页。
[3] 《河南偃师二里头遗址发掘简报》，《考古》，224页。
[4] 《河南偃师二里头早商宫殿遗址发掘简报》，《考古》，248页。
[5] 《河南偃师二里头遗址三、八区发掘简报》，《考古》，308页。

到最基本的论据,即年代和地域。地域上,二里头文化遗址"在偃师除二里头外,还有灰嘴,洛阳有东干沟,巩县有稍柴,郑州有洛达庙,荥阳有上街,陕县有七里铺,共几十处。在晋南也有与此近似的遗址。……值得注意的是二里头类型文化分布的范围,也恰恰是文献上所记的夏族活动的地方——伊、洛、河、济之间"。[1]

谈到年代,迄今已经发表了二里头遗址五个样品的放射性碳素年代:[2]

ZK-31-1	二里头"早商"	2390±190B.C.
ZK-212	二里头一期	1910±160B.C.
ZK-285	二里头一期	1880±150B.C.
ZK-286	二里头四期	1620±150B.C.
ZK-257	二里头三期	1430±160B.C.

二里头一期两个标本的年代非常接近,其范围在1730—2030B.C.之间。这个范围落在夏朝纪年内,完全超出商代纪年。二里头三期是该遗址文化发展顶峰,发现有一座"宫殿"基址,4件青铜爵和玉器。本期仅有一个测年标本,年代范围为1270—1590B.C.。但第4个标本,属于二里头四期,年代稍早,可能落在夏代末年内。这两个数据都有可能错。但二里头四期是连续发展的,而第三期标志着它的最高峰。斟鄩是末代帝王桀的都城,许多资深学者把它的位置定在洛阳。[3] 二里头一期和二期为夏,三期和四期为夏代末年的都城遗址的观点与二里头遗址本身的发展过程是一致的。简单地说,二里头遗

---

[1] 佟柱臣:《从二里头类型文化试谈中国的国家起源问题》,29页。
[2] 详见附录。
[3] 赵铁寒:《古史考述》。

址的最新工作倾向于支持该文化为夏文化，而不是早商文化。[1]

第二，70年代大汶口文化资料的增多，使我们不能不重提商与东方的联系，有关商的历史文献支持了这一点。根据这些新资料我曾写过一篇文章探讨了早商和夏问题。在这篇文章中，我列举了下面几个文化特征和组合，它们是商和山东沿海的龙山文化所共有的[2]（但不是商和河南龙山文化共有的）：

1. 丰富的随葬品
2. 木椁和二层台
3. 使用龟甲
4. 一陶器器类和风格，包括白陶
5. 骨匕、骨锥、绿松石镶嵌，和一些装饰花纹

过去我曾对这些共同特征作过详细的论述。我曾指出其中大部分特征，"与统治阶级的宗教、礼仪和艺术有关"。[3] 这些文化特征似乎反映了商朝的统治者曾是一个政治势力，是从东方来的征服者。当然这个看法与商来源于东方的传统文献并不冲突。现代的古史学家们都认为商朝的早期都城位于河南东部和山东西部，其先王先公们的统治地域曾远达海上（参见绪论）。他们也同意，玄鸟生子族始祖的传说与中国东部沿海的

---

[1] 此观点在山西南部和河南西部其他地方的最近考古工作中也得到了证明。在矬李遗址，二里头文化层的放射性碳素年代为 2010 ± 220B. C.（经校正，见《洛阳矬李遗址试掘简报》，《考古》）；在山西夏县东下冯遗址发现了一座可能属于二里冈期的城墙。发掘报告还未发表；放射性碳素年代数据已发表很多，但缺乏地层说明（《碳十四年代测定报告，续一》，《文物》，并参附录）。也见殷玮璋：《二里头文化探讨》、《1975年豫西考古调查》，《考古》。

[2] 张光直：《殷商文明起源研究上的一个关键问题》。

[3] 同上，165页。

古代居民肯定有关。[1]值得注意的是，卜辞中的王亥，即商人先公之一，常常装饰鸟的符号，[2]王亥，我们记得，文献中曾记载他与邻族有易氏发生过军事冲突。有易氏位于今河北中部，渤海湾以西，夏家店分布地域以南。前面曾提到，夏家店下层文化是商代周边最早使用金属的文化之一，因而有可能从东部沿海找到商文化最重要的创新之一即青铜冶炼的最早创始地。

李济所列出的商代各项创新的渊源现在要一步步追溯，还不可能，但我们至少可以推测它们出现于中商和晚商并非无本之木，也不是突然产生的。夏与早商之间的中间期很可能是这些发明的诞生时期，至少是其中的几项。[3]这样的推测可以解释中商和晚商为什么包含了河南龙山文化和山东龙山文化的共有因素。简单地说，商代历史的先公先王时期与中国东部沿海地区的史前文化至少有一部分是重合的；在商代考古学上，我们必须假定有早商时期，来反映商代建国以前的最后阶段和商代的前几个世纪；我们可以把这个早商放在河南最东部、山东西部和安徽西北部地区。"这个地区属于中国历史上的黄河泛滥区，也曾是黄河本身的故道。这一地区的古代遗存一定埋于几百年形成的很厚的冲积土层之下。仅因为这个原因，这一地区——即开封以东，大运河以西——在中国考古学上是文化遗存最为贫乏的地区。我相信，如果将来在这里真的发现了早商文化，一方面它必然带有一些二里头类型夏文化的基本特征，另一

---

[1] 傅斯年：《夷夏东西说》；陈梦家：《商代的神话与巫术》，494—497 页；于省吾：《略论图腾与宗教起源和夏商图腾》。
[2] 胡厚宣：《甲骨文商族鸟图腾的遗迹》；胡厚宣：《甲骨文所见商族鸟图腾的新证据》。
[3] 探讨工艺方面颇有见地的，见 Ho Ping-ti, *The Cradle of the East*。

方面，它填补了大汶口文化、龙山文化与商文明较晚阶段的过渡阶段。较晚的商文化因此可以说是东西方文化结合的产物。"[1]

上述的讨论形成了下面的中国北部古代文化之间的对应关系：

安阳王朝时期：晚商

郑州二里冈：中商

夏—（早商）

河南龙山文化—山东龙山文化

庙底沟二期文化—大汶口文化

仰韶文化—青莲岗文化

新石器时代早期

这个中国北部古代文化的对应关系，特别是夏与早商的关系，给我们带来对中国古代史上的三代的相互关系的全新认识。由于整个三代关系对正确认识文化发展相当重要，因此我们需要把讨论扩大到这个更大的问题。

三代即夏商周时期显然是中国古代史上的关键时期：文字记载开始于这个时期，政治上的碰撞最终形成了我们所共知的古代中国，这一时期为中国历史上的许多风俗和制度打下了基础。自从20世纪前二十年考古学在中国的开始，许多学者一直期待着考古学能为三代历史学做出重要的贡献。由于最近十年的重要考古发现，考古学确实做出了很大的贡献。

我认为，我们现在可以讨论将来的三代学研究的一些新方向。现有资料提出的一个值得探索的问题是中国古代国家的形成。现在我们知道，有两个因素已成为我们理解三代历史的绊脚石，需要作一次根本的反思。一是强调三代是垂直发展而连

---

［1］ Chang Kwang-chih，见378页注［2］，168—169页。

续的关系。二是认为三代是文明的岛屿，孤立于同时期蛮荒的海洋中心。通过重新思考旧材料和最近考古学带来的新材料，我发现这两种观念成了重要的障碍，不利于正确理解中国古代史。我相信三代平行发展的思想是解决中国古代国家形成过程的关键。为了把这个思想讲清楚，也为了把现在和将来的考古资料放入适当的位置，本章结尾我将讨论古代文献所见的三代相互关系的证据。

三代这个名词，最早出现于周晚期（《孟子》）。由于现代历史文献学在中国的出现，许多学者致力于探讨三代的相互关系，但大多数集中于三代文化的相似点和不同点以及由此引发的三代人的民族划分。这里我要强调的是，夏商周之间的政治关系是平行的，至少是部分重合的关系。文化分类和政治分类不一定是一码事，两者的分类都可以考虑。关于三代，与现有资料相一致的观点是：夏、商和周是一个大文化——中国古代文化的分支文化，但就三者的个体说，它们是相互对立的政治势力。它们之间是平行关系而不是前后关系，是理解它们发展的关键，因此也是理解中国古代国家形成的关键。[1]

年代

就三代的政治鼎盛时期而言，它们是一代接一代的：商朝建立于汤"灭"夏，周朝开始于武王"克"商。前两个朝代的纪年《古本竹书纪年》记载如下："（夏朝）自禹至桀十七世，……用岁四百七十一年"和"（商朝）汤灭夏以至于受二十九王，用岁四百九十六年也"。周代开始于武王伐纣，这一

---

[1] 也见 Noel Barnard, "Review of Chou Hung-hsiang, Shang-Yin ti-wang pen-chi", pp. 488 – 489。

事件传统上定于公元前1122年，[1]结束于公元前256年秦灭王城，总共37王，867年。总的算起来，三代延续1800年以上。不过，需要指出的是，夏、商和周不仅仅是三个历史朝代，因为商在它征服夏之前就是一个强大的政治势力；同样，周在克商以前也是一个强大的政治势力。也就是说，夏和商年代是平行的——至少是重合的——政治势力，商和周也是如此。

在夏代大约五百年内，商作为一个重要的政治势力存在了多长时间？根据周代晚期和汉代早期的神话和传说（如《世本》和《帝纪》所记载的）夏代的开国之父禹，是颛顼的后代，后者的祖先为黄帝；商代王室的始祖契，其祖先是帝喾，黄帝的另一个后代。《史记》记载，三代的始祖禹、契、后稷就职于帝尧和帝舜的宫廷中。从这些记载来看，夏和商至少从黄帝开始就已成为两个同时存在的政治势力。不过，根据更为可靠的材料，人们可以说商人在灭夏之前曾有过一段鼎盛时期，即商先王先公时期的历史。见于《史记》和以后文献的有十四位先王先公。陈梦家持有异议，说道："窃疑夏之十四世，即商之十四世，而汤武之革命，不过亲族间争夺而已。"[2]但是，夏代帝王为商代先王之说颇为可疑，从我们所描绘的新考古图景来看尤为如此。但陈说表明另一种可能性，即商作为政治势力在夏代与夏朝共存。因为夏史文献的极度缺乏，有关夏商直接关系的资料，一直到夏桀和商汤时期才有。根据傅斯年的学说，有夏一代，夏人一直与东方商国保持对立的关系。

---

[1] 参本章开头关于商朝年代和序言中关于周人征商的日期的探讨。
[2] 陈梦家：《商代的神话与巫术》，491页。

> 在殷商西周以前，或与殷商西周同时所有今山东全省境中，及河南省之东部，安徽之东北角，或兼及河北省之渤海岸，并跨海而括朝鲜的两岸，一切地方，其中不止一个民族见于经典者，有大皞、少皞，有济徐方诸部，风盈偃诸姓，全叫做夷……夏一代的大事正是和这些夷斗争。[1]

商人，傅斯年认为"虽非夷，然曾抚有夷方之人，并用其文化，凭此人民以伐夏而灭亡之，实际上亦可说夷人胜夏"。[2] 在夷夏对立的背景下，商人显然是一个夷人城邦，它在整个夏代统治期间始终保持一定的政治地位。

说到商人统治时期（大约五百年）周人与商人的重合，资料更为完备，这是因为商代的文献资料要远远多于夏代。这些资料在前面第四章谈到与周方的关系时已作了讨论。

无论新资料和旧文献都表明，夏和商作为政治力量曾有一段时期的重合，商周关系也是如此。这个说法开始得到放射性碳素年代的支持（图92）。也就是说，在周人文献中，商是夏帝国时期的一个小国；周是商帝国时期的一个小国。从另一方面来说，杞这个夏的后裔，是商周两代的一个小国；商灭亡以后的遗留国宋，是周代的一个小国。因此三代的相互关系不仅是传承的，也是共同存在的同时期的国家。就整个中国北部来说，后一点应视为最重要的关系，而朝代更替可以视为标志三个国家的权力更替。

地域

三代统治地域的地理中心，根据它们的都城所在位置来判

---

[1] 傅斯年：《夷夏东西说》，1112页。
[2] 同上，1117页。

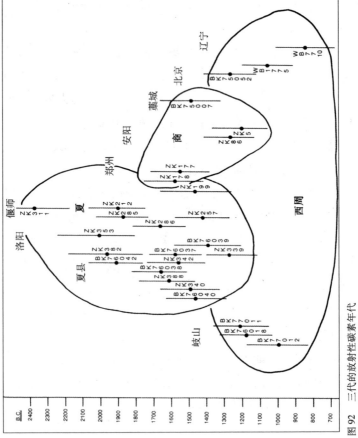

图 92 三代的放射性碳素年代
（资料见附录）

断,一般都认为:周在西部,夏在中间,商在东方。这一点在本书已作了详细的讨论,也可以说早就确定了的。

文化和社会

夏商周文化一体,只是在细节上有所不同。这是学者们根据新旧文字资料达成的一般共识。《礼记》云:"三代之礼一也。"《论语·为政》孔子云:"殷因于夏礼,所损益可知也;周因于殷礼,所损益可知也。"一些史学家强调"增损",坚持认为夏商周为三个不同的种族。例如,丁山根据《论语》《孟子》《周礼·考工记》和《礼记》记载,认为三代礼仪制度不同,得出夏文化生长于中原,商起源于东北,与燕亳和山戎有密切关系,周族居西北方,与戎和狄有关。[1]这个观点着重于细节上的差别。但"族"的划分是依据语言和文化特征来的。我们不知道夏族语言的详细情况,但根据现存关于夏的资料,我们想不出,它与商人或周人的语言有什么不同。就文化分类来说,它们往往是程度上的差异。究竟文化间多大差异才能认定为不同民族,具体到某个文化时,常常是主观性的判断,服从于某种目的。如同严一萍所指出的,[2]三代祭社所用的圣树确实各不相同:夏代松树,商代柏树,周代栗树。不过三代都举行此礼并都用圣树。严的结论是,根据文化面貌广泛的共同点而不是细节上的差别,夏商周是同一文化传统的不同变体。

在社会组织和社会发展阶段,夏商周具有一个非常重要的

---

[1] 丁山:《由三代都邑论其民族文化》,65 页。
[2] 严一萍:《夏商周文化异同考》,394 页。Noel Barnard, "Review of Chou Hung-hsiang, Shang-Yin ti-wang pen-chi", 488—489 页,也清楚地探讨了三代的横向关系。

共同点，就是城市内的家族成为统治工具。夏为姒族，商子族，周姬族。三者的最高层都是几个氏族内产生的统治集团，虽然三代的统治者来自不同的氏族。在王位继承法上也有一些基本的共同特征。这个问题我在第三章已作了详细论述。我在其他文章[1]已经说明商代传位与所谓的西周"昭穆"制度基本一致。后者至东周完全消失，因为周代社会中发生了根本变革，所以其细节在现有的东周文献已不再清楚。现在我们对其本质了解得更为透彻，因为我们对于商代的同类制度有了新的认识。夏代的世袭制度现在还不甚清楚，但夏代也用十个天干作为谥名，[2]因而我们有理由相信夏代制度在重要方面与商代相似。[3]因此，夏代很可能也有"昭穆"制度。

不仅三代有可能拥有相同的王位继承制度，而且都有分封宗室血亲的制度，至少商周两代是如此。要探讨这个制度，就必须结合中国古代的早期城市。[4]夏商周三代都建造城市。《世本》说鲧（禹的父亲）最早建造城市，表明这种分封制度在夏代的重要地位。商代的城市我们已详细讨论。周代的筑城活动在《诗经·緜》中有生动的描绘。所有这些都表明它们是在共同的社会发展水平上。

长期以来，我们在思考中国古代文明发展时，一直被

---

[1] 张光直：《商王庙号新考》；张光直：《谈王亥与伊尹的祭日并再论殷商王制》。

[2] 杨君实：《康庚与夏讳》。

[3] 张光直：《谈王亥与伊尹的祭日并再论殷商王制》；孙作云《从"天问"看夏初建国史》指出，根据天问，禹这位复朝的开国之君，娶涂山氏为妻，他和他儿子死后，王位成为兄弟们激烈争夺的对象。这种情形根据我们推测的商代王位继承制是很容易解释的。

[4] Chang Kwang-chih, *Early Chinese Civilization: Anthropological Perspectives*, pp. 68–71.

"孤岛模式"所左右：三代连续发展，是野蛮文化所包围的文明岛屿。上面的讨论，显然表明该模式已不合适。现代的三代考古学提出了另一个模式，中国文明起源是平行发展、相互联系的，这一时期许多文明城邦出现于中国北部和中部大片地区，它们的形成是平行、相互联系和相互影响的。"夏代、商代、周代"三词至少含有两层意思。首先，每个词都代表一个时间段，也就是说夏代约公元前2200—公元前1750年，商代公元前1750—公元前1100年，周代约公元前1100—公元前220年。其次它代表一个王朝，也就是说，夏代在东周以后的历史学家眼中，是许多小国给予了夏朝统治者最高的权力，在商代，商朝的王室被授予了这样的权力；在周代周王被视为至高无上。但同时，夏商周是政治势力或国家，它们的关系是平行的：这三个国家（和它们的礼器）可能一直存在于三代，虽然它的最高政治权力已经转移。图93清楚地描述了这些不同文化之间的关系。

传统文献中三代的平行关系，与卜辞和考古资料也是一致的。如我们在第六章所见，考古学建立的中国古代文明，其分布地域与卜辞中的商和同时期国家的互动地域大致相同。卜辞记载了一大批交往密切的政治势力，它们与商或敌对或附庸，非常活跃。比如周，在卜辞中是个完全同时期国家，虽然它的附庸国地位不仅是可能的，也是确定无疑的。夏虽然没有见于商代晚期卜辞，但夏之后裔国杞，确实为一个诸侯封地。[1]

---

[1] 岛邦男：《殷墟卜辞研究》，427—428页。

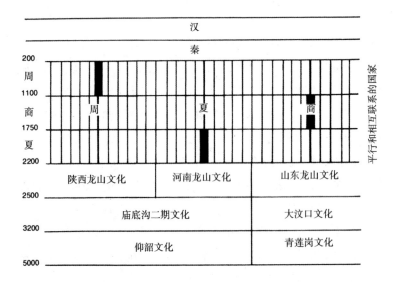

图93 三代文明的并行发展模式

结语　商与古代世界

研究古代世界的学者过去总喜欢谈论一些世界性的问题,但其依据仅限于西方文明史。但是他们现在不这样做了。这一点我们要感谢新世界的史前史学家,他们在19世纪就已指出,在西半球,人类进入文明阶段并没有得到西方文明的必要帮助,因此在探索全球模式时,必须分别考察人类各个群体。所以,在一项著名而受到高度评价的城市社会演变研究中,罗伯特·McC. 亚当斯从旧世界和新世界中各选择了一个早期国家作为比较的主要依据,因为"相似性往往反映了文化交往的存在,就是说它们是传播中形成的,而不是独立发展起来的。这样做的目的是要减少这种可能性"。[1]

那么关于中国早期文明的个案研究对于探索全球模式有什么贡献呢?亚当斯选择了美索不达米亚作为旧世界的比较研究标本。他解释他之所以这样做,一部分是因为人们更相信美索不达米亚文明的纯洁性,而不是"埃及、印度河流域、中国"文明。亚当斯说了两个原因,来解释他为什么没有选择中国作为旧世界的标本:其最早文明年代较晚(与美索不达米亚相比),由此长期受到西方文明直接或间接的各种影响,城市革

---

[1] *The Evolution of Urban Society*, p. 20.

命进程中的考古资料欠缺。[1]

没有一个对于了解古代世界而公正的人会反对亚当斯选择美索不达米亚和墨西哥作为比较研究的主要出发点。但是他不应满足于这些,或者说不能仅选择两个文明作为探索具有世界普遍适用的规律的唯一基础。我们有必要,也必须研究古代世界的每个重要地区现有的考古资料,看能否从这些地区的资料中找到更多的认识,以加固和修正我们所探索的普遍规律。

商并非中国古代唯一的文明社会,甚至不是最早的。但前面我们曾指出,它在中国早期文明的形成中起了重要作用,也只有具有充分的文献资料,让我们探讨它自己的世界秩序。同时,从亚当斯写他的书以来,中国考古学家经过长时期的工作,大大丰富了商代的考古资料。因此对于研究古代中国和古代世界的学者们来说,都需要考察商代社会和商文明的一些方面,这样也许能得到更多的启示。

一、"纯洁性"问题

曾经有一段时间,中国历史只能上溯到三代。三代以前是一片空白,充满了神话和传说。这就难怪——尽管有些不妥——西方学者着眼于近东来寻找中国的祖先,因为那里的历史学和考古学开始得早许多,文明出现得更早,也早已为人们所熟知。[2]

这个史前历史空白的年代早已过去。中国北部的文化发展序列现在已稳固地建立起来,从新石器早期的转变开始,到最

---

[1] *The Evolution of Urban Society*, pp. 21 – 22.
[2] 各种学说,见 K. C. Chang, "The Origin of Chinese Civilization: A Review"。

终导致等级森严、阶级分化的社会和有文字文明的产生。应当肯定，这个序列还存在缺环，我们期待着将来的考古资料使这个序列得到充实，但现有的资料足以使研究中国史前史、[1]世界史、[2]社会演变[3]的大多数学者相信中国文明是"本地起源的"这一基本共识。

但确切地说，"本地起源"是什么意思？由于思想上存在的文化生态学的先入之见，许多人类学家和受人类学指导的史前史学家往往强调本地或区域的生态环境，并认为无论外界动力是什么，所有本地或区域的发展都必须取决于生态环境，因此从这个意义上说，是"本地起源"的。即使在文化发展水平上，"最初文化的政治和经济只有发展到关键阶段时，外来文化的融入才有可能和需要"[4]。许多持有这种观点的学者往往排斥传播说，否认它是文化与社会发展的一个动力。不过，传播是不应如此轻易地排斥在外的。文化与社会制度受到多种因素的影响，包括外来因素，并有可能出现系列变化。"吸收的制度［可能成为］重要的催化剂，促进社会系统的进一步发展。它们也［可能带进］另一个世界风俗、行为、世界观，那个世界可能与本地文明的发展完全同步。"[5]

众所周知，中国文明的诞生年代要晚于世界上的其他几个

---

[1] K. C. Chang, *The Archaeology of Antient China*; T. K. Cheng, "The Beginning of Chinese Civilization"; M. Sullivan, *The Arts of China*; L. Sickman and A. Soper, *The Art and Architecture of China*.

[2] G. Daniel, *The First Civilizations*; B. Fagan, *People of the Earth*.

[3] M. H. Fried, *The Evolution of Political Society*; Elman R. Service, *Origins of the State and Civilization*.

[4] Bruce G. Trigger, *Time and Traditions: Essays in Archaeological Interpretation*, p. 227.

[5] Ibid., p. 227.

文明，中国文明的近祖完全有可能接受了其他文明的推动。这种外来影响的最好证明是，小麦作为粮食作物在商文明中的出现，因为有充分的资料说明小麦种植的发源地是中东。[1]问题是：中国文明的诞生有没有外来的动力？这类问题是无法回答的，但显然，我们必须搞清中国和近东共有的每一项物质文化和制度的渊源，并努力确定它们在中国文明发展中可能发挥的催化作用。何炳棣在他的《东方的摇篮》一书中，做了这样的研究，其结论是："古代中国的舶来品数量很少，而且影响不深，频率不高。它们对于中国主要文化因素的出现，或对于整个中国的诞生都没有留下什么痕迹。"[2]

何炳棣的研究建立在坚实的基础上，但我们似乎还不能视为定论。威廉·H. 麦克雷尔给何炳棣的书写了前言，说他强烈地感受到了何氏论证的雄厚，他发现"不能想象还有什么证据能够推翻或大幅度修改此书中的结论"。[3]在一篇书评中，吉德炜提出了批评，指出了几条想象出来的证据，他感到能够推翻何氏的观点。[4]这里我并不想自封为裁判，但我还得说，尽管何氏的观点不是最后的结论，但我们必须接受——我知道吉德炜这样做了——何氏的观点，直到将来发现确实令人信服的证据来推翻它们。

不过这里的真正问题并非中国文明是否本地起源——即使现有材料有力地证明了本地起源。我们的问题是，中国文明的纯洁性是否真的很重要，决定我们能否运用中国文明的资料来探索全球模式？对这一问题，麦克雷尔的回答显然是相当肯定

---

[1] Charles A. Reed, "A Model for the Origin of Agriculture in the Near East."
[2] Ibid., p. 362.
[3] Ibid., p. xiv.
[4] "Ho Ping-ti and the Origin of Chinese Civilization," p. 411.

的。"[本地起源说]要求西方人抛弃他们的旧观点：人类在本质上是走了一条相同的文明之路。这种观点同样出现在马克思主义学说中奉为圭臬，即社会发展的普遍规律为原始共产主义发展为资本家剥削。"[1]

全球模式和个别道路并不相互排斥。我们知道，1945年美国爆炸了一颗原子弹，这颗原子弹是首创的，以后所有在英国、苏联、法国、中国和印度爆炸的原子弹都是学来的。无论如何，知识的来源可以直接追溯到罗斯·阿拉莫斯。但在各种情况下，工业背景和技术工序都必须学到手，爆炸才能成功。一旦世界某个地方知识或技术前进了一步，这里就开始形成一个辐射网的核心，此后再有这类事物都将受到怀疑。不过，它们到底在多大程度上归功于最早发生的事物，还需要加以分别研究；在作出全面研究并有确凿的证据之前，人们只能推测后来的事物是纯洁的或者不是。但这类结论或推测在我们研究工作中是否重要，可能要看研究本身。如果我们要全盘举出人们认为的导致社会变化的动力的来源，那么我们就需要搞清楚各项物质文化和社会制度的渊源，然后我们才能完成这项任务。假如这些动力确实存在或发生作用，但如果我们要知道内因或外因诱发变化的模式，或者决定这类变化的形态和方向的因素，或者其他现象及其背后的原因，那么该文明或其任何部分是原生的还是被生的，就基本上变得无关紧要了。

二、商代在文明演进中的地位

从社会进化的角度讲，我国古代文明的形成经过了下面几

---

[1] Ho Ping-ti, *The Cradle of the East*, p. xv.

个重要的步骤：

1. 村落社会阶段。仰韶和青莲岗文化时期，村落是基本的政治经济单位。

2. 村落联盟阶段。这一阶段村落中间已发展出了政治、经济和军事联系。在考古材料上，我们看到了下列的现象：内部开始贫富分化；出现内部以及或外部冲突；手工业的专门化（如制陶）；专职宗教人员出现，可能属于酋长阶层。在这些条件下，形成了较为稳固或不太稳固的村落联盟，受专职酋长的管理。我们将陕西、河南龙山文化划入这一阶段；东部沿海地区的大汶口文化可能已发展到这个阶段，但我们还不能肯定内地的庙底沟二期是否已进入这一阶段。

3. 国家阶段。中国古代史的三代即是。考古学上我们指二里头文化和同时期文化、商文明和周文明。在这一阶段，许多聚落形成复杂而稳固的网络（往往分为几个层次）。这些网络的专职统治权力为个别民族和家族所拥有，同时统治者得到稳固的控制和管理机构的支持，包括对内对外的暴力镇压机构。

我们能划入这一阶段的最早考古学文化是河南西北部的二里头文化。上面已讨论它的性质为夏文化。夏朝的同时期国家中商肯定是最重要的一个；我们认为商人较早时期的遗存将大致发现于河南东部、山东西部和安徽最北部。从中商开始，许多商文化遗址发现于中国的北部和中部。这些遗址的居民显然不属于一个国家，但商文化分布地域的许多同时期国家中，商朝显然是最强大的。我们并不确切知道"统治"一词就商"代"商朝凌驾于其他小国的关系而言，到底包含哪些方面。统治地位毫无疑问包括政治和礼仪上的最高地位。当时可能存在一种贡赋网络，但这种网络真正的经济意义（除了仪式和象征价值）有多少则不得而知。这种网络的基本特征已在第四章作了详细探讨。武王伐商以后，统治地位转移到周朝。周以后，混战的诸侯被更高的国家形式所取代，也就是说被秦汉帝国的中央集权制官僚政府取代。

上面勾勒的中国古代社会的演进过程为学者们提供了可供社会演进对比研究的重要新资料，甚至做出了自己独特的贡献。在最近的二十年左右，美国人类学家越来越对社会发展理论感兴趣，许多考古学家已经开始运用一些理论到世界各地的考古学中，尤其关注国家起源问题。在上述研究中很少有人利用中国的现代资料，另一方面，中国古代史研究几乎没有超越一般的比较研究方法，几乎没有跳出马克思教条的窠臼。我们也许可以看看我们现在对于三代考古学的思考在多大程度上对社会发展规律和国家起源问题有什么帮助，这样也许不无裨益。

现代美国考古学中最广为人接受的发展阶段说是埃尔曼·塞维斯[1]的。他的四个"联盟阶段"即游团、部落、酋邦和国家的学说为人们广泛采用。我们在表7列出了中国考古学文化序列与塞氏发展阶段说和中国普遍采用的马克思主义社会发展阶段的对应关系。尽管中国考古学文化序列仍然存在重要的缺环，它与塞维斯发展阶段说的对应关系还是相当明确的，至少我是这么看的。但三代划入酋邦或国家阶段存在一些争议。这两个阶段在概念上很好区分，但由于二者的标准特征本身是量变性的，所以在具体资料上难以辨识。根据桑德斯和普莱斯

---

[1] *Primitive Social Organization*; *Origins of the State and Civilization: The Process of Cultural Evolution.*

的意见,[1]酋邦的主要特征是大小首领从几个家族中产生,而国家阶段的主要特征是合法的暴力机构。这个区别,肯特·V. 弗拉雷利作了更清楚、更详细的说明:

表7　中国考古学文化发展阶段

考古学文化	塞维斯	马克思主义
旧石器	氏族	原始社会
中石器		
仰韶	部落	
龙山	酋邦	
三代（至春秋）	国家	奴隶社会
战国秦汉		封建社会

国家是有强大的、高度集权的政府,有专门的统治阶级,大部分突破了较原始社会特征的家族政治的束缚。社会高度分化,社会内部高度分工,居住区以专业划分而不是以血缘或亲属关系划分。国家努力维持暴力专政,并出现真正的法律;几乎所有的犯罪都被认为是反对国家,国家根据法定程序分别予以量刑,而不像较原始社会中由敌对集团或本家族来裁决。人民放弃了武力,而国家可以发动战争;它也可以征兵、收税、纳贡。[2]

由此看来,国家必须有两个先决特征:国家组织方面打破了血亲纽带,代之以地域纽带以及合法的暴力机构。将这两条

---

[1] William T. Sanders and Barbara J. Price, *Mesoamerica*.
[2] "The Cultural Evolution of Civilizations", pp. 403 – 404.

标准运用到商代，我们发现第一条不适用，第二条适用。那么商是个国家吗？在研究美索不达米亚从酋邦向国家过渡时，桑德斯提出用建筑作为考古学的标准：酋邦的首领可以动用人役来建造寺庙和坟墓，但只有国家的统治者才能建造他们的宫殿。[1]这里有一个问题，建筑要多大才算是宫殿。商代的宫殿、寺庙和坟墓都是宏伟的建筑，但在建筑规模和坚固性方面，商代宫殿肯定要次于秦汉和以后各代的皇宫。那么商是酋邦而不是国家？但如今要这么说那就荒唐了，因为就拥有合法暴力机构的统治机构和社会阶级而言，商合乎国家的条件。简言之，商代的资料提出了一些难题，让人无法判定它是酋邦还是国家。这里有两个方法可以解决。一是视商为特殊情况或例外。举一个这种方法的例子。约拿桑·弗里德曼把根据血亲关系进行权力分配的古代国家视为"亚细亚国家"。[2]二是把中国古代的情形也纳入研究对象，然后作国家的一般定义。也就是说在定义国家时要重新考虑血亲纽带和地域纽带关系。当然，三代考古在一般社会发展理论的重要地位，只有后一种方法才能体现出来。

三、国家、文明和城市化的起源问题

国家、文明和城市化不仅从一开始就同时出现，而且在任何情况下，它们相互影响，从而导致了它们的出现。但人类学

---

[1] William T. Sanders, "Chiefdom to State: Political Evolution at Kaminaljuyu, Guatemala", p. 109.

[2] "Tribes, States, and Transformations", p. 195. 最近研究亚洲国家的其他文章，见 Centre d'Etudes et de Recherches Marxistes, *Sur le' mode de production asiatique*; Perry Anderson, *Lineages of the Absolutist State*。

家们似乎决心要按照学院派的方式拆开来研究。50年代是城市的十年，从戈登·柴尔德的著名论文《城市革命》[1]开始，至产生"看不见的城市"[2]和"城市生活之路"[3]的学术会议。文明曾是一个永久的话题，但60年代的十年间出现了有关文明的大部头著作，从《文明的诞生》[4]到《最早的文明》，[5]现在的十年即70年代，轮到国家了，雨后春笋般的关于"国家起源"或"国家形成"的著作和论文可作证明。[6]最近的热潮，也就是有关国家起源的讨论，甚至也出现在中国，[7]尽管这可能不是美国感染的结果。

这三个名词最好放在一起研究，并作为社会发展问题的一部分看待。人们可以从我们所谓的文明背后的主要社会特征入手。

何谓"文明"？现在已有了许多定义，并且其中不少颇为精密深奥。但对我们大多数人，至少对大部分读者来说，文明是一种风格，一种品质，其特征表现在考古资料的物质文化如宏伟建筑和宗教艺术。简单地说，这些物质文化脱离了日常需要或生存需要，或从实用角度说是无用的东西。当我们看到一个古代社会愿意并能够动用相当多的财富去做似乎无用的事情，我们就敬仰这一社会的人民并说他们已经进入了文明。物

---

[1] 1950年。
[2] Carl H. Kraeling and Robert McC. Adams, ed.
[3] Robert J. Braidwood and Gordon R. Willey, ed.
[4] Stuart Piggott, ed.
[5] Glyn Daniel.
[6] Robert L. Carneiro, "A Theory of the Origin of the State"; Elman R. Service, *Origins of the State and Civilization*; R. Cohen and E. R. Service eds., *Origins of the State*.
[7] 如佟柱臣：《从二里头类型文化试谈中国的国家起源问题》。

质文化越浪费，在我们眼中文明就显得越伟大。

从这个角度来看，显然文明的出现只有在一个社会财富有大量剩余时才有可能。不过，需要注意的是，剩余财富并不因为技术进步自然产生。因为物质门槛总是人为确定的。过剩财富是人创造的财富，作为重新分配的社会资源和财富的结果人为地强加在社会上。这样的重新分配把社会财富集中到少数人手中，使他们有能力也必须创造所谓文明的无用的标志。这样的资源再分配成为可能，起码需要三种社会分化或社会对立。我认为文明，如同考古学所反映的，是社会对立的几对矛盾体的文化表现：阶级—阶级；城市—非城市；国家—国家。换句话说，贫富分化、城市化和国家关系是文明的三个必要的社会决定因素。

老一套的解释已足够。贫富分化使国家的资源集中成为可能，城市化作为一种机制可以帮助国家完成一个经济区域的财富集中。国家之间的交往，无论是以战争或以贸易的方式都使资源和信息更大幅度的流通成为可能，以此进一步扩大经济圈，有助于一个国家内的资源集中。所有这些都是我们研究商代社会的原则。现在的研究可以得出这样的结论，即商代社会贫富严重分化，也有高度发达的区域经济网络。更重要的是，它是同等复杂的同时期许多政治群体中的一个。商代考古学的特征表现在我们称为文明的几个标志上。

由此我们进一步总结。我毫不客气地称之为古代文明的发展规律。首先，早期文明只能出现在一个国家以上的政治环境中。其中起码有两个国家，更可能不止两个。仅有一个国家孤立于野蛮人中是不可能出现文明的。正如亨利·怀特指出的："［复杂酋邦］可能存在于较好的岛屿，但它们似乎不会发展成国家，直到它们被卷入更大的系统中。我们所指的是战争和联盟制约的酋邦群","[国家],如同酋邦,往往存在于国家群体中。在较简单的国家间这些群体似乎受敌对和结盟制约,如同前面简要介绍的酋邦那样。"[1]

在中国的情形,如我们前面所说的,夏商周和其他几个国家在中国北部和中部占据了不同的区域,而不同区域拥有不同的资源。进一步说,商代的卜辞说商的主要交往对象是一些处于类似文明阶段的国家。三个或三个以上同等发展水平的国家间的经济交往关系将促进原材料和产品在中国北部和中部的流通。这在孤立的国家内或一个国家与较原始的社会之间是不可能的。产品的流通有利于财富的集中和每个交往国家内剩余产品的生产。加上外来武力的威胁将会加强内部的团结,至少这样的要求在人类历史上一直是一个人们喜爱的政治权术。正如崔格尔所说:"塞维斯最近在研究人类早期文明的本质时,其大部分看法的出发点是一种思想,即国家的凝聚是不能完全依靠暴力手段的。一个政权要长久,那么就要使大部分平民相信,在正常情况下,是不可能有一个更合他们心意的政权取代这个政权的。"[2]国家间的这种竞争和国家内千百年间形成的国民意识肯定是国家稳定的一个重要因素。

我们能够得出的第二个规律性的认识是国家内资源再分配越不公平或不平衡,那将产生的文明的标志就更显著。反之亦然。这个规律使我们能够根据那个社会的文明现象预测贫富分化的程度和地区经济体系的复杂性。我们所见的考古表现程度越高,越是无谓的精致或从生存需要的角度讲越不实用。比如,看到杜王的大墓,即使毫不知道古代埃及,我们也能预测

---

[1] Henry Wright, "Recent Research on the Origin of the State," pp. 382, 385.
[2] Bruce G. Trigger, "Inequality and Communication in Early Civilizations," p. 36.

我们看到的是一个高度分化的社会，有效管理和存在区域差别的经济环境以及严酷的国家间或政治体间的竞争。毫无疑问它是伟大艺术，同样它也是以人类最大的代价换来的。什么是文明的兴起？什么是文明的衰落？这些分量很重的字眼代表一个人们对于社会发展高峰所作的价值判断。我认为，在判定一个文明的兴衰时，我们不应该从中下层阶级的生活和社会进化考虑这些字眼的意义。事实往往是一个文明的衰落标志一个社会的进步。拿约翰·E. 菲弗的话来说："一个人的衰亡，……可能是另一个的新生。用于侍候贵族的力量越少，那用于其他人，及用于财富分配和生活水平提高的力量就更多。"[1]

---

[1] *The Emergence of Society*, p. 470.

后 记

前文中我们勾勒了一幅商文明的图景。由于所根据的资料大部分为最新的考古资料和古文字研究成果，我们可以预料，将来新的资料和研究成果出现，我们的结论可能会变化。1978年末本书完稿前，出现了一批新资料，尚不足以改变我们的观点，但需要补充几点。

在安阳，1969—1977年间殷墟西区的发掘资料已发表[《考古学报》1979（1）：27—146]。这些发掘发现了1003座商墓和5座车马坑。发掘范围30万平方米，位于白家坟、梅园庄、北辛庄和孝民屯之间。这些墓葬根据墓室和随葬品的复杂程度可以分为八个墓区，"墓区之间有明显界限，墓向、葬式和陶器组合，都存在一定差别"。发掘者认为每个墓区代表一个家族的墓地，我们需要注意的是，随葬品组合在一个墓区存在不同说明每个家族内部存在地位差别。这补充了我们在第三章关于族的探讨和内部分化。

西北冈墓地武官村发现一座墓，有木椁，殉人和青铜礼器，铜器上带有装饰纹样，这都与小屯M333（p.82）相似[《考古》1979（3）：223—226]。这表明安阳王朝时期的居住区已延伸到洹河的北岸。

在接近河北最南端，最近报道了磁县下七垣遗址地层清楚，据说有四个以上文化层，由下而上为二里头文化、早商、中商和晚商遗存［《考古学报》1979（2）：185—214］。二里头文化遗存仅发现有陶器，在河北是首次发现。"早商"遗存也仅有陶器。报告作者认为与邯郸涧沟相当，其类型上要早于"郑州二里冈"的陶器。这是否足以说明广泛分布的二里冈期内存在一个早商中心，现在说还为时尚早。

在这个关节上，一些最新报道的放射性碳素年代数据很有意义。考古研究所放射性碳素实验室发表了一组异常大的新数据［《考古》1979（1）：89—94］，其中包括下列三代的样品（最后一个数据根据 Damon，Ferguson，Long and Wallick，1974 纠正）。

实验室编号	文明	遗址	放射性碳素年代（半衰期5570）	树轮校正年代
ZK-531	二里头	夏县东下冯	3685±100	2200±165 B.C.
ZK-435	二里头	夏县东下冯	3515±150	1975±200 B.C.
ZK-436	二里头	夏县东下冯	3425±100	1845±110 B.C.
ZK-486	商	柘城孟庄	3185±80	1530±95 B.C.
ZK-487	商	柘城孟庄	3370±90	1780±100 B.C.
ZK-488	商	柘城孟庄	3365±90	1780±100 B.C.
ZK-446	吴城	清江吴城	3380±150	1780±155 B.C.
ZK-447	吴城	清江吴城	3250±150	1625±105 B.C.
ZK-480	夏家店下层	敖汉旗大甸子	3320±85	1720±95 B.C.
ZK-530-1	西周	长安张家坡	2660±85	875±100 B.C.

东下冯和张家坡的年代与它们属于夏和西周的情形是一致的，但其他所有年代都略微早于预期。南方的吴城和北方的大

甸子人们认为与二里冈同时，要早200年左右。孟庄遗址还没发表；其较早年代和地理位置（位于河南东部，靠近亳县，商代最早的活动地区）都相当重要。所有这些资料都表明，商文明早期历史仍然处于非常容易变化的状态。我希望读者和我一道，以急切的心情和开放的态度密切关注将来的发展。

附 录
夏商周考古发现的放射性碳素年代

实验室编号	遗址	地点	C-14 年代 B.P.（半衰期 5730）	C-14 年代 B.P.（半衰期 5570）	校正年代＊（公元前）
ZK-86	安阳	小屯	3065±90	2978±90	1280±150
ZK-5	安阳	武官村大墓	3035±100	2949±100	1210±160
ZK-178	郑州	商城城墙	3330±95	3235±90	1590±160
ZK-177	郑州	商城城墙	3310±95	3215±90	1560±160
BK-75007	藁城	商	3250±100	3155±100	1500±170
ZK-199	郑州洛达庙	二里头文化层	3230±130	3140±130	1470±190
ZK-253	洛阳矬李	二里头文化层	3645±130	3545±130	2010±220
ZK-31-1	偃师二里头	二里头文化层	3955±115	3845±115	2390±190
ZK-212	偃师二里头	二里头文化层	3570±95	3470±95	1910±160
ZK-285	偃师二里头	二里头文化层	3555±80	3455±80	1880±150
ZK-286	偃师二里头	二里头文化 Ⅳ 地层	3340±85	3245±85	1620±150
ZK-257	偃师二里头	二里头文化 Ⅲ 地层	3195±90	3105±90	1430±160
ZK-382	夏县东下冯	76SW26 T501（4B）	3635±115	3535±115	1980±210
BK-76042	东下冯	76SW26 T501（4B）	3580±80	(3470±80)	1910±150
BK-76038	东下冯	74SW26 T121（3A）	3370±90	(3270±90)	1660±160
ZK-388	东下冯	76SW26 T501（4B）	3360±90	3265±90	1620±160

编号	地点	标本	期别	半衰期5568年	半衰期5730年	校正年代*
BK-76037	东下冯	74SW26 H12		3320±80	(3220±80)	1590±150
ZK-342	东下冯	75SW26H1（早期）		3305±110	3210±110	1560±170
ZK-340	东下冯	74SW26：4B（晚期）		3260±110	3170±110	1500±170
BK-76040	东下冯	74SW26 H105（2）		3230±100	(3130±100)	1470±170
BK-76039	东下冯	74SW26 H9		3170±140	(3075±140)	1400±190
ZK-339	东下冯	74SW26 H15（中期）		3080±105	2990±105	1280±170
BK77011	岐山凤雏京当		西周	3030±90	(2940±90)	1210±150
BK-76018	岐山凤雏京当		西周	2990±90	(2900±90)	1180±150
BK-77012	岐山凤雏京当		西周	2840±110	(2755±110)	1000±170
BK-75052	北京昌平白浮龙山		西周	3070±90	2980±90	1280±150
WB-77-5	北京昌平白浮龙山		西周	2895±100	(2810±100)	1060±160
WB-77-10	辽宁朝阳魏营子龙湾		西周	2725±100	(2640±100)	850±160

资料来源：

夏鼐：《碳-14测定年代和中国史前考古学》。

《考古》：《放射性碳素测定年代报告（五）》。

《文物》：《碳十四年代测定报告，续一》。

《文物》：《液体闪烁法碳十四年代测定》。

* 年代校正根据 P. E. Damon, C. W. Ferguson, A. Long, and E. I. Wallick, "Dendrochronologic Calibration of the Radiocarbon Time Scale."

参考文献

（参考文献依英文版原书排序——译者）

一般商史读物

赵林：《商史待定稿》（本书前言独立成文，内有全部内容目录，未发表。见于《人与社会》1973年第3卷第1本），101—103页。

郑德坤. *Shang China*. Cambridge：Heffer, 1960.

伊藤道治：《古代殷王朝のなぞ》，东京：角川书店，1967年。

貝塚茂樹：《古代殷帝国》，东京：みすず书房，1967年。

李济. *Anyang*. Seattle：University of Washington Press, 1977.

北京大学历史系：《商周考古》，北京：文物出版社，1979年。

白川静：《甲骨文の世界——古代殷王朝の構造》，东京：平凡社，1972年。

梅原末治：《殷墟》，东京：朝日新闻社，1964年。

杨建芳：《安阳殷墟》，北京：中华书局，1965年。

引用文献

Ackerman, Phyllis. *Ritual Bronzes of Ancient China*. New York：Dryden Press, 1945.

Adams, Robert McC. *The Evolution of Urban Society*. Chicago and New York：Aldine-Atherton, 1966.

赤塚忠：《殷金文考释》（稿本），东京，1959年。

天野元之助：《殷代產業の関する若干の問題》，《东方学报》（京都）23（1953），231—258页。

安志敏：《郑州市人民公园附近的殷代遗存》，《文物》1954年6期，32—37页。

——:《河南南阳小南海旧石器时代洞穴堆积的试掘》,《考古学报》1965 年 1 期,1—27 页。

——:《河北曲阳调查记》,《考古通讯》1955 年 1 期,39—44 页。

——:《关于郑州"商城"的几个问题》,《考古》1961 年 8 期,449—450 页。

——:《一九五二年秋季郑州二里冈发掘记》,《考古学报》1954 年 8 期,65—107 页。

安金槐:《郑州地区的古代遗存介绍》,《文物》1957 年 8 期,16—20 页。

——:《试论郑州商代城址——敖都》,《文物》1961 年 4/5 期,73—80 页。

——:《汤阴朝歌镇发现龙山和商代等文化遗址》,《文物》1957 年 5 期,86 页。

Anderson, Perry. *Lineages of the Absolutist State*. London: NLB, 1974.

Andersson, J. G. "Prehistoric Sites in Honan." *Bulletin of the Museum of Far Eastern Antiquities* 19 (1947).

——. "Researches into the Prehistory of the Chinese." *Bulletin of Museum of FarEastern Antiquities* 15 (1943).

Bagley, Robert W. "P'an-lung-ch'eng: A Shang City in Hupei." *Arbitus Asiae* 39 (1977): 165 – 219.

Barnard, Noel. *Bronze Casting and Bronze Alloys in Ancient China*. Journal of Asian Studies Monograph 14, Tokyo, 1961.

——. "Chou China: A Review of the Third Volume of Cheng Te-k'un's *Archaeology in China*." *Monumenta Serica* 24 (1965): 307 – 459.

——. *The First Radiocarbon Dates from China*, revised and enlarged. Monographs on Far Eastern History, 8. Canberra: Australian National University, 1975.

——. "Review of Chou Hung-hsiang, Shang-Yin ti-wang pen-chi." *Monumenta Serica* 19 (1960): 486 – 515.

——. and Sato Tamotsu. *Metallurgical Remains of Ancient China*. Tokyo: 日应社, 1975.

Bell, F. L. S. "A Functional Interpretation of Inheritance and Succession in Central Polynesia." *Oceania* 3 (1932): 167 – 206.

Bishop, Carl W. "The Neolithic Age in Northern China." *Antiquity* 7, No. 28 (1933): 389 – 404.

Braidwood, Robert J. and Gordon R. Willey eds. *Courses toward Urban Life*. Chicago: Aldine, 1962.

Brew, John O. "Archaeology of Alkali Ridge, Southeastern Utah." *Papers of the Peabody Museum, Harvard University*, 21 (1946).

Burgess, C. M. *The Living Cowries*. New York: A. S. Barnes & Co., 1970.

Carneiro, Robert L. "A Theory of the Origin of the State." *Science* 169 (1970): 733–738.

Centre d'Etudes et de Recherches Marxistes. *Sur la made production Asiatique*. Paris: Editions Sociales, 1969.

Chalfant, Frank H. 《金璋所藏甲骨卜辞》. New York: The Chalfant Publication Fund, 1939.

——, and R. S. Britton. 《甲骨卜辞七集》. New York: The Chalfant Publication Fund, 1938.

张政烺:《卜辞裒田及其相关诸问题》,《考古学报》1971年1期,93—118页。

张景贤:《中国奴隶社会》,北京:中华书局,1974年。

章鸿钊:《石雅》,《地质专报》第2卷第2号,1917年。

张光远:《西周重器毛公鼎》,《故宫季刊》第7册第2号,1973年(本文的英语节译本,由John Marney翻译,发表于 *Monumenta Serica* 31 [1974/75]: 446–474)。

Chang Kwang-chih. *The Archaeology of Ancient China*. 3rd ed. New Haven and London: Yale University Press, 1977.

——:《中国新石器时代文化断代》,《中央研究院历史语言研究所集刊》第30本(1959),259—309页。

——:《中国考古学上的放射性碳素年代及其意义》,《国立台湾大学考古人类学系集刊》第37/38本,1975年、29—43页。

——. "The Continuing Quest for China's Origins." *Archaeology* 30 (1977): 116–123, 186–193.

——. *Early Chinese Civilization: Anthropological Perspectives*. Cambridge: Harvard University Press, 1976.

——. "Food and Food Vessels in Ancient China." *Transactions of the New York Academy of Sciences*, ser. II, 35 (1973): 495–520.

——. "The Origin of Chinese Civilization: A Review." *Journal of the American Oriental Society* 98 (1978): 85–91.

——:《商周青铜器器形装饰花纹与铭文综合研究初步报告》,《中央研究院民族研究所集刊》第30本,1970年,239—315页。

——:《商周神话与美术中所见人与动物关系之演变》,《中央研究院民族研究所集刊》第16本,1963年,115—146页。

——:《商王庙号新考》,《中央研究院民族研究所集刊》第15本,1963年,65—94页。

——. "Some Dualistic Phenomena in Shang Society." *Journal of Asian Studies* 24 (1964): 45–61.

——:《谈王亥与伊尹的祭日并再论殷商王制》,《中央研究院民族研究所集刊》第35本,1973年,111—127页。

——. "T'ien Kan: A Key to the History of the Shang." *Studies in Early Civilization*, 13–42. ed. by David Roy and T. H. Tsien. Hong Kong: Chinese University of Hong Kong, 1978.

——:《从夏商周三代考古论三代关系与中国古代国家的形成》,载《屈万里先生七秩荣庆论文集》,台北:联经出版事业公司,1978年,287—306页。

——:《殷墟发掘五十年》,《中央研究院五十周年纪念论文集》,台北:中央研究院,1978年,291—311页。

——:《殷商文明起源研究上的一个关键问题》,载《沈刚伯先生八秩荣庆论文集》,151—169页,台北:联经出版事业公司,1976年。

——, et al. *Fengpitou, Tapenkeng, and the Prehistory of Taiwan*. Yale University Publications in Anthropology, No. 73, New Haven: Department of Anthropology, Yale University, 1969.

——:《商周青铜器与铭文的综合研究》,《中央研究院历史语言研究所专刊》,台北:中央研究院,1972年,62页。

张培瑜:《甲骨文日月食纪事的整理研究》,《天文学报》1975年16期,210—224页。

张秉权:《甲骨文中所见人地同名考》,载《李济先生七秩荣庆论文集》,台北:清华杂志,1967年,687—774页。

——:《甲骨文的发现与骨卜习惯的考证》,《中央研究院历史语言研究所集刊》第 37 本,1967 年,827—879 页。

——:《论成套卜辞》,《庆祝董作宾先生 65 岁论文集》,台北:中央研究院历史语言研究所,1960 年,389—401 页。

——:《卜龟腹甲的序数》,《中央研究院历史语言研究所集刊》第 28 本,1956 年,229—272 页。

——:《卜辞癸未月食的新证据》,《中央研究院年刊》第 3 期,1956 年,239—250 页。

——:《商代卜辞中的气象记录之商榷》,《学术季刊》第 6 卷第 2 号,1957 年,74—98 页。

——:《殷墟卜龟之卜兆及其有关问题》,《中央研究院年刊》第 1 期,1954 年,231—245 页。

——:《殷墟文字丙编》,台北:中央研究院历史语言研究所,1957—1972 年。

——:《殷代的农业与气象》,《中央研究院历史语言研究所集刊》第 42 本,1970 年,267—336 页。

Chang Te-tz'u. "The Origin and Early Cultures of the Cereal Grains and Food Legumes." *Manuscript*, 1978.

——, "The Origin, Evolution, Cultivation, Dissemination, and Diversification of Asian and African Rices." *Euphytica* 25 (1976): 425 – 441.

Chang Tsung-tung. *Der Kult der Shang Dynastie im Spiegel der Orakelinschriften: Eine palaographische Studie zur Religion im archaischen China*. Wiesbaden: Otto Harrassowitz, 1971.

张钰哲:《哈雷彗星的轨道演变的趋势和它的古代历史》,《天文学报》1978 年,19 期,109—118 页。

赵青云:《1957 年郑州西郊发掘纪要》,《考古通讯》1958 年 9 期,54—57 页。

赵全嘏:《河南几个新石器时代遗址》,《新史学通讯》第 1 卷第 1 号,1951 年,16 页。

赵峰:《清江陶文及其所反映的殷代农业和祭祀》,《考古》1976 年 4 期,221—228 页。

赵锡元:《对"试述殷代的奴隶制度和国家的形成"一文的意见》,《历史研究》

1959年10期,70—80页。

赵霞光:《安阳市西郊的殷代文化遗址》,《文物》1958年12期,31页。

赵佩馨:《安阳后冈圆形坑性质的讨论》,《考古》1960年6期,31—36页。

赵铁寒:《古史考述》,台北:正中书店,1965年。

陈其南:《再论商王庙号的社会结构意义》,《中央研究院民族研究所集刊》第35本,1973年,129—144页。

陈梦家:《甲骨断代学甲编》,《燕京学报》1951年40期,1—63页。

——:《甲骨断代与坑位——甲骨断代学丁编》,《中国考古学报》第5期,1951年,177—224页。

——:《海外中国铜器图录》,北平:国立北平图书馆,1946年。

——:《西周年代考》,上海:商务印书馆,1945年。

——:《古文字中之商周祭祀》,《燕京学报》1963年19期,91—155页。

——:《商代的神话与巫术》,《燕京学报》1936年20期,486—576页。

——:《商王庙号考——甲骨学断代乙编》,《考古学报》1954年8期,1—48页。

——:《商王名号考》,《燕京学报》1940年27期,115—142页。

——:《殷墟卜辞综述》,北京:科学出版社,1956年。

陈邦怀:《殷代社会史料征存》,天津:人民出版社,1959年。

程发轫:《春秋左氏传地名考》,台北:广文,1967年。

郑绍宗:《有关河北长城区域原始文化类型的讨论》,《考古》1962年12期,658—671页。

Cheng Te-k'un(郑德坤). "Animal Styles in Prehistoric and Shang China." *Bulletin of the Museum of Far Eastern Antiquities* 35 (1963): 129 – 139.

——. "The Beginning of Chinese Civilization." *Antiquity* 47 (1973): 197 – 209.

——. "The Carving of Jade in the Shang Period." *Transactions of the Oriental Ceramic Society* 29 (1957): 13 – 30.

——:《中国上古数名的演变及其应用》,《香港中文大学集刊》第1本,1973年,37—58页。

佛陀姬和王国维:《戬寿堂所藏殷墟文字》,上海:仓圣明智大学,1917年。

齐思和:《西周地理考》,《燕京学报》1946年30期,63—106页。

——:《毛诗谷名考》,《燕京学报》1949年36期,263—311页。

齐文涛:《概述近年来山东出土的商周青铜器》,《文物》1972 年 5 期,3—5 页。

祁延霈:《山东益都苏埠屯出土铜器调查记》,《中国考古学报》1947 年 2 期,167—177 页。

江鸿:《盘龙城与商朝的南土》,《文物》1976 年 2 期,42—46 页。

钱穆:《周初地理考》,《燕京学报》1931 年 10 期,1955—2008 页。

翦伯赞:《中国史纲》,上海:三联书店,1950 年。

Childe, V. Gordon. "The Urban Revolution." *Town Planning Review* 21, No. 1 (1950): 3 – 17.

金祥恒:《论贞人扶的分期问题》,载《纪念董作宾先生逝世十四周年论文集》,台北:艺文,1978 年,89—101 页。

——:《卜辞中所见殷商宗庙及殷祭考》,《大陆杂志》1960 年 20 期,249—253、278—283、312—318 页。

——:《从甲骨卜辞研究殷商军旅中之王族三行三师》,《中国文字》1974 年 52 期,1—46 页。

金德建:《司马迁所见书考》,上海:人民出版社,1963 年。

金祖同:《殷契遗珠》,北平:孔德书院,1939 年。

Chou Fa-kao (周法高). "Certain Dates of the Shang Period." *Harvard Journal of Asiatic Studies* 23 (1960/61): 108 – 113.

——:《西周年代考》,《香港中文大学中国研究所学报》4 (1971):173—205 页。

——. "On the Dating of a Lunar Eclipse in the Shang Period." *Harvard Journal of Asiatic Studies* 25 (1964/65): 243 – 245.

——:《三代吉金文存著录表》,台北:三民,1977 年。

——:《金文诂林》,香港:香港中文大学,1974 年。

Chou Hung-hsiang (周鸿翔). "Computer Matching of Oracle Bone Fragments." *Archaeology* 26 (1973): 176 – 181.

——:《卜辞对贞述例》,香港:万有书局,1969 年。

——:《商殷帝王本纪》,香港:(自印),1958 年。

——:《殷代刻字刀的推测》,《联合书院学报》6 (1967/68),9—44 页。

周仁、李家治、郑永圃:《张家坡西周居住遗址陶瓷碎片的研究》,《考古》1960 年 9 期,48—52 页。

周国兴:《河南许昌灵井的石器时代遗存》,《考古》1974年2期,91—98页。

周世荣:《湖南石门县皂市发现商殷遗址》,《考古》1962年3期,144—146页。

周到、刘东亚:《1957年秋安阳高楼庄殷代遗址发掘》,《考古》1967年4期,213—216页。

竺可桢:《中国近五千年来气候变迁的初步研究》,《考古学报》1972年1期,15—38页。

屈万里:《尚书今注今释》,台北:商务印书馆,1972年。

——:《〈史记·殷本纪〉及其他记录中所载殷商时代的史事》,《台湾国立大学艺术研究院集刊》第14本,1965年,87—118页。

——:《谥法滥觞于殷代论》,《中央研究院历史语言研究所集刊》第13本,1948年,219—226页。

——:《殷虚文字甲编考释》,台北:中央研究院历史语言研究所,1961年。

钟柏生:《卜辞中所见殷王田游地名考——兼论田游地名研究方法》,台北:(自印),1972年。

Cohen, Ronald, and E. R. Service eds. *Origins of the State: The Anthropology of Political Evolution.* Philadelphia: Institute for the Study of Human, 1978.

Finds in the People's Republic of China. *The Exhibition of Archaeological Finds in the People's Republic of China.* Washington, D. C., 1975.

Coon, C. S. "An Anthropogeographic Excursion around the World." *Human Biology* 30 (1958): 29-42.

——. *The Living Races of Man.* New York: A. A. Knopf, 1964.

CR 中国建设. "Best-preserved Yin Dynasty Tomb." *China Reconstructs* 1977 (10): 38-39.

Damon, P. E., C. W. Ferguson, A. Long, and E. I. Wallick. "Dendrochronologic Calibration of the Radiocarbon Time Scale." *American Antiquity* 39 (1974): 350-366.

Daniel, Glyn. *The First Civilizations.* New York: Crowell, 1968.

Delacour, Jean. *The Pheasants of the World.* London: Coutry Life, 1951.

Dobson, W. A. C. H. *Early Archaic Chinese.* Toronto: University of Toronto Press, 1962.

Drake, F. S. "Shang Dynasty Find at Ta-hsin-chuang, Shantung." *China Journal* 31 (1939): 77-80.

——. "Shang Dynasty site at Li-ch'eng Wang-she-jen-chuang, Shantung." *China Journal* 31 (1939): 118 – 120.

——. "Ta-hsin-chuang Again." *China Journal* 33 (1940): 8 – 10.

Dubs, Homer H. "A Canon of Lunar Eclipses for Anyang and China, – 1400 to – 1000." *Harvard Journal of Asiatic Studies* 10 (1947): 162 – 178.

——. "The Date of the Shang Period." *T'oung Pao* 40 (1950): 322 – 335.

——. "The Date of the Shang Period: A Postscript." *T'oung Pao* 42 (1953): 101 – 105.

Eberhard, Wolfram. *Lokalkulturen im alten China*. I, London: Brill; II, Peking: Catholic University, 1942.

Edman, G., and E. Soderberg. "Auffindung von Reis in einer Tonscherbe aus einer etwa fünftausend-jährigen Chinesischen Siedlung." *Bull. Ceo. Soc. China* 8 (1929): 363 – 368.

Eggan, Fred. "Social Anthropology and the Method of Controlled Comparison." *American Anthropologist* 56 (1954): 743 – 763.

Elisseeff, Vadime. *Bronzes Archaiques Chinois au Musee Gernuschi*, Vol. 1. Paris: L'Asiatheque, 1977.

——. "Possibilities du scalogramme dans l'etude des bronzes Chinois archaiques." *Methematiques et Sciences humaines* 11 (1965).

Fagan, Brian. *People of the Earth*. Boston: Little, Brown & Co., 1977.

Fairbank, Wilma. "Piece-Mold Craftsmanship and Shang Bronze Design." *Achives of the Chinese Art Society of America* 16 (1962): 8 – 15.

Fang Fa-lien（方法敛）:《库方二氏所藏甲骨卜辞》,上海:商务印书馆,1935 年。

Finn, D. J. "Archaeological Finds on Lamma Island near Hong Kong, Part II" *The Hong Kong Naturalist* 4, No. 1 (1933): 60 – 63.

Flannery, Kent V. "The Cultural Evolution of Civilizations." *Annual Review of Ecology and Systematics* 3 (1972): 399 – 426.

Ford, C. S. "On the Analysis of Behavior for Cross-Cultural Comparisons." In *Cross-Cultural Approches*, C. S. Ford, ed., 3 – 4. New Haven: Human Relations Area Files, 1967.

Foreign Language Press. *Historic Relics Unearthed in New China*. Peking Foreign Language Press, 1972.

Fried, M. H. *The Evolution of Political Society*. New York: Random House, 1967.

Friedman, Jonathan. "Tribes, States, and Transformations." In *Marxist Analysis and Social Anthropology*, M. Block. ed. London: Malaby Press, 1975, 161 – 202.

傅斯年:《历史语言研究所工作之旨趣》,《中央研究院历史语言研究所集刊》第 1 本第 1 分,1928 年,3—10 页。

——:《夷夏东西说》,载《庆祝蔡元培先生 65 年论文集》,南京:中央研究院历史语言研究所,1935 年,1093—1134 页。

——、李济等:《城子崖》,南京:中央研究院历史语言研究所,1934 年。

Gee, N. G., L. I. Moffett, and G. D. Wilder. *A Tentative List of Chinese Birds*. Peking: The Peking Society of Natural History, 1926.

Gettens, R. J. *The Freer Chinese Bronzes: Technical Studies*. Washington, D. C.: Freer Gallery of Art, 1969.

Goody, Jack. *Succession to High Office*. Cambridge, Eng: Cambridge University Press, 1966.

Gullick, J. M. *Indigenous Political Systems of Western Malaya*. L. S. E. Monographs on Social Anthropology 17. London, 1958.

Hansford, S. H. "A Visit to Anyang." *Transactions of Oriental Ceramic Society* 24 (1951): 11 – 22.

Harlan, Jack. "The Origins of Cereal Agriculture in the Old World." In *Origins of Agriculture*, C. A. Reed, ed., 357 – 383. The Hague: Mouton, 1977.

林巳奈夫:《中国先秦時代の旗》,《史林》49(1966),234—262 页。

——:《殷周時代の図象記号》,《东方学报》(京都)39(1968),1—117 页。

——:《殷周青銅彝器の名称と用途》,《东方学报》(京都)34(1964),199—297 页。

林泰辅:《龟甲兽骨文字》,日本商周遗文会,1917 年。

——:《支那上代の研究》,N. P.,1927 年。

何炳棣:《周初年代平议》,《香港中文大学学报》(1)1973,17—35 页。

——. *The Cradle of the East*. Hong Kong: The Chinese University of Hong Kong and the University of Chicago Press, 1975.

——:《黄土与中国农业的起源》,香港:香港中文大学,1969 年。

——. "The Loess and the Origin of Chinese Agriculture." *American Historical Review* 75 (1969): 1-36.

何天相:《中国之古木》(二),《中国考古学报》第5册,1951年,247—293页。

何天行:《杭县良渚镇之石器与黑陶》,上海:吴越史地研究会,1937年。

何兹全:《谈耦耕》,《中华文史论丛》第三辑,1963年,101—109页。

Hocart, A. M. "Chieftainship and the Sister's Son in the Pacific." *American Anthropologist* 17 (1915): 631-646.

河北省博物馆:《藁城台西商代遗址》,北京:文物出版社,1977年。

William W. Howells. "Origins of the Chinese People: Interpretations of the Recent Evidence." *Manuscript*, 1978.

夏鼐:《河南成皋广武区考古纪略》,《科学通报》第二卷第7号,1951年,724—729页。

——:《碳-14测定年代和中国史前考古学》,《考古》1977年4期,217—232页。

——. "Workshop of China's Oldest Civilization." *China Reconstructs* 1957 (2): 18-21.

肖楠:《安阳小屯南地发现的"𠂤组卜辞"——兼论"𠂤组卜辞"的时代及其相关问题》,《考古》1976年4期,234—241页。

谢青山、杨绍舜:《山西吕梁县石楼镇又发现铜器》,《文物》1960年7期,51—52页。

熊传新:《湖南醴陵发现商代铜象尊》,《文物》1976年7期,49—50页。

Hus Chin-Hsiung (许进雄). *The Menzies Collection of Shang Dynasty Oracle Bones*, Vol. I. Toronto: The Royal Ontario Museum, 1972.

——:《卜骨上的凿钻形态》,台北:艺文,1973年。

——:《对张光直先生的"商王庙号新考"的几点意见》,《中央研究院民族研究所集刊》第19本,1965年,121—135页。

——:《五种祭祀的新观念与殷历的探讨》,《中国文字》1971年41期,11页。

——:《殷卜辞中五种祭祀的研究》,台北,《文史丛刊》第26号,国立台湾大学艺术学院,1968年。

——:《殷卜辞中五种祭祀研究的新观念》,《中国文字》1970年35期,12页。

许倬云:《周人的兴起及周文化的基础》,《中央研究院历史语言研究所集刊》第38

本，1968 年，435—458 页。

——：《关于〈商王庙号新考〉一文的几点意见》，《中央研究院民族研究所集刊》第 19 本，1965 年，81—87 页。

徐中舒：《耒耜考》，《中央研究院历史语言研究所集刊》第 2 本，1930 年，11—59 页。

——：《四川彭县濛阳镇出土的殷代二觯》，《文物》1962 年 6 期，15—18 页。

徐旭生：《1959 年豫西调查"夏墟"的初步报告》，《考古》1959 年 11 期，592—600 页。

许泽民：《殷墟西北岗组头骨与现代台湾海南系列头骨的颅顶间骨的研究》，《中央研究院历史语言研究所集刊》第 36 本，1966 年，703—739 页。

胡厚宣：《战后京津新获甲骨集》，上海：群益出版社，1949 年。

——《战后南北所见甲骨录》，北京：来薰阁，1951 年。

——《战后平津新获甲骨集》，成都：齐鲁大学，1945 年。

——：《气候变迁与殷代气候之检讨》，《甲骨学商史论丛》第二卷，成都：齐鲁大学，1945 年。

——《甲骨续存》，上海：群联出版社，1955 年。

——：《甲骨六录》，成都：齐鲁大学，1945 年。

——：《甲骨文商族鸟图腾的遗迹》，载《历史论丛》第一卷，北京：中华书局，1964 年，131—159 页。

——：《甲骨文所见商族鸟图腾的新证据》，《文物》1977 年 2 期，84—87 页。

——：《中国奴隶社会的人殉和人祭，下篇》，《文物》1974 年 8 期，56—67 页。

——：《舌方考》，载《甲骨学商史论丛》第一卷，成都：齐鲁大学，1944 年。

——：《卜辞中所见之殷代农业》，载《甲骨学商史论丛》第二卷，成都：齐鲁大学，1945 年。

——：《卜辞地名与古人居丘说》，载《甲骨学商史论丛》第一卷，成都：齐鲁大学，1944 年。

——：《武丁时五种记事刻辞考》，载《甲骨学商史论丛》第一卷，成都：齐鲁大学，1944 年。

——：《殷墟发掘》，上海：学习生活出版社，1955 年。

——：《殷卜辞中的上帝和王帝》，《历史研究》1959 年 9 期，23—50 页；1959 年

10 期，89—110 页。

——：《殷代封建制度考》，载《甲骨学商史论丛》第一卷，成都：齐鲁大学，1944 年。

——：《殷代婚姻家族宗法生育制度考》，载《甲骨学商史论丛》第一卷，成都：齐鲁大学，1944 年。

——：《殷代卜龟之来源》，载《甲骨学商史论丛》第一卷，成都：齐鲁大学，1944 年。

——：《殷代的蚕桑和丝织》，《文物》1972 年 1 期，2—7 页。

——：《殷代的刵刑》，《考古》1973 年 3 期，108—117 页。

胡翔云：《全国最近盐场录》，北京：求志学社，1915 年。

黄著勋：《中国矿产》，上海：商务印书馆，1930 年。

黄然伟：《殷王田猎考》，《中国文字》1964 年 14 期，21 页；1964 年 15 期，25—46 页；1965 年 16 期，47—70 页。

池田末利：《岛氏殷墟卜辞研究を讀む》，《甲骨学》，1959 年 7 期，12—27 页。

伊藤道治：《卜辞に見えろ祖霊観念について》，《东方学报》（京都）1956 年 26 期，1—35 页。

——：《中国古代王朝の形成》，东京：创文社，1975 年。

——：《古代殷王朝のなぞ》，东京：角川书店，1967 年。

——：《宗教面から見た殷代の二・三の問題》，《东洋史研究》1961 年 20 期，36—58 页。

——：《図説中国の歴史》，东京：讲谈社，1976 年。

饶宗颐：《殷代贞卜人物通考》，香港大学出版社，1959 年。

《殷墟考古的新发现》，《人民画报》1978 年 1 期，26—29 页。

容庚：《汉武梁祠画像录》，北平：考古学社，1936。

——：《商周彝器通考》，燕京中国研究专刊 17，北平：哈佛—燕京学社，1941 年。

——：《武英殿彝器图录》，北平：哈佛—燕京学社，燕京大学，1934 年。

——、瞿润缗：《殷契卜辞》，北平：哈佛—燕京学社，1933 年。

贝塚茂樹：《中国古代史学の発展》，东京：弘文堂，1946 年。

——：《京都大学人文学科研究所所藏甲骨文字》，京都：京都大学人文学科研究所，1960年。

——、伊藤道治:《甲骨文断代法の再检讨——董氏の文武丁時代卜辞を中心よして》,《东方学报》(京都)1953年23期,1—78页。

Kane, Virginia. "The Chronological Significance of the Inscribed Ancestor Dedication in the Bronze Vessels." *Artibus Asiae* 35 (1973): 335-370.

——. "The Independent Bronze Industries in the South of China Contemporary with the Shang and Western Chou Dynasties." *Archives of Asian Art* 28 (1974/75): 77-107.

——. "A Re-examination of Anyang Archaeology." *Ars Orientalis* 10 (1975): 93-110.

高至喜:《湖南宁乡黄材发现商代铜器和遗址》,《考古》1963年12期,646—648页。

——:《商代人面方鼎》,《文物》1960年10期,57—58页。

Kao Ch'u-Hsun (高去寻). "The Royal Cemetery of the Yin Dynasty at Anyang." *Bulletin of the Department of Archaeology and Anthropology* National Taiwan University, 13/14 (1959): 1-9.

——:《殷礼的含贝握贝》,《中央研究院年刊》1 (1954), 373—401 页。

——:《殷代大墓的木室及其涵义之推测》,《中央研究院历史语言研究所集刊》第39本,1969年,175—188页。

Karlgren, Bernhard. *The Book of Odes*. Stockholm: The Museum of Far Eastern Antiquities, 1974.

——. "The Exhibition of Early Chinese Bronzes." *Bulletin of The Museum of Far Eastern Antiquities* 6 (1934): 81-136.

——. "New Studies on Chinese Bronzes." *Bulletin of The Museum of Far Eastern Antiquities* 9 (1937): 1-117.

——. "Some Characteristics of Yin Art." *Bulletin of The Museum of Far Eastern Antiquities* 34 (1962): 1-28.

——. "Some Weapons and Tools of the Yin Dynasty." *Bulletin of The Museum of Far Eastern Antiquities* 17 (1945): 114-121.

——. "Yin and Chou in Chinese Bronzes." *Bulletin of The Museum of Far Eastern Antiquities* 8 (1936).

Keightley, David N. "Ho Ping-ti and the Origin of Chinese Civilization." *Harvard Journal of Asiatic Studies* 37 (1977): 381–411.

———. "The Late Shang State: When, Where, and What?" *Manuscript*, 1978.

———. "Legitimation in Shang China." *Manuscript*, 1975.

———. "The Religious Commitment: Shang Theology and the Genesis of Chinese Political Culture." *History of Religions* 17 (1978): 211–225.

———. "Shih Chen: A New Hypothesis about the Nature of Shang Divination." *Manuscript*, 1972.

———. *Sources of Shang History*. Berkeley and Los Angeles: University of California Press, 1978.

耿鉴庭和刘亮:《藁城商代遗址中出土的桃仁和郁李仁》,《文物》1974 年 8 期, 54—55 页。

King, B. F., and E. C. Dickinson. *A Field Guide to the Birds of South-East Asia*. Boston: Houghton-Miffin, 1975.

《考古》(以下按篇名首字音序排列,考古学专刊、《考古学报》、《文物》同——译者)

《安徽含山县孙家岗商代遗址调查与试掘》,《考古》1977 年 3 期, 166—168 页。

《安阳新发现的殷代车马坑》,《考古》1972 年 4 期, 24—28 页。

《安阳洹河流域几个遗址的试掘》,《考古》1965 年 7 期, 326—338 页。

《安阳殷墟奴隶祭祀坑的发掘》,《考古》1977 年 1 期, 20—36 页。

《安阳殷墟五号墓座谈纪要》,《考古》1977 年 5 期, 341—350 页。

《安阳殷代祭祀坑人骨的性别年龄鉴定》,《考古》1977 年 3 期, 210—214 页。

《敖汉旗大甸子遗址 1974 年试掘简报》,《考古》1975 年 2 期, 99 页。

《郑州南关外商代遗址发掘简报》,《考古》1958 年 2 期, 6—9 页。

《郑州上街商代遗址的发掘》,《考古》1960 年 6 期, 11—12 页。

《郑州市古遗址、墓葬的重要发现》,《考古》1955 年 3 期, 16—19 页。

《郑州市铭功路西侧的两座商代墓》,《考古》1965 年 10 期, 500—506 页。

《郑州大河村仰韶文化的房基遗址》,《考古》1973 年 6 期, 330—336 页。

《济南大辛庄遗址试掘》,《考古》1959 年 4 期, 185—187 页。

《江苏铜山丘湾古遗址的发掘》,《考古》1973 年 2 期, 71—79 页。

《青海乐都柳湾原始社会墓地反映出的主要问题》,《考古》1976年6期,365—377页。

《放射性碳素测定年代报告（五）》,《考古》1978年4期,280—287页。

《丰镐一带考古调查简报》,《考古通讯》1955年1期,28—31页。

《河南安阳薛家庄殷代遗址墓葬和唐墓发掘简报》,《考古》1958年8期,22—26页。

《河南郑州上街商代遗址发掘报告》,《考古》1960年1期,1—7页。

《河南新郑裴李岗新石器时代遗址》,《考古》1978年2期,73—79页。

《河南辉县褚丘出土的商代铜器》,《考古》1965年5期,255页。

《河南临汝煤山遗址调查与试掘》,《考古》1975年5期,285—294页。

《河南孟县涧溪遗址发掘》,《考古》1961年1期,33—39页。

《河南渑池鹿寺商代遗址试掘简报》,《考古》1964年9期,435—440页。

《河南南阳市十里庙发现商代遗址》,《考古》1959年7期,370页。

《河南卫河滞洪工程中的考古调查简报》,《考古》1957年2期,32—35页。

《河南鄢陵扶沟商水几处古文化遗址的调查》,《考古》1965年2期,94—96页。

《河南偃师二里头早商宫殿遗址发掘简报》,《考古》1974年4期,234—248页。

《河南偃师二里头遗址发掘简报》,《考古》1965年5期,215—224页。

《河南偃师二里头遗址三、八区发掘简报》,《考古》1975年5期,302—309页。

《河北邯郸涧沟村古遗址发掘简报》,《考古》1961年4期,197—202页。

《河北邢台东先贤村商代遗址调查》,《考古》1959年2期,108—109页。

《河北藁城县商代遗址和墓葬的调查》,《考古》1973年1期,25—29页。

《河北藁城台西村的商代遗址》,《考古》1973年5期,266—271页。

《河北灵寿县北宅村商代遗址调查》,《考古》1966年2期,107—108页。

《河北大厂回族自治县大坨头遗址试掘简报》,《考古》1966年1期,8—13页。

《河北磁山新石器遗址试掘》,《考古》1977年6期,361—372页。

《湖北黄陂矿山水库工地发现了青铜器》,《考古》1958年9期,72—73页。

《黄河三门峡水库考古调查简报》,《考古》1956年5期,1—11页。

《辽宁喀左县北洞村出土的殷周青铜器》,《考古》1974年6期,364—372页。

《辽宁喀左县北洞村发现殷代青铜器》,《考古》1973年4期,225—226页。

《洛阳矬李遗址试掘简报》,《考古》1978年1期,5—17页。

《内蒙古巴林左旗富河沟门遗址发掘简报》,《考古》1964年1期,1—5页。
《北京附近发现的西周奴隶殉葬墓》,《考古》1974年5期,309—321页。
《北京琉璃河夏家店下层文化墓葬》,《考古》1976年1期,59—60页。
《陕西岐山贺家村西周墓葬》,《考古》1976年1期,31—38页。
《山西石楼义牒发现商代铜器》,《考古》1972年4期,29—30页。
《山东惠民县发现商代青铜器》,《考古》1974年3期,203页。
《山东平阴县朱家桥殷代遗址》,《考古》1961年2期,86—93页。
《对商代琢玉工艺的一些初步看法》,《考古》1976年4期,229—233页。
《磁县界段营发掘简报》,《考古》1974年6期,356—363页。
《一九五四年秋季洛阳西郊发掘简报》,《考古》1955年5期,25—33页。
《1957年邯郸发掘简报》,《考古》1959年10期,531—536页。
《1958年洛阳东干沟遗址发掘简报》,《考古》1959年10期,537—540页。
《1958年春河南安阳市大司空村殷代墓葬发掘简报》,《考古》1958年10期,51—62页。
《1958—1959年殷墟发掘简报》,《考古》1961年2期,63—76页。
《1959年冬徐州地区考古调查》,《考古》1960年3期,25—29页。
《1962年安阳大司空村发掘简报》,《考古》1964年8期,380—384页。
《1971年安阳后冈发掘简报》,《考古》1972年3期,14—25页。
《1973年安阳小屯南地发掘简报》,《考古》1975年1期,27—46页。
《1975年安阳殷墟的新发现》,《考古》1976年4期,264—272页。
《1975年豫西考古调查》,《考古》1978年1期,23—24页。
《1977年河南永城王油坊遗址发掘概况》,《考古》1978年1期,35—40页。
《殷墟考古发掘的又一重要新收获——小屯发现一座完整的殷代干室墓葬》,《考古》1977年3期,151—153页。

考古学专刊

《甲骨文编》,北京:中华书局,1965年。
《金文编》,北京:科学出版社,1959年。
《西安半坡》,北京:文物出版社,1963年。
《新中国的考古收获》,北京:文物出版社,1962年。

《庙底沟与三里桥》，北京：科学出版社，1959年。

《大汶口》，北京：科学出版社，1974。

《郑州二里冈》，北京：科学出版社，1959年。

《考古学报》

《安阳殷墟五号墓的发掘》，《考古学报》1977年2期，57—98页。

《郑州旭旮王村遗址发掘报告》，《考古学报》1958年3期，41—62页。

《郑州南关外商代遗址的发掘》，《考古学报》1963年1期，65—91页。

《郑州商代遗址的发掘》，《考古学报》1957年1期，53—73页。

《赤峰药王庙夏家店遗址试掘报告》，《考古学报》1974年1期，111—144页。

《河姆渡遗址动植物遗存的鉴定研究》，《考古学报》1978年1期，95—106页。

《河南新乡潞王坟商代遗址发掘报告》，《考古学报》1960年1期，51—60页。

《河南陕县七里铺商代遗址的发掘》，《考古学报》1960年1期，25—47页。

《河北唐山市大城山遗址发掘报告》，《考古学报》1959年3期，17—34页。

《邢台曹演庄遗址发掘报告》，《考古学报》1958年4期，43—50页。

《徐州高皇庙遗址清理报告》，《考古学报》1958年4期，7—17页。

《洛阳涧滨古文化遗址及汉墓》，《考古学报》1956年1期，11—28页。

《上海市青浦县崧泽遗址的试掘》，《考古学报》1962年2期，1—28页。

《磁县下潘汪遗址发掘报告》，《考古学报》1975年1期，73—115页。

《1955年秋安阳小屯殷墟的发掘》，《考古学报》1958年3期，63—72页。

葛介屏：《安徽阜南发现殷商时代的青铜器》，《文物》1959年1期，内封面。

Kraeling, Carl H., and Robert McC. Adams. *City Invincible*. Chicago: University of Chicago Press, 1960.

顾颉刚：《〈周易〉卦爻辞中的故事》，《燕京学报》1930年6期，971—975页。

——：《古史辨》卷1，北平：朴社，1926年。

顾廷龙：《古陶文春录》，北平：国立北平研究院史学研究会史料丛编之一，1936年。

郭若愚：《殷契拾掇》，北京：来薰阁，1951年。

郭若愚等：《殷墟文字缀合》，北京：科学出版社，1955年。

郭沫若：《安阳新出土之牛肩胛骨及其刻辞》，《考古》1972年2期，2—7页。

——：《安阳圆坑墓中鼎铭考释》,《考古学报》1960 年 1 期,1—5 页。

——：《青铜器时代》,重庆:文志,1945 年。

——：《中国古代社会研究》,上海:新新,1929 年。

——：《骨臼刻辞之一考察》,载《古代铭刻汇考续编》,东京:文求堂,1934 年。

——：《古代文字之辩证的发展》,《考古》1972 年 3 期,2—13 页。

——：《奴隶制时代》,北京:人民出版社,1972 年。

——：《卜辞通纂》,东京,1933 年。

——：《殷契粹编》,东京:文求堂,1937 年。

——：《殷彝中图形文字之一解》,载《殷周青铜器铭文研究》卷 1,上海:大同,1931 年。

郭宝钧:《B 区发掘记之一》,《安阳发掘报告》第 4 册,1933 年,579—596 页。

——:《B 区发掘记之二》,《安阳发掘报告》第 4 册,1933 年,597—608 页。

——:《一九五〇年春殷墟发掘报告》,《考古学报》1951 年 5 期,1—61 页。

——、夏鼐等:《辉县发掘报告》,北京:科学出版社,1956 年。

——、林寿晋:《1952 年秋季洛阳东郊发掘报告》,《考古学报》1955 年 9 期,91—116 页。

郭冰廉:《湖北黄陂杨家湾的古遗址调查》,《考古》1958 年 1 期,56—58 页。

郭德维、陈贤一:《湖北黄陂盘龙城商代遗址和墓葬》,《考古》1964 年 8 期,420—421 页。

郭勇:《石楼后兰家沟发现商代青铜器简报》,《文物》1962 年 4/5 期,33—35 页。

蓝蔚:《湖北黄陂县盘龙城发现古城遗址及石器等》,《文物》1955 年 4 期,118—119 页。

劳榦:《周初年代问题与月相问题的新看法》,《香港中文大学中国文化研究所集刊》1974 年第 7 本,1—24 页。

Lau, D. C. *Mencius*. London: Penguin Books, 1970.

Laufer, B. *Jade*. Field Museum of Natural History Publication 154 (Anthropology Series 10). Chicago: Field Museum of Natural History, 1912.

Lefeuvre, J. A. "Les inscriptions des Shang sur carapaces de tortue et sur os." *T'oung Pao* 61 (1975): 1–82.

Legge, James. *The Ch'un Ts'ew, with the Tso Chuen*, Vol. 5 of The Chinese Classics. Oxford:

Clarendon Press, 1872.

——. *Confucian Analects*, Vol. 1 of *The Chinese Classics*. Oxford: Clarendon Press, 1893.

雷海宗:《殷周年代考》,《文史季刊》第 2 卷第 1 号, 1931 年, 1—14 页。

李济:《安阳发掘与中国古史问题》,《中央研究院历史语言研究所集刊》第 40 本, 1969 年, 913—944 页。

——:《安阳最近发掘报告及六次工作之总估计》,《安阳发掘报告》第 4 册, 1933 年, 559—578 页。

——. *Anyang: A Chronicle of the Discovery, Excavation, and Reconstruction of the Ancient Capital of the Shang Dynasty*, Seattle: University of Washington Press, 1977.

——. *The Beginnings of Chinese Civilization*. Seattle: University of Washington Press, 1957.

——:《记小屯出土之青铜器》,《中国考古学报》第 3 期, 1948 年, 1—93 页。

——:《记小屯出土之青铜器,中篇》,《中国考古学报》第 4 期, 1949 年, 1—70 页。

——:《俯身葬》,《安阳发掘报告》第 3 期, 1930 年, 447—480 页。

——:《小屯陶器》(见下:《殷墟器物甲编》)。

——:《小屯陶器质料之化学分析》,《台大傅故校长斯年先生纪念论文集》,台北: 国立台湾大学, 1952 年, 123—138 页。

——:《小屯地面下情形分析初步》,《安阳发掘报告》第 1 期, 1929 年, 37—48 页。

——:《小屯与仰韶》,《安阳发掘报告》第 2 期, 1930 年, 337—347 页。

——. "Hunting Records, Faunistic Remains, and Decorative Patterns from the Archaeological Site of Anyang." *Bulletin of the Department of Archaeology and Anthropology, National Taiwan University* 9/10 (1957): 10-20.

——:《民国十八年秋季发掘殷墟之经过及其重要发现》,《安阳发掘报告》第 2 期, 1930 年, 218—252 页。

——. "Notes on Some Metrical Characters of Calvaria of the Shang Dynasty Excavated from Houchiachunag, Anyang." *Annals of the Academia Sinica* 1 (1954):

594 – 558.

——:《编后语》,《安阳发掘报告》第 4 期,1944 年,732—733 页。

——:《笄形八类及其文饰之演变》,《中央研究院历史语言研究所集刊》第 30 本,1959 年,1—69 页。

——."Studies of the Hsiao-t'un Pottery: Yin and Pre-Yin." *Annals of the Academia Sinica* 2 (1955): 103 – 117.

——:《研究中国古玉问题的新资料》,《中央研究院历史语言研究所集刊》第 13 本,1948 年,179—182 页。

——:《殷墟器物甲编·陶器上编》,台北:中央研究院历史语言研究所,1956 年(注释中缩略为《小屯陶器》)。

——:《殷墟出土青铜礼器之总检讨》,《中央研究院历史语言研究所集刊》第 47 本,1976 年,783—811 页。

——:《殷墟出土的工业成绩——三例》,《国立台湾大学艺术学院集刊》第 20 本,1976 年,1—64 页。

——:《殷墟出土铜器五种及其相关问题》,载《庆祝蔡元培先生 65 岁论文集》,南京:中央研究院历史语言研究所,1933 年,73—104 页。

——:《殷墟白陶发展之程序》,《中央研究院历史语言研究所集刊》第 47 本、第 28 本,1957 年,853—882 页。

——:《殷墟有刃石器图说》,《中央研究院历史语言研究所集刊》第 23 本,1951 年,523—615 页。

——:《殷商陶器初论》,《安阳发掘报告》第 1 期,1929 年,49—58 页。

——:《由笄形演变所看见的小屯遗址与侯家庄墓葬之时代关系》,《中央研究院历史语言研究所集刊》第 29 本,1958 年,809—816 页。

——:《豫北出土青铜句兵分类图解》,《中央研究院历史语言研究所集刊》第 22 本,1950 年,1—18 页。

李景聃:《豫东商丘永城调查及造律台黑孤堆曹桥三处小发掘》,《中国考古学报》第 2 期,1947 年,17—34 页。

李孝定:《甲骨文字集释》,中央研究院历史语言研究所专刊 50。台北:中央研究院历史语言研究所,1965 年。

——:《中国文字的原始和演变,上篇》,《中央研究院历史语言研究所集刊》第 45

本，1974年。

——：《从几种史前和有史早期陶文的观察蠡测中国文字的起源》，《南洋大学学报》第3期，1969年，1—28页。

李学勤：《谈安阳小屯以外出土的有字甲骨》，《文物》1956年11期，16—17页。

——：《殷代地理简论》，北京：科学出版社，1959年。

Li Hui-lin. "The Origin of Cultivated Plants in Southeast Asia." *Economic Botany* 24 (1970): 3 - 19.

——. "The Vegetables of Ancient China." *Economic Botany* 23 (1969): 253 - 260.

郦道元：《水经注》，上海：商务印书馆，1933年。

李亚农：《殷代社会生活》，上海：人民出版社，1955年。

梁思永：《后冈发掘小记》，《安阳发掘报告》第4册，1933年，609—626页。

——：《小屯、龙山与仰韶》，载《庆祝蔡元培先生65岁论文集》，1935年，555—567页。

——、高去寻：《侯家庄1001号大墓》，台北：中央研究院历史语言研究所，1962年。

——、高去寻：《侯家庄1002号大墓》，台北：中央研究院历史语言研究所，1965年。

——、高去寻：《侯家庄1003号大墓》，台北：中央研究院历史语言研究所，1967年。

——、高去寻：《侯家庄1217号大墓》，台北：中央研究院历史语言研究所，1968年。

——、高去寻：《侯家庄1004号大墓》，台北：中央研究院历史语言研究所，1970年。

——、高去寻：《侯家庄1500号大墓》，台北：中央研究院历史语言研究所，1974年。

——、高去寻：《侯家庄1550号大墓》，台北：中央研究院历史语言研究所，1976年。

廖永民：《郑州市发现的一处商代居住与铸造铜器遗址简介》，《文物》1957年6期，73—74页。

林纯玉：《河南安阳殷墟头骨脑容量的研究》，《国立台湾大学考古人类学系集刊》

第 33/34 期，1973 年，39—58 页。

林衡立：《评张光直商王庙号新考中的论证法》，《中央研究院民族研究所集刊》第 19 本，1965 年，115—119 页。

林沄：《说"王"》，《考古》1965 年 6 期，311—312 页。

刘鹗：《铁云藏龟》，北平：抱残守缺斋，1903 年。

——：《铁云藏陶》，北平：抱残守缺斋，1904 年。

刘启益：《"敖都"质疑》，《文物》1961 年 10 期，39—40 页。

刘宝林：《公元前 1500 年至公元前 1000 年月食表》，《天文集刊》第 1 期，1978 年，43—60 页。

刘仙洲：《中国古代农业机械发明史》，北京：科学出版社，1963 年。

刘斌雄：《殷商王室十分组制试论》，《中研院研究所集刊》第 19 期，1965 年，89—114 页。

罗振玉：《梦庵藏陶》，N. P.，1922 年。

——：《梦郼草堂吉金图》，N. P.，1917 年。

——：《殷墟书契前编》，N. P.，1913 年。

——：《殷墟书契菁华》，N. P.，1914 年。

——：《殷墟书契后编》，N. P.，1916 年。

——：《殷墟书契续编》，N. P.，1933 年。

——：《殷墟书契考释》，N. P.，1915 年。

Loehr, Max. *Ancient Chinese Jades.* Cambridge：Fogg Art Museum, 1975.

——. "The Bronze Styles of the Anyang Period（1300-1028B. C.）." *Archives of the Chinese Art Society of America* 7（1953）：42-53.

——. *Ritual Vessels of Bronze Age China.* New York：The Asia Society, 1968.

陆懋德：《中国发现之上古铜犁考》，《燕京学报》1949 年 37 期，11—26 页。

鲁波：《从大汶口文化看我国私有制的起源》，《文物》1976 年 7 期，74—81 页。

龙宇纯：《释甲骨文字兼解牺尊》，《沈刚伯先生八秩荣庆论文集》，台北：联经，1976 年，1—15 页。

马全：《郑州市铭功路西侧的商代遗存》，《文物》1956 年 10 期，50—51 页。

马得志、周永珍、张云鹏：《一九五三年安阳大司空村发掘报告》，《考古学报》第 9 期，1955 年。

Maglioni, R. *Archaeological Discovery in Eastern Kwangtung*, Hong Kong Archaeological Society, Journal Monograph 2. Hong Kong: Hong Kong Archaeological Society, 1975（重印）.

毛燮均和颜訚:《安阳辉县殷代人牙的研究报告》,《古脊椎动物与古人类》1959年1期,81—85页。

毛宝亮:《郑州西郊仰韶文化遗址发掘简报》,《考古》1958年2期,1—5页。

松丸道雄:《殷周国家の構造》,《岩波講座世界史》卷4,东京:岩波讲座,1970年。

——:《殷墟卜辞中の田獵地について——殷代国家構造のために》,《东洋文化研究所纪要》31. No. 1 (1963), 1—163页。

蒙文通:《古代河域气候有如今江域说》,《禹贡》第1期,1934年,14—15页。

明义士 (James Menzies):《殷墟卜辞》,上海:别发洋行,1917年。

宫崎市定:《中国上代の都市国家とその墓地——商邑は何处にめつか》,《东洋史研究》28 (1970), 265—282页。

——:《补遗》,《东洋史研究》29 (1970), 147—152页。

Nadel, S. F. "Witchcraft in Four African Societies: An Essay in Comparison." *American Anthropologist* 54 (1952): 18–29.

内藤虎次郎:《王亥》《续王亥》,《艺文》1916（收于《内藤湖南全集》卷7,东京:筑摩书店,1970年,469—500页）。

P'an Wu-su. "The Dates of Wu Ting's Reign." Manuscript.

——. "Religion and Chronology in Shang China: the Scheduled Ancestor Worship Rituals and the Chronology of the Late Shang Period." 博士论文, University of Pennsylvania, 1976.

Pearson, Richard J. "Pollen Counts in North China." *Antiquity* 48 (1974): 276–278.

Pelliot, Paul. "The Royal Tombs of Anyang." In *Independence, Convergence and Borrowing*. Harvard University Tercentenary Publication, pp. 265–272. Cambridge: Harvard University Press, 1937.

——. "The Royal Tombs of An-yang." In *Studies in Chinese Art and Some Indian Influences*. London: India Society, 1938.

Pfeiffer, John E. *The Emergence of Socity*. New York: McGraw-Hill, 1977.

Piggott, Stuart. *The Dawn of Civilization*. New York: McGraw-Hill, 1961.

Pope, C. H. *The Reptiles of China*. Natural History of Central Asia, Vol. 10. New York: American Museum of Natural History, 1935.

Pospisil, Leopold. *The Ethnology of Law*. Addison-Wesley module in anthropology, No. 12. Readings Mass: Addison-Wesley, 1972.

Ralph, E. K., H. N. Michael, and M. C. Han. "Radiocarbon Dates and Reality." *MASCA* Newsletter 9. No. 1 (1973).

Reed, Charles A. "A Model for the Origin of Agriculture in the Near East." In *Origins of Agriculture*, C. A. Reed, ed., 543–567. The Hague: Mouton, 1977.

Rouse, Irving, *Prehistory in Haiti: A Study in Method*. Yale University Publications in Anthropology No. 21. New Haven: Department of Anthropology, Yale University, 1939.

Sanders, William T. "Chiefdom to State: Political Evolution at Kaminaljuyu, Guatemala." In *Reconstructing Complex Societies*, C. B. Moore, ed. Supplement to the Bulletin of the American School of Oriental Research, 1974.

——, and Barbara J. Price. *Mesoamerica*. New York: Random House, 1968.

Schafer, Edward. "T'ang." In *Food in Chinese Culture*, K. C. Chang ed., 85–140. New Haven and London: Yale University Press, 1977.

Schmand-Besserat, Denise. "The Earliest Precursor of Writing." *Scientific American* 238 No. 6 (1978): 50–79.

Schofield, W. "The Proto-historic Site of the Hong Kong Culture at Shek Pik, Lantau, Hong Kong." *Proceedings of the Third Congress of the Prehistorians of the Far East*, 236–284. Singapore, 1938.

關野雄:《中國青銅器文化の一性格》,《東方学》? (1951):88—96頁。

Service, Elman R *Origins of the State and Civilization The Process of Cultural Evolution*., New York: Norton, 1975.

——. *Primitive Sociol Organization: An Evolutionary Perspective*. New York: Random House, 1962.

商承祚:《殷契佚存》,南京:金陵大學中國文化研究所叢刊甲種,1933年。

Shangrow, Clarence. "Early Chinese Ceramics and Kilns." *Archaeology* 30 (1977):

382–393.

Shapiro, Harry. *Peking Man.* New York: Simon and Schuster, 1974.

沈振中:《忻县连寺沟出土的青铜器》,《文物》1972年4期,67—68页。

沈文倬:《辰与糟》,《考古》1977年5期,335—338页。

石璋如:《中组墓葬》,台北:中央研究院历史语言研究所,1971年。

——:《河南安阳后冈的殷墓》,《中央研究院历史语言研究所集刊》第13期,1947年,21—48页。

——:《河南安阳小屯殷墓中的动物遗骸》,《国立台湾大学艺术学院集刊》第5期,1953年,1—14页。

——:《小屯C区的墓葬群》,《中央研究院历史语言研究所集刊》第23期,1951年,447—487页。

——:《小屯的文化层》,《六同别录》卷1,李庄:中央研究院历史语言研究所,1945年,42页。

——:《小屯殷代丙组基址及其有关现象》,载《庆祝董作宾先生65岁论文集》,台北:中央研究院历史语言研究所,1961年,781—802页。

——:《小屯殷代的成套兵器》,《中央研究院历史语言研究所集刊》第22期,1950年,19—84页。

——:《小屯殷代的建筑遗迹》,《中央研究院历史语言研究所集刊》第26期,1955年,131—188页。

——:《考古年表》,中央研究院历史语言研究所专刊35,1952年。

——:《南组墓葬》,中央研究院历史语言研究所,1973年。

——:《北组墓葬》,中央研究院历史语言研究所,1970年。

——:《第七次殷墟发掘:E区工作报告》,《安阳发掘报告》第4册,1933年,709—728页。

——:《乙区基址上下的墓葬》,中央研究院历史语言研究所,1976年。

——:《殷墟建筑遗存》,中央研究院历史语言研究所,1959年。

——:《殷墟发掘对于中国古代文化的贡献》,《学术季刊》2 No. 4(1953),1—16页。

——:《殷墟最近之重要发现附论小屯地层》,《中国考古学报》第2期,1947年,1—81页。

——:《殷墟最近之重要发现附论小屯地层后记》,《中国考古学报》第 4 期,1949 年,91—302 页。

——:《殷代的铸铜工艺》,《中央研究院历史语言研究所集刊》第 26 本,1955 年,95—129 页。

——:《殷代的夯土版筑与一般建筑》,《中央研究院历史语言研究所集刊》第 41 本,1969 年,127—168 页。

——:《殷代地上建筑复原之一例》,《中央研究院年刊》第 1 期,1954 年,267—280 页。

——:《殷代地上建筑复原的第二例》,《中央研究院民族研究所集刊》第 29 本,1970 年,321—341 页。

——:《殷代地上建筑复原的第三例》,《国立台湾大学考古人类学系集刊》第 39/40 本,1976 年,140—157 页。

石志廉:《谈谈龙虎尊的几个问题》,《文物》1972 年 11 期,64—66 页。

施昕更:《良渚——杭县第二区黑陶文化遗址初步报告》,杭州:西湖博物馆,1938 年。

史星:《奴隶社会》,上海:人民出版社,1973 年。

石声汉:《齐民要术今释》,北京:科学出版社,1957 年。

岛邦男:《殷墟卜辞研究》,东京:汲古书院,1958 年。

——:《殷墟卜辞综类》,第 2 修订版,东京:汲古书院,1971 年。

白川静:《殷の基礎社会》,载《立命馆创立五十周年纪念论文集文学篇》,京都:立命馆,1951 年,260—296 页。

——:《殷の王族と政治の形態》,《古代学》(3) 1954,19—44 页。

——:《殷代雄族考》之二《雀》,《甲骨金文学论丛》6 (1957),1—62 页。

——:《羌族考》,《甲骨金文学论丛》9 (1958)。

——:《作册考》,《甲骨金文学论丛》2 (1955)。

Sickman, L., and A. Soper. *The Art and Architecture of China*. Penguin Books, 1971.

Smith, Bradley, and Wan-go Weng. *China, A History in Art*. New York: Harper and Row, 1972.

Soper, A. C. "Early, Middle and Late Shang: A Note." *Artibus Asiae* 28 (1966): 5-38.

Spencer, Bruce. "Archaic Chinese Bronzes: A Statistical Study of Motif Cocurrence." Manuscript.

中国科学院:《辽宁省南部一万年来自然环境之演变》,《中国科学》1977年6期,603—614页。

束世澂:《夏代和商代的奴隶制》,《历史研究》1956年1期,31—61页。

孙常叙:《耒耜的起源及其发展》,上海:人民出版社,1959年。

孙海波:《诚斋殷墟文字》,北平:修文堂,1940年。

——:《甲骨文录》,开封:河南通志馆,1937年。

孙作云:《从"天问"看夏初建国史》,《史学》116,《光明日报》1978年8月29日。

Sylvan, V. "Silk from the Yin Dynasty." *Bulletin of the Museum of Far Eastern Antiquities* 9 (1937): 119–126.

单达、史兵:《从大汶口文化遗存看我国古代私有制的孕育和萌芽》,《文物》1976年4期,84—88页。

唐昌朴:《江西都昌出土商代铜器》,《考古》1976年4期,273页。

唐兰:《关于江西吴城文化遗址与文字的初步探索》,《文物》1975年7期,72—76页。

——:《略论西周微史家族窖藏铜器群的重要意义》,《文物》1978年3期,19—24页。

——:《从河南郑州出土的商代前期青铜器谈起》,《文物》1973年7期,5—14页。

——:《从大汶口文化的陶器文字看我国最早文化的年代》,《史学》,《光明日报》1977年7月14日。

唐云明:《邢台南大郭村商代遗址探掘简报》,《文物》1957年3期,61—63页。

——:《藁城台西商代铁刃铜钺问题的探讨》,《文物》1975年3期,57—59页。

Teilhard de Chardin, Pierre, and C. C. Young. "On the Mammalian Remains from the Archaeological Site of Anyang." *Palaeontologia Sinica* C, Vol. 12, fasc. 1. Peking, 1936.

丁山:《甲骨文所见氏族及其制度》,北京:科学出版社,1956年。

——:《殷商氏族方国志》,北京:科学出版社,1956年。

——:《由三代都邑论其民族文化》,《中央研究院历史语言研究所集刊》第5本,

1935 年，89—129 页。

丁骕：《中国地理民族文物与传说史》，《中央研究院民族研究所集刊》第 29 期，1970 年，43—98 页。

——：《重订帝辛正人方日谱》，《董作宾先生逝世十四周年纪念刊》，台北：艺文，1978 年，16—35 页。

——：《华北地形史与商殷的历史》，《中央研究院民族研究所集刊》第 20 期，1965 年，155—162 页。

——：《论殷王妣谥法》，《中央研究院民族研究所集刊》第 19 期，1965 年，71—79 页。

——：《岁在鹑火与武王伐纣》，《华学月刊》71（1977），36—46 页。

——：《再论商王妣庙号的两组说》，《中央研究院民族研究所集刊》第 21 期，1966 年，41—79 页。

Trigger, Bruce G. "Inequality and Communication in Early Civilizations." *Anthropologia* n. s. 17（1976）：27–52.

蔡凤书：《济南大辛庄商代遗址的调查》，《考古》1973 年 5 期，272—275 页。

臧振华：《安阳殷墟头骨箕形门齿的研究》，《国立台湾大学考古人类学系集刊》第 35/36 本，1974 年，69—82 页。

曹克清：《上海附近全新世四不像鹿亚化石的发现以及我国这属动物的地史地理分布》，《古脊椎动物》第 13 期，1975 年，48—57 页。

曾昭燏、尹焕章：《古代江苏历史上的两个问题》，载《江苏省出土文物选集》，北京：文物出版社，1963 年。

邹衡：《郑州商城即汤都亳说》，《文物》1978 年 2 期，69—71 页。

——：《试论郑州新发现的殷商文化遗址》，《考古学报》1956 年 3 期，77—103 页。

——：《试论殷墟文化分期》，《北京大学人文学报》1964 年 4 期，37—58 页；1964 年 5 期，63—90 页。

邹树文：《诗经黍稷辨》，《农史研究集刊》第 2 期，1960 年，18—34 页。

童恩正、张升楷、陈景春：《关于使用电子计算机缀合商代卜甲碎片的初步报告》，《考古》1977 年 3 期，205—209 页。

佟柱臣：《从二里头类型文化试谈中国的国家起源问题》，《文物》1975 年 6 期，

29—33页。

董作宾:《安阳侯家庄出土之甲骨文字》,《田野考古报告》第1期,1936年,91—165页。

——、严一萍:《甲骨学六十年》,台北:艺文,1965年。

——:《甲骨年表》,《中央研究院历史语言研究所集刊》第2本,1930年,241—269页(修订与扩充本,系胡厚宣著,发表于1937年)。

——:《甲骨文断代研究例》,《庆祝蔡元培先生65岁论文集》,1933年,323—424页。

——:《论商人以十日为名》,《大陆杂志》2, No.3(1951),6—10页。

——:《民国十七年十月试掘安阳小屯报告书》,《安阳发掘报告》第1册,1929年,3—36页。

——. "On the Method of Recording the Day in the Yin Dynasty." Annals of the Academia Sinica 2 (1952): 51-58.

——:《卜辞中八月乙酉月食考》,《大陆杂志》特刊第1期,1952年,281—294页。

——:《卜辞中的亳与商》,《大陆杂志》第6期,1953年,8—12页。

——:《大龟四版考释》,《安阳发掘报告》第3册,1931年,423—441页。

——:《读魏特夫商代卜辞中的气象记录》,《华西大学中国文化研究所集刊》第3期,1943年,81—88页。

——:《五等爵在殷商》,《中央研究院历史语言研究所集刊》第6本,1936年,413—430页。

——:《武王伐纣年月日今考》,《国立台湾大学艺术学院集刊》第3本,1951年,177—212页。

——:《殷虚文字甲编》,南京:中央研究院历史语言研究所,1948年。

——:《殷虚文字乙编》,南京:中央研究院历史语言研究所,1948—1949年。

——:《殷虚文字乙编序》,南京:中央研究院历史语言研究所,1948年。

——:《殷历谱》,李庄:中央研究院历史语言研究所,1945年。

——:《殷历谱后记》,《中央研究院历史语言研究所集刊》第13本,1948年,183—207页。

——:《殷代礼制的新旧两派》,《六陆杂志》第6期,1953年,69—74页。

——:《殷代的鸟书》,《大陆杂志》第6期,1953年,345—347页。

——:《殷代月食考》,《中央研究院历史语言研究所集刊》第22本,1950年,139—160页。

Turner, Christie. "Dental Evidence on the Origins of the Ainu and Japanese." *Scientce* 193 (1976): 911-913.

梅原末治:《殷墓発見木器印影図録》,京都:便利堂,1959年。

——:《河南安陽遺宝》,京都:小林出版部,1940年。

——:《古銅器形態の考古学の研究》,京都:東方文化研究所,1940年。

——:《東亞考古學論攷》,京都:星野书店,1944年。

Vandermeersch, Leon. *Wangdao ou la Voie Royale*, Vol. 1. Publications de l'École Française d'Extrême-Orient, Vol. 63. Paris: l'École Française d'Extreme-Orient, 1977.

Waley, Arthur. *The Books of Songs*. New York: Grove Press, 1960, Evergreen Edition.

Waltham, Cale. *Shu Ching* a modernized edition of the translation by James Legge. Chicago: Henry Regnery Co., 1971.

万家保:《从西阴村的蚕丝谈到中国早期的丝织工业》,《故宫季刊》11. No. 3 (1977),1—17页。

万国鼎:《耦耕考》,《农史研究集刊》,北京:科学出版社,1959年,75—81页。

Wang, C. W. *The Forests of China*. Maria Moors Cabot Foundation Publications. No. 5. Cambridge, Mass.: Botanical Museum, Harvard University, 1961.

王承祒:《试论殷代的"奚""妾""戺"的社会身份》,《北京大学学报人文科学》1955年1期,111—118页。

王家祐:《记四川彭县竹瓦街出土的铜器》,《文物》1961年11期,28—31页。

王襄:《簠室殷契征文》,天津:天津博物馆,1925年。

王湘:《安徽寿县史前遗址调查报告》,《中国考古学报》第2期,1947年,179—250页。

王国维:《明堂寝庙通考》,《观堂集林》卷3,123—144页. N. P. 1921年(1959年,中华店本)。

——:《说亳》,《观堂集林》卷12,1921年。

——:《说商》,《观堂集林》卷12,1921年。

——:《说自契至成汤八迁》,《观堂集林》卷12。

——:《祖某父某兄某》,《观堂集林》卷 9, 1921 年。

——:《殷周制度论》,《观堂集林》卷 10, 1921 年。

——:《殷墟卜辞中所见地名考》,《雪堂丛刻》卷 11, 1915 年。

——:《殷卜辞中所见先公先王考和续考》,《观堂集林》卷 9, 1921 年。

汪宁生:《耦耕新解》,《文物》1977 年 4 期, 74—78 页。

王保德:《武王伐纣渡于孟津的年代考》,《中原文献》6, No. 2, 1974 年, 12—17 页。

汪士铎:《水经注图》, 长沙, 1861 年。

王玉哲:《试述殷代的奴隶制度和国家的形成》,《历史教学》1958 年 9 期。

王宇信、张永山、杨升南:《试论殷墟五号墓的"妇好"》,《考古》1977 年 2 期, 1—22 页。

王宇信、陈绍棣:《关于江苏铜山丘湾商代祭祀遗址》,《文物》1973 年 12 期, 55—58 页。

Waterbury, Florance. *Early Chinese Symbols and Literature: Vestiges and Speculations.* New York: E. Weyhe, 1942.

Wayre, Philip. *A Guide to the Pheasants of the World.* London: Country Life, 1969.

魏勤:《从大汶口文化墓葬看私有制的起源》,《考古》1975 年 5 期, 264—270 页。

Wheatley, Paul. *The Pivot of the Four Quarters.* Chicago: Aldine, 1972.

——. "Review of K. C. Chang. Early Chinese Civilization." *Journal of Asian Studies* 36 (1977): 543–545.

Williamson, Robert W. *The Social and Political Systems of Central Polynesia.* Cambridge, Eng.: Cambridge University Press, 1924.

Wittfogel, Karl A. "Meterological Records from the Divination Inscriptions of Shang." *Geographical Review* 30 (1940): 110–131.

Wright, Henry. "Recent Research on the Origin of the State." *Annual Review of Anthropology* 6 (1977): 379–397.

吴振录:《保德县新发现的殷代青铜器》,《文物》1972 年 4 期, 62—64 页。

吴其昌:《卜辞所见殷先公先王三续考》,《燕京学报》1933 年 14 期, 1—58 页。

吴金鼎:《摘记小屯迤西之三处小发掘》,《安阳发掘报告》第 4 期, 1933 年, 627—633 页。

——:《高井台子三种陶业概论》,《田野考古学报》第 1 期,1936 年,201—211 页。

伍宪文:《记殷墟出土之鱼骨》,《中国考古学报》第 4 期,1949 年,139—143 页。

吴大澂:《说文古籀补》,N. P.,1885 年。

《文物》

《安徽嘉山县泊岗引河出土的四件商代铜器》,《文物》1965 年 7 期,23—25 页。

《郑州发现的商代制陶遗迹》,《文物》1955 年 9 期,64—66 页。

《郑州新出土的商代前期大铜鼎》,《文物》1975 年 6 期,64—68 页。

《郑州洛达庙商代遗址试掘简报》,《文物》1957 年 10 期,48—51 页。

《郑州白家庄遗址发掘简报》,《文物参考资料》1956 年 4 期,3—5 页。

《郑州商城遗址内发现商代夯土台基和奴隶头骨》,《文物》1974 年 9 期,1—2 页。

《郑州商代城址试掘简报》,《文物》1977 年 1 期,21—31 页。

《郑州商代遗址》,《文物》1975 年 5 期,91—92 页。

《郑州市人民公园第二十五号商代墓葬清理简报》,《文物》1954 年 12 期,25—27 页。

《郑州市铭功路西侧发现商代制陶工场房基等遗址》,《文物》1956 年 1 期,64 页。

《郑州市白家庄商代墓葬发掘简报》,《文物》1955 年 10 期,24—42 页。

《郑州市殷商遗址地层关系介绍》,《文物》1954 年 12 期,86—93 页。

《郑州第五文物区第一小区发掘简报》,《文物》1956 年 5 期,33—40 页。

《济南大辛庄商代遗址勘查纪要》,《文物》1959 年 11 期,8—9 页。

《江西清江吴城商代遗址发掘简报》,《文物》1975 年 7 期,51—71 页。

《江西地区陶瓷器几何形拍印纹样综述》,《文物》1977 年 9 期,40—57 页。

《介绍几件从废铜中捡选出来的重要文物》,《文物》1960 年 3 期,75 页。

《近年江西出土的商代青铜器》,《文物》1977 年 9 期,58—63 页。

《扶风白家窑水库出土的商周文化》,《文物》1977 年 12 期,84—86 页。

《河南淅川下王岗遗址的试掘》,《文物》1972 年 10 期,13—14 页。

《河北藁城县台西村商代遗址 1973 年的重要发现》,《文物》1974 年 8 期,42—49 页。

《邢台贾村商代遗址试掘简报》,《文物》1958 年 10 期,29—31 页。

《邢台商代遗址中的陶窑》,《文物》1956年12期,53—54页。

《邢台市发现商代遗址》,《文物》1956年9期,70页。

《邢台尹郭村商代遗址及战国墓葬试掘简报》,《文物》1960年4期,42—45页。

《湖北崇阳出土一件铜鼓》,《文物》1978年4期,94页。

《热河凌源县海岛营子村发现的古代青铜器》,《文物》1955年8期,16—27页。

《藁城台西商代遗址发现的陶器文字》,《文物》1974年8期,50—53页。

《临潼姜寨新石器时代遗址的新发现》,《文物》1975年8期,82—83页。

《盘龙城商代二里冈期的青铜器》,《文物》1976年2期,26—41页。

《盘龙城一九七四年度田野考古纪要》,《文物》1976年2期,5—15页。

《北京市平谷县发现商代墓葬》,《文物》1977年11期,1—8页。

《陕西省岐山县发现商代铜器》,《文物》1977年12期,86—87页。

《山西省十年来的文物考古新收获》,《文物》1972年4期,1—4页。

《山西石楼县二郎坡出土商周青铜器》,《文物》1958年1期,36页。

《山西石楼新征集到的几件商代青铜器》,《文物》1976年2期,94页。

《山西石楼义牒会坪发现商代兵器》,《文物》1974年2期,69页。

《陕西绥德墕头村发现一批窖藏商代铜器》,《文物》1975年2期,82—83页。

《山东长清出土的青铜器》,《文物》1964年4期,41—47页。

《山东苍山县出土青铜器》,《文物》1965年7期,27—30页。

《山东邹县又发现商代铜器》,《文物》1974年1期,77页。

《山东益都苏埠屯第一号奴隶殉葬墓》,《文物》1972年8期,17—30页。

《石楼县发现古代铜器》,《文物》1959年3期,71—72页。

《碳-14年代测定报告,续一》,《文物》1978年5期,15—76页。

《天津市新收集的商周青铜器》,《文物》1964年9期,33页。

《温县出土的商代铜器》,《文物》1975年2期,88—91页。

《液体闪烁法碳十四年代测定》,《文物》1978年5期,70—74页。

《一九六三年湖北黄陂盘龙城商代遗址的发掘》,《文物》1976年1期,49—55页。

《一年来郑州市的文物调查发掘工作》,《文物》1954年4期,35—39页。

杨君实:《康庚与夏祎》,《大陆杂志》20,No.3(1960),83—88页。

杨锡璋、杨宝成:《从商代祭祀坑看商代奴隶社会的人牲》,《考古》1977年1期,13—19页。

杨希枚：《河南安阳殷墟墓葬中人体骨骼的整理和研究》，《中央研究院历史语言研究所集刊》第 42 本，1970 年，231—265 页。

——：《联名制与卜辞商王庙号问题》，《中央研究院民族研究所集刊》第 21 本，1966 年，17—39 页。

——. "A Preliminary Report of Human Crania Excavated from Hou-chia-chuang and Other Shang Dynasty Sites at Anyang, Honan, North China." *Annual Bulletin of the China Council for East Asian Studies* 5 (1966): 1 – 13.

杨鸿勋：《从盘龙城商代宫殿遗址谈中国宫廷建筑发展的几个问题》，《文物》1976 年 2 期，16—25 页。

Yang Lien-sheng. "Historical Notes on the Chinese World Order." In *The Chinese World Order*. J. K. Fairbank, ed., pp. 20-23. Cambridge, Mass.: Harvard University Press, 1968.

杨向奎：《中国古代社会与古代思想研究》，上海：人民出版社，1962 年。

杨树达：《积微居读书记》，北京：中华书局，1962 年。

——：《耐林廎甲文说》，上海：群联，1954 年。

晏琬：《北京辽宁出土铜器与周初的燕》，《考古》1975 年 5 期，274—279 页。

严一萍：《甲骨学》，台北：艺文，1978 年。

——：《甲骨文断代研究新例》，载《庆祝董作宾先生 65 岁论文集》，中央研究院历史语言研究所，1961 年，483—549 页。

——：《夏商周文化异同考》，《大陆杂志》第 1 期，1952 年，387—421 页。

——：《八月乙酉月食腹甲的拼合与考证的经过》，《大陆杂志》9, No. 1, (1954), 17—21 页。

燕耘：《商代卜辞中的冶铸史料》，《考古》1973 年 5 期，299 页。

殷之彝：《山东益都苏埠屯墓地和"亚醜"铜器》，《考古学报》1977 年 2 期，23—33 页。

殷玮璋：《二里头文化探讨》，《考古》1978 年 1 期，1—4 页。

吉田光邦：《殷代技術小記》，《东方学报》（京都）23（1953），175—178 页。

Young, C. C.（杨钟健）. "Budorcao, a New Element in the Protohistoric Anyang Fauna of China." *American Journal of Science* 246 (1948): 157 – 164.

——刘东生：《安阳殷墟之哺乳动物群补遗》，《中国考古学报》第 4 期，1949 年，

145—153 页。

于景让：《黍稷粟粱与高粱》，《大陆杂志》13（1956），67—76、115—120 页。

于中航：《大汶口文化和原始社会的解体》，《文物》1976 年 5 期，64—73 页。

于省吾：《关于古文字研究的若干问题》，《文物》1973 年 2 期，32—35 页。

——：《略论图腾与宗教起源和夏商图腾》，《历史研究》1959 年 10 期。

——：《商代的谷类作物》，《东北人民大学人文科学学报》1957 年 1 期，81—107 页。

——：《从甲骨文看商代社会性质》，《东北人民大学人文科学学报》1957 年 2/3 期，97—136 页。

——：《从甲骨文看商代的农田垦殖》，《考古》1972 年 4 期，40—41、45 页。

俞伟超：《铜山丘湾商代社祀遗迹的推定》，《考古》1973 年 5 期，296—298 页。

译后记

陈星灿

本书的完成时间是 1978 年。1980 年由耶鲁大学出版社出版,距今已经整整 20 年。这 20 年间,商代考古有许多重要的收获,不仅在黄河流域有多处商城(特别是河南偃师尸乡沟商代早期城址)和商代墓葬被发掘(参看《新中国考古五十年》,北京:文物出版社 1999 年版),在长江流域更有四川广汉三星堆(四川省文物考古研究所:《三星堆祭祀坑》,北京:文物出版社 1999 年版)和江西新干大洋洲(江西省文物考古研究所等:《新干商代大墓》,北京:文物出版社 1997 年版)商代祭祀坑或墓葬的惊人发现,这些发现在很大程度上改变了我们对商代历史的看法,具有重要的学术意义。所以张光直先生在很多场合说过本书已经赶不上时代了,如果有精力和时间要重写这部著作。

不过,就我们阅读和翻译本书的经验说来,本书的价值并没有因新材料的发现而过时,相反却仍然具有多方面的参考价值。它的多学科整合的研究方法;用人类学眼光对某些关键问题比如商王世系、王位继承制度和资源流通的研究;对于传统文献所采取的审慎态度;把商文明放在世界文明史上观照并试图寻找人类社会一般法则的积极态度；把商文明的发展和自然及经济资源相联系的做法；通过聚落考古研究商文明的发生、发展的思路；把夏、商、周视为并行发展的文明的见解等等，虽然有的观点已经在他的许多其他著作中有所涉及，但在这部整合的著作里，仍然具有特别的意义。国内自70年代末期以来有北京大学历史系考古教研室商周组编著的《商周考古》（北京：文物出版社1979年版）风行于世，此后还有规模稍小的同类的教科书出版，但本书仍有不可取代的价值。1989年，本书由伊乃铉先生翻译成韩文（汉城：民音社）出版，就是一个证明。1999年，由鲁惟一（Michael Loewe）和夏含夷（Edward L. Shaughnessy）先生主编，十四位欧美学者执笔的《剑桥中国上古史》(*The Cambridge History of Ancient China*)问世，商代考古部分由美国普林斯顿大学的贝格利（Robert Bagley）先生执笔，商代历史部分由美国伯克利加州大学的吉德炜先生完成，可以反映最近20年来商文明研究的新进展。其中所引发的关于中西学者在学术视野和研究方法等方面的差异的讨论，正可以通过与这部《商文明》的参照，而得以体会。

在本书翻译稿交给出版社之后，我们看到了毛小雨先生的译本出版（北京：工艺美术出版社1999年版）。随后张光直先生给我和辽宁教育出版社写信，说自己已经忘记曾经把本书的翻译授权给毛小雨先生，希望不要给辽教带来不必要的麻烦和损失，并表示歉意。确实，在此之前先生从没有跟我提到有此授权一事，我对毛小雨先生也一无所知。其实这种情况常常出现，国内已经翻译的张先生的论文，见诸许多刊物，有的可能得到了他的许可，有的则无，这些翻译的事他常常忘在脑后，他自己认可的《张光直先生学术著作目录》就常常把这些译作忘掉了。不过辽教并不以此为怪，仍然坚持出版这部著作。过去，我曾经翻译过本书的结语，并以《古代世界的商文明》在国内发表（《中原文物》1994年第4期）。现在本书有两个译本问世，读者正可以相互参看，以避免翻译带来的错误。必须提到的是，由于健康的原因，两本译作都没有经过张先生审查，错误是在所难免的。

本书绪论和第一部分第一章的翻译由丁晓雷承担，第二、三、四章由岳红彬承担，第二部分第五、六、七章和结语、后记、附录并参考文献由张良仁承担，前言、致谢、参考文献说明由陈星灿承担，最后由陈星灿通校。需要说明的是，虽然我们进入大学就开始读张先生的著作，但是由于外语和专业水平有限，在许多地方难以领会原著的细微之妙，错误是免不了的。在此我们请张光直先生和读者原谅。另一方面，我们都是考古专业的学生，长期以来在考古研究所耳濡目染考古学发现和研究的方方面面，张良仁和岳红彬专攻商周考古，并曾较长期地工作于殷墟、偃师商城等商代遗址，所以本书所涉及的商周历史和文献等方面的基本常识的翻译，应该是有把握的。这些部分的翻译，得到商代考古学家刘一曼教授的指教，还得到李济先生公子李光谟教授的帮助，我们是不能忘怀的。

另外省略了原著最后的"引得"部分。我们力图把所有能够还原为中文的参考文献及其作者，都还原为中文。外国学者有中文名字的，我们一般采取这个名字；由于参考文献非常清楚，我们在大部分情况下，没有在正文中再附引文作者的原名，读者可以从参考文献中获得。

本书原是张光直先生题献给他的老师李济先生的，在此我们把这个不成熟的译本敬献给张先生本人，以表达我们对先生的良好祝愿和深切的爱戴之情。借此机会也向我素所尊敬的沈昌文先生和辽宁教育出版社俞晓群社长并各位责任编辑表示我的感谢和敬仰。我想说，选择、翻译《张光直学术作品集》不仅是一个难得的学习机会，也是与辽宁教育出版社一次愉快的合作。

2000年9月14日一校时于北京
中国社会科学院考古研究所

"当代学术"第一辑

美的历程
李泽厚著

中国古代思想史论
李泽厚著

古代宗教与伦理
陈　来著

从爵本位到官本位（增补本）
阎步克著

天朝的崩溃（修订本）
茅海建著

晚清的士人与世相（增订本）
杨国强著

傅斯年
中国近代历史与政治中的个体生命
王汎森著

法律与文学
以中国传统戏剧为材料
朱苏力著

刺桐城
滨海中国的地方与世界
王铭铭著

第一哲学的支点
赵汀阳著

生活·讀書·新知 三联书店 刊行

"当代学术" 第二辑

七缀集
钱锺书 著

杜诗杂说全编
曹慕樊 著

商文明
张光直 著

西周史（增补2版）
许倬云 著

拓拔史探
田余庆 著

近代中国社会的新陈代谢
陈旭麓 著

甲午战争前后的晚清政局
石　泉 著

民主四讲
王绍光 著

心灵秩序与世界历史
吴　飞 著

海德格尔与伦理学问题（修订版）
韩　潮 著

生活・讀書・新知 三联书店 刊行